COLEÇÃO

amo Direito

Direito Internacional

COLEÇÃO

amo Direito®

Ranieri Nogueira

Direito Internacional

EDITORA RIDEEL

Quem tem Rideel tem mais.

EXPEDIENTE

FUNDADOR Italo Amadio (*in memoriam*)
DIRETORA EDITORIAL Katia Amadio
EDITORAS Janaína Batista
Mayara Sobrane
EDITORA ASSISTENTE Mônica Ibiapino
PROJETO GRÁFICO Sergio A. Pereira
DIAGRAMAÇÃO Textos & Livros

Dados Internacionais de Catalogação na Publicação (CIP)
Angélica Ilacqua CRB-8/7057

Nogueira, Ranieri Ferraz
Direito internacional / Ranieri Ferraz Nogueira. - São Paulo : Rideel, 2022.
(Coleção Amo Direito / coordenação de André Estefam e Ricardo Baronovsky)

ISBN 978-65-5738-788-7

1. Direito internacional I. Título II. Estefam, André III. Baronovsky, Ricardo IV. Série

CDD 341
22-4980 CDU 341(81)

Índice para catálogo sistemático:
1. Direito internacional

EDITORA RIDEEL

EDITORA AFILIADA

Av. Casa Verde, 455 – Casa Verde
CEP 02519-000 – São Paulo – SP
e-mail: sac@rideel.com.br
www.editorarideel.com.br

1 3 5 7 9 8 6 4 2
1 0 2 2

Dedico essa obra, acima de tudo, ao amor incondicional de **Deus**,
pois sem Ele eu não seria;

À minha **mãe**,
pois sem ela eu não existiria;

Ao meu **pai**,
pois sem ele eu não aprenderia;

Ao meu avô **Paulo**,
que me ensinou que o melhor lugar é dentro de um abraço;

À minha parceira, **Panthy**,
que, com sua doçura, me incentiva nos momentos difíceis;

Last but not least, ao meu **Lorenzo Ranieri**,
que, desde seu nascimento, me ensinou, na prática, sobre o amor incondicional.

Agradecimentos

Agradeço inicialmente meus Professores da Universidade Presbiteriana Mackenzie, que, com suor e giz, ensinaram-me o Direito com maestria. Todos, de alguma forma, fizeram parte da minha formação. Reservo especiais agradecimentos aos Professores Dr. **Marco Antônio Ferreira Lima** e Dr. **Vicente Bagnoli** que plantaram as sementes da paixão pela escrita jurídica.

Não adianta somente esforço. É preciso suor. Não basta suor. É preciso fé. Não basta fé. É preciso que mais alguém tenha fé e acredite no seu trabalho. Nada se faz sozinho. Agradeço ao mestre e amigo Professor Dr. **Ricardo Baronovsky** pela confiança neste incrível projeto. Temos, em comum, a árdua trajetória até a aprovação em diversos concursos públicos e, o mais importante, a paixão por ensinar.

Parabenizo os coordenadores desta coleção, Professores Dr. **André Estefam** e Dr. **Ricardo Baronovsky** pela excelente condução dos trabalhos.

Agradeço à cuidadosa **equipe da Editora Rideel** pela edição. Nada disso seria possível sem o trabalho conjunto.

Ao Professor **Damásio de Jesus**, que plantou a semente e hoje enxergamos um novo mundo na preparação para os concursos, pois estamos sobre os ombros de um gigante. Damásio é Referência!

Agradecimentos especiais à coordenadora **Giuliannna Delorence** e sua equipe pelo profissionalismo, brilhante competência e por sempre encontrar soluções nos trabalhos do CERN. *You are amazing! We are The Dream Team.*

Agradecimentos especiais, também, à coordenadora de equipe **Ellpanthilyni Oliveira**, que tão bem cuida dos mentorados do CERN, com profissionalismo, paciência e amor. Afinal, sou um só e se hoje temos alunos aprovados em todo País, é porque somos um Time, *The Dream Team.*

Agradecimentos profundos aos meus alunos e mentorados, que são a razão da minha dedicação nas noites, madrugadas, finais de semanas e feriados. Estamos sempre juntos, no sofrimento do cansaço, mas especialmente na extrema alegria do dia da posse!

Profissionalmente, no âmbito da AGU, agradeço à Dra. **Angélica Carro**, Procuradora Regional Federal da 3ª Região, que com sua liderança e visão, confiou-me a Chefia de Gabinete na Procuradoria-Regional Federal da 3ª Região – PRF3 e, atualmente, possibilitou-me exercer a Coordenação do Projeto Interação de Instâncias (sustentações orais). Foi no Gabinete da PRF3 que me encantei com a atuação engajada em prol de um país melhor, com excelência na atuação.

E, por falar em brilhos nos olhos, agradeço aos colegas Dr. **Gabriel Eifer** e Dra. **Cristiane Iwakura**. Os projetos inovadores da Procuradoria-Geral Federal – PGF são inspiradores e me fazem, verdadeiramente, ter a certeza, mais uma vez, de que é na comunhão de valores e esforço que alcançaremos os objetivos institucionais no âmbito da PGF/AGU.

Como de costume, *last but not least*, agradeço àqueles que me despertaram a paixão pelo Direito Internacional: Dr. **André de Carvalho Ramos** (Professor de Direito Internacional na Universidade de São Paulo - Largo São Francisco), Dra. **Flávia Piovesan** (Comissária da Comissão Interamericana de Direitos Humanos) e Dra. **Sylvia Steiner**, cuja atuação como Juíza no Tribunal Penal Internacional deve ser motivo de orgulho e inspiração para muitos brasileiros e brasileiras.

Sobre o autor

RANIERI NOGUEIRA

Procurador Federal na Procuradoria-Geral Federal, órgão da Advocacia-Geral da União – AGU. Foi Procurador do Município de Poá-SP (1º colocado no concurso). Aprovado em mais de 12 concursos públicos. É Professor na Escola da AGU, no Damásio Educacional e Escola Superior da Advocacia – ESA, Ecocursos. Mentor no Complexo Educacional Ranieri Nogueira – CERN. Graduado em Direito pela Universidade Presbiteriana Mackenzie, na qual recebeu Menção Honrosa pela apresentação do Trabalho Interdisciplinar "*Tribunal Penal Internacional à Luz do Princípio da Dignidade Humana: Desafios do Primeiro Tribunal Penal Internacional Permanente frente o Imperialismo Econômico e os Limites Jurídicos da Soberania*". Autor da obra Prisões e Medidas Liberatórias em coautoria com o Procurador de Justiça, Dr. Marco Antônio Ferreira Lima. Pós-graduado em Direito Constitucional e Direito Público pela Universidade para o Desenvolvimento do Estado e da Região do Pantanal – UNIDERP. Palestrante.

Instagram: @ranieri_nogueira

Apresentação

Prezados leitores e caras leitoras,

A **Coleção Amo Direito** foi concebida com o propósito de dar a você o que existe de melhor e mais atualizado em doutrina, em todas as disciplinas cobradas em concursos públicos, de média e alta *performance*.

Os professores foram cuidadosamente selecionados, de maneira a formar um time que reúne autores com experiência docente, atuação prática e que são referência nacional em sua área de atuação.

A coleção apresenta, ainda, diversos atributos essenciais para facilitar o estudo e a fixação do conteúdo: objetividade e priorização de temas de maior incidência nos concursos públicos, esquemas gráficos, destaque para trechos relevantes nos parágrafos, permitindo leitura dinâmica, questões recentes de provas para treino e aprendizado.

Destacamos, também, a parceria com o Amo Direito, maior perfil jurídico das redes sociais, para trabalhar como aliado na divulgação de conteúdo jurídico para concurseiros.

Coordenadores
André Estefam e Ricardo Baronovsky

Acesse o vídeo dos autores

Sumário

CAPÍTULO 1
DIREITO INTERNACIONAL PÚBLICO PARA CONCURSOS

1.1. Como estudar o Direito Internacional para concursos públicos

Diante da vastidão de conteúdo, a preparação para concurso exige escolhas certas, especialmente com fundamento em experiências de quem já foi aprovado em concurso.

E, dentre as melhores práticas para entender a disciplina de Direito Internacional, está focar nos **conteúdos de alta incidência**.

Não só. É preciso, também, dominar os **temas fundamentais**: apesar de não serem cobrados diretamente na prova, referidos temas ajudam a acertar questões objetivas, discursivas e na fase oral.

Esta obra é precedida desta análise. É o meu compromisso. Em outras palavras: os temas abordados foram feitos com base na **relevância para compreensão da matéria** e na **incidência em provas de concursos**.

Não se pretende, pois, esgotar o Direito Internacional. Aliás, trata-se de disciplina extensa e, do ponto de vista estratégico, é mais interessante um estudo dirigido, focado no que verdadeiramente importa.

Após cada Capítulo, foi feita uma cuidadosa seleção de questões. Mesmo que não se trate do seu concurso, a recomendação é que você **resolva todas as questões sobre o tópico estudado** para sedimentar o conhecimento.

Em arremate, a recomendação é que você tenha um **caderno**, no qual você vai anotar as principais informações, especialmente após resolver as questões: os conceitos, o que errou e o que aprendeu. Não copie apenas a informação. Escreva com as suas palavras. Coloque a sua identidade ali. E o mais importante: **revise**, pois é natural esquecer. Uma boa forma de revisão é ler suas anotações, os grifos e refazer questões (especialmente as que você já errou).

Não queira entender tudo. Não confunda o estudo para concurso com os estudos do mestrado e doutorado. O foco dos estudos para concurso é entender o **fundamento** das matérias e ficar bom em fazer questões (objetivas e discursivas). Passa em concurso não o especialista em uma matéria, e sim o clínico geral de várias disciplinas.

1.2. Mensagem ao concurseiro

"As raízes do estudo são amargas, mas seus frutos são doces."

Aristóteles

Nobre concurseiro, você escolheu entrar pela porta da frente no serviço público. Parabéns. Esta decisão, por si, já demonstra a sua grandeza de caráter e espírito de vencedor.

Vivemos a era do **trabalhador do conhecimento**. Sim, você é pago pelo que você conhece. Aliás, isso fica bem claro quando o assunto é aprovação em concurso: os mais bem preparados – e focados – irão usufruir da posse no cargo público.

Aproveite este momento para se preparar para a prática. O Brasil é um país que aderiu a diversos tratados internacionais. Conhecê-los pode ser um grande diferencial tanto em uma prova discursiva, oral ou, volto a enfatizar, na prática do serviço público.

Hoje vejo que os frutos dos estudos vão muito além de uma ou várias aprovações em concurso. É sobre ser consistente. É sobre realizar sonhos. É sobre ir até o final. Até dar certo. Assim, não desista! Aproveite este momento para crescimento pessoal.

A boa notícia é que estudar não precisa ser uma tortura. Saiba fazer pausas, não abandone atividade física, procure meditar ou simplesmente ter os seus momentos de descanso.

O conhecimento vai trazer frutos que você nem imagina. Não fossem as horas de estudo, eu não estaria aqui escrevendo estas palavras a você. Eu não me sentiria autorizado a estar aqui. É sobre cumprir um propósito. O meu maior propósito é te ajudar a cumprir o seu propósito.

Sua passagem já está comprada. Agora, aperte os cintos que vamos viajar para conhecer a matéria do Direito Internacional. A primeira parada será na Europa. Aproveite a jornada.

CAPÍTULO 2 DIREITO INTERNACIONAL PÚBLICO: TEORIA GERAL

2.1. Origem histórica do Direito das Gentes

Europa. O ano é 1648. A denominada **Paz de Westfália** designa uma série de tratados que encerraram a **Guerra dos Trinta Anos** (série de guerras que diversas nações europeias travaram entre si a partir de 1618), e teve como desfecho o reconhecimento da soberania dos Estados.

Assim, a **origem do Direito das Gentes** – como é conhecido o **Direito Internacional** – coincide, em certa medida, com o protagonismo dos Estados. Eis a base do direito internacional público: a **soberania** e a **igualdade dos Estados.**

A nova ordem europeia necessita de um sistema de comunicação e resolução de problemas.

Naquele momento histórico, a preocupação era, precipuamente, a guerra e a paz entre as nações. **Hugo Grotius**, um dos fundadores do Direito Internacional, escreveu sua obra **Das leis de guerra e paz** (1625).

Importante para Concursos:

a **CESPE / CEBRASPE** considerou CORRETA a seguinte assertiva (questão adaptada): "O direito internacional público surgiu na Idade Moderna, como disciplina jurídica subsidiária ao poder absolutista dos soberanos europeus e do Estado nacional moderno, a partir de estudos sobre direitos referentes à guerra e à paz entre as nações" (Câmara dos Deputados – Analista Legislativo – Consultor Legislativo Área XVIII – CESPE / CEBRASPE – 2014)

2.2. Direito Internacional Público: conceito

Direito Internacional Público (DIP) – ou **Direito das Gentes** -, é o ramo do Direito que rege as relações juridicamente relevantes no âmbito internacional entre os **sujeitos do DIP** e busca **evitar ou solucionar conflitos na sociedade internacional** a partir das **fontes do DIP**, e tendo por objetivo o **bem comum das nações** para as presentes e futuras gerações.

Veremos cada trecho do conceito no decorrer desta obra nos capítulos à frente, em especial (os mais relevantes para concurso público): a) sujeitos do DIP; e b) fontes do DIP; c) resoluções de conflito na sociedade internacional; d) as organizações internacionais criadas para o bem comum das nações, a exemplo da Organização das Nações Unidas.

Atenção:

A característica intergeracional fica evidente, por exemplo, no **Direito Internacional Ambiental**, em que se busca proteger o meio ambiente para as **presentes e futuras gerações**, o que foi incorporado, por influência do Direito Internacional, ao texto da **Constituição da República** brasileira de 1988 (art. 225).

2.3. Fundamento do Direito Internacional

Imagine a seguinte pergunta em uma prova discursiva (ou oral) para concurso: o Direito Internacional é obrigatório? Em outras palavras: ele vincula os Estados, por exemplo?

Ora, por bom-senso, em uma prova de Direito Internacional, é prudente responder que é, sim, obrigatório.

Porém, "justifique e fundamente sua resposta, candidato".

Importante para Concursos:

Portanto, vejamos as teorias que buscam justificar o **fundamento** pelo qual as normas internacionais são obrigatórias – e, sim, elas caem em provas de concursos, tratando-se de **tema de alta relevância**.

Pela **corrente voluntarista / positivista**, o DIP é obrigatório em razão do comprometimento, da **vontade**.

O próprio Estado, por meio de seu representante, consentiu, seja de forma expressa – geralmente, por meio dos tratados – ou tácita – como a aceitação de um costume[1].

Os contratos têm que ser cumpridos (*pacta sunt servanda*).

Já a **corrente objetivista / objetivismo**, preconiza que a obrigatoriedade do Direito Internacional decorre de uma importância intrínseca das normas internacionais. Em outras palavras: referidas normas têm por escopo, objetivamente, a própria boa convivência (bem comum) dos sujeitos do Direito Internacional. Por tal razão, para a corrente objetivista, a norma internacional deve prevalecer independentemente da vontade dos Estados.

Prevalece no Direito Internacional a máxima do *pacta sunt servanda*, isto é, em razão do consentimento. Via de regra, o DIP se torna obrigatório a partir do momento em que houve consentimento.

Critica-se a teoria voluntarista em razão de que há normas internacionais que versam sobre temas de importância para a humanidade (ex.: meio ambiente) e não se pode condicionar sua obrigatoriedade à vontade dos Estados.

1 PORTELA, Paulo Henrique Gonçalves. *Direito Internacional Público e Privado*. 11ª edição, p. 41.

A solução é no sentido de que, em se tratando de normas *jus cogens*, prevalece que são obrigatórias, independentemente da vontade dos Estados.

Jus cogens são normas imperativas de Direito Internacional. O conceito pode ser extraído do art. 53 da Convenção de Viena sobre o Direito dos Tratados (CVDT):

> *É nulo um tratado que, no momento de sua conclusão, conflite com uma norma imperativa de Direito Internacional geral. Para os fins da presente Convenção, uma norma imperativa de Direito Internacional geral é uma norma aceita e reconhecida pela comunidade internacional dos Estados como um todo, como norma da qual nenhuma derrogação é permitida e que só pode ser modificada por norma ulterior de Direito Internacional geral da mesma natureza.*

Consta no art. 53 da CVDT: "uma norma (...) da qual nenhuma derrogação é permitida" e ainda: "que só pode ser modificada por norma ulterior de Direito Internacional geral da mesma natureza".

Em outras palavras: são normas que possuem primazia na ordem jurídica internacional[2].

Por conseguinte, as normas *jus cogens* são aplicadas a todos os Estados, independente da vontade destes. Prevalece, aqui, o bem comum da comunidade internacional.

Alguns exemplos de normas *jus cogens*: Direito Humanitário[3], paz e segurança internacionais.

Teorias que explicam o fundamento do Direito Internacional	
VOLUNTARISMO / POSITIVISMO	**OBJETIVISMO**
o DIP é obrigatório em razão do comprometimento, da **vontade**, do sujeito de DIP **(teoria que prevalece, em regra)**.	As normas de DIP são intrinsecamente importantes e por isso devem ser obrigatórias **(teoria que se aplica quando se tratar de normas *jus cogens*)**.
Crítica: há normas internacionais que versam sobre temas de importância para a humanidade (ex.: meio ambiente) e não se pode condicionar sua obrigatoriedade à vontade dos Estados.	Solução: em se tratando de normas *jus cogens*, prevalece que são obrigatórias, independentemente da vontade dos Estados.

Para ilustrar a obrigatoriedade do Direito Internacional – para, assim, não pairar qualquer dúvida – cumpre mencionar as sanções econômicas, bem como os arts. 41 e 42 da Carta das Nações Unidas, que preveem medidas coercitivas – excepcionais – para a resolução de conflitos:

> *Art. 41. O Conselho de Segurança decidirá sobre as medidas que, sem envolver o emprego de forças armadas, deverão ser tomadas para tornar efetivas suas decisões e poderá convidar os Membros das Nações Unidas a aplicarem tais medidas. Estas poderão incluir a interrupção completa ou parcial das relações econômicas, dos meios de comunicação ferroviários, marítimos, aéreos, postais, telegráficos, radiofônicos, ou de outra qualquer espécie e o rompimento das relações diplomáticas.*

2 PORTELA, Paulo Henrique Gonçalves. *Direito Internacional Público e Privado*. 11ª edição, p. 71.

3 Segundo o Comitê Internacional da Cruz Vermelha, "O Direito Internacional Humanitário é um conjunto de normas que, procura limitar os efeitos de conflitos armados. Protege as pessoas que não participam ou que deixaram de participar nas hostilidades, e restringe os meios e métodos de combate. O Direito Internacional Humanitário – DIH – é também designado por 'Direito da Guerra' e por 'Direito dos Conflitos Armados'". Site: <https://www.icrc.org/pt/doc/resources/documents/misc/5tndf7.htm>. Acesso em 31-7-2021.

> *Art. 42. No caso de o Conselho de Segurança considerar que as medidas previstas no Art. 41 seriam ou demonstraram que são inadequadas, poderá levar a efeito, por meio de forças aéreas, navais ou terrestres, a ação que julgar necessária para manter ou restabelecer a paz e a segurança internacionais. Tal ação poderá compreender demonstrações, bloqueios e outras operações, por parte das forças aéreas, navais ou terrestres dos Membros das Nações Unidas.*

Porém, há teorias – especialmente de Direito interno – que alegam não existir, ainda, uma ordem jurídica internacional por ausência, por exemplo, de um Poder Legislativo Global. Tais teorias são rechaçadas pela doutrina e jurisprudência internacionais.

2.4. Direito Internacional e Direito Interno: teorias do dualismo e monismo

Para o **dualismo**, Direito Internacional e direito interno são dois **ordenamentos jurídicos distintos e independentes entre si**.

O simples fato de existir um modelo de celebração – e incorporação – de tratados indica que se adotou, no Brasil, o dualismo. Em outras palavras: é necessária a incorporação da norma internacional ao ordenamento interno, o que é realizado por intermédio de decreto presidencial, o que veremos mais à frente no estudo dos tratados.

O **monismo**, por sua vez, consiste na compreensão de que existe apenas **uma ordem jurídica**. Para esta teoria, não é necessária a incorporação da norma internacional no direito interno.

E qual deve prevalecer?

Há duas correntes. Representado por Hans Kelsen (Escola de Viena), o **monismo internacionalista** preconiza a primazia do Direito Internacional sobre o direito interno.

Já o **monismo nacionalista** compreende que deve prevalecer o Direito interno, ainda com vestígio embrionário do Direito Internacional: a soberania dos Estados, tal como defendida no contexto da Paz de Westfália.

A teoria adotada pelo Direito Internacional é o **monismo internacionalista**.

Talvez, nobre concurseiro, você esteja se questionando: "- Professor, você disse que o Brasil adotou o dualismo, mas agora disse que prevalece no Direito Internacional o monismo internacionalista".

Para esclarecer esse ponto, o Professor e Procurador da República, André de Carvalho Ramos, possui interessante visão quanto ao tema. Ele divide o tema em "como o direito internacional vê o direito interno" e "como o direito interno vê o direito internacional".

2.4.1. Como o Direito Internacional vê o Direito Interno

As Cortes Internacionais, no âmbito do Direito Internacional dos Direitos Humanos, consideram o Direito Interno como **mero fato**[4], que expressa a vontade do Estado.

4 RAMOS, André de Carvalho. *Teoria Geral dos Direitos Humanos na Ordem Internacional*, 5ª ed., 2015, p. 294.

Atenção:

"não se reconhece sequer o caráter jurídico das normas nacionais"[5]. Um verdadeiro **unilateralismo internacionalista.**

Como fundamento normativo para esta corrente, o art. 27 da Convenção de Viena sobre Direito dos Tratados assim dispõe: "*uma parte não pode invocar as disposições de seu direito interno para justificar o inadimplemento de um tratado (...)*". Esta é a regra[6].

2.4.2. Como o Direito Interno vê o Direito Internacional

O ponto central, sobre como o Direito interno vê o Direito Internacional, encontra-se na Constituição.

Nesse sentido, embora não haja previsão expressa sobre a incorporação dos tratados – e sim a previsão de órgãos competentes para fazê-la -, aqui, sim, podemos afirmar que a visão prevalente, sob esta ótica, é o **dualismo**.

2.5. Quadro sinótico

Memorização e Revisão	
Origem do Direito Internacional	A **origem do Direito Internacional** coincide com o protagonismo dos Estados. A base do direito internacional público é a **soberania** e a **igualdade dos Estados.**
Fundamento do Direito Internacional	Pela **corrente voluntarista** o DIP é obrigatório em razão da **vontade**. Os contratos têm que ser cumpridos (*pacta sunt servanda*). É o que prevalece. Já a **corrente objetivista**, defende que a obrigatoriedade do Direito Internacional decorre de uma importância intrínseca das normas internacional. Apenas prevalece quando se tratar de normas *jus cogens*.
Direito Internacional e Direito Interno (dualismo e monismo)	Para o **dualismo**, Direito Internacional e direito interno são dois **ordenamentos jurídicos distintos e independentes entre si**. É a teoria adotada no Brasil, já que há um processo de incorporação dos tratados ao direito interno. O **monismo**, por sua vez, consiste na compreensão de que existe apenas **uma ordem jurídica**. Para esta teoria, não é necessária a incorporação da norma internacional no direito interno. É como o Direito Internacional vê o Direito interno.
Monismo internacionalista e monismo nacionalista	O **monismo internacionalista** defende a primazia do Direito Internacional sobre o direito interno. Já o **monismo nacionalista** compreende que deve prevalecer o Direito interno. A teoria adotada pelo Direito Internacional é o **monismo internacionalista**.

5 RAMOS, André de Carvalho. *Teoria Geral dos Direitos Humanos na Ordem Internacional*, 5ª ed., 2015, p. 294.

6 Há uma exceção prevista no art. 46 da Convenção de Viena sobre Direito dos Tratados: 1. Um Estado não pode invocar o fato de que seu consentimento em obrigar-se por um tratado foi expresso em violação de uma disposição de seu direito interno sobre competência para concluir tratados, a não ser que essa violação fosse manifesta e dissesse respeito a uma norma de seu direito interno de importância fundamental. 2. Uma violação é manifesta se for objetivamente evidente para qualquer Estado que proceda, na matéria, de conformidade com a prática normal e de boa fé.

2.6. Questões de concurso

1. **(TRF - 5ª REGIÃO - Juiz Federal - CESPE / CEBRASPE - 2015 - adaptada)** A corrente voluntarista considera que a obrigatoriedade do direito internacional deve basear-se no consentimento dos cidadãos.

Gabarito: Errado.

2. **(TRF - 5ª REGIÃO - Juiz Federal - CESPE / CEBRASPE - 2015 - adaptada)** O consentimento perceptivo da corrente objetivista significa que a normatividade jurídica do direito internacional nasce da pura vontade dos Estados.

Gabarito: Errado.

3. **(CÂMARA DOS DEPUTADOS - Analista Legislativo - Consultor Legislativo Área XVIII - CESPE / CEBRASPE - 2014)** Considerando que a história da evolução do direito internacional público é, em certa medida, a história da evolução do Estado nacional moderno, julgue os itens subsequentes.

   O direito internacional público surgiu na Idade Moderna, como disciplina jurídica subsidiária ao poder absolutista dos soberanos europeus e do Estado nacional moderno, a partir de estudos sobre direitos referentes à guerra e à paz entre as nações.

Gabarito: Certo.

4. **(PGFN - Procurador da Fazenda Nacional - ESAF- 2003 - adaptada)** Texto motivador da questão: "(...) a grande nota característica do Direito Internacional Público, na atualidade, é sua enorme expansão, tanto no referente à extensão de assuntos sob seu império (a mencionada globalização horizontal), quanto a seu vigor em direção a maior eficácia (uma das consequências da citada globalização vertical). Nesse particular, digno de nota, em comparação com os séculos anteriores, é a extraordinária multiplicação de suas fontes: o crescimento exponencial de tratados multilaterais, sobre os mais variados temas, a proliferação de organizações intergovernamentais, com seus poderes normativos próprios, e, no campo doutrinário, a emergência de obras coletivas, reunidas por um editor de talento ou sob a égide de organizações científicas nacionais ou internacionais, onde temas tópicos são versados com a mais alta competência e especialidade. Para completar o rol das fontes do Direito Internacional Público, neste início do século XXI, têm crescido em número e importância as decisões de tribunais internacionais, fato que confere à jurisprudência um papel da mais alta relevância, como forma de revelação das normas desse Direito, sem ter a possibilidade de descobrir qualquer paralelismo, com tal vigor, nos tempos passados da história das relações internacionais." (in SOARES, Guido Fernando Silva. Curso de Direito Internacional Público. v. 1. São Paulo: Atlas, 2002, p. 34).

   Considerando que o texto transcrito tem caráter unicamente motivador, avalie os seguintes itens e assinale certa ou errada (questão adaptada):

   I. No momento atual, o Direito Internacional Público ainda não dispõe de meios efetivos de sanção.

   II. A ausência de um Poder Legislativo universal, bem assim de um Judiciário internacional com jurisdição compulsória, são alguns dos argumentos utilizados pelos negadores do direito internacional para falar da ausência de caráter jurídico do direito das gentes.

Gabarito: I - Errado II - Certo

2.7. Jurisprudência de Direito Internacional

"O art. 1º da Constituição assenta como um dos fundamentos do Estado brasileiro a sua ***soberania*** *– que significa o poder político supremo dentro do território, e, no plano internacional, no tocante às relações da República Federativa do Brasil com outros Estados soberanos, nos termos do art. 4º, I, da Carta Magna. A soberania nacional no plano transnacional funda-se no* ***princípio da independência nacional****, efetivada pelo presidente da República, consoante suas atribuições previstas no art. 84, VII e VIII, da Lei Maior. A* ***soberania****, dicotomizada em interna e externa, tem na primeira a exteriorização da vontade popular (art. 14 da CRFB) através dos representantes do povo no parlamento e no governo; na segunda, a sua expressão no plano internacional, por meio do presidente da República. No campo da* ***soberania****, relativamente à extradição, é assente que o ato de entrega do extraditando é exclusivo, da competência indeclinável do presidente da República, conforme consagrado na Constituição, nas leis, nos tratados e na própria decisão do Egrégio STF na Ext 1.085. O descumprimento do tratado, em tese, gera uma lide entre Estados soberanos, cuja resolução não compete ao STF, que não exerce* ***soberania internacional****, máxime para impor a vontade da República Italiana ao chefe de Estado brasileiro, cogitando-se de mediação da Corte Internacional de Haia, nos termos do art. 92 da Carta das Nações Unidas de 1945".*

[Rcl nº 11.243, rel. p/ o ac. Min. Luiz Fux, j. 8-6-2011, P, DJe de 5-10-2011.]

"Gostaria (...) de tecer algumas considerações sobre a Convenção da Haia e a sua aplicação pelo Poder Judiciário brasileiro. (...) A primeira observação a ser feita, portanto, é a de que estamos diante de um documento produzido no contexto de negociações multilaterais a que o País formalmente aderiu e ratificou. Tais documentos, em que se incluem os tratados, as convenções e os acordos, pressupõem o cumprimento de ***boa-fé*** *pelos Estados signatários. É o que expressa o velho brocardo* ***"Pacta sunt servanda"****. A observância dessa prescrição é o que permite a coexistência e a cooperação entre nações soberanas cujos interesses nem sempre são coincidentes. Os tratados e outros acordos internacionais preveem em seu próprio texto a possibilidade de retirada de uma das partes contratantes se e quando não mais lhe convenha permanecer integrada no sistema de reciprocidades ali estabelecido. É o que se chama de denúncia do tratado, matéria que, em um de seus aspectos, o da necessidade de integração de vontades entre o chefe de Estado e o Congresso Nacional, está sob o exame do Tribunal. (...) Atualmente (...) a Convenção é compromisso internacional do Estado brasileiro em plena vigência e sua observância se impõe. Mas, apesar dos esforços em esclarecer conteúdo e alcance desse texto, ainda não se faz claro para a maioria dos aplicadores do Direito o que seja o cerne da Convenção. O compromisso assumido pelos Estados-membros, nesse tratado multilateral, foi o de estabelecer um regime internacional de cooperação, tanto administrativa, por meio de autoridades centrais como judicial. A Convenção estabelece regra processual de fixação de competência internacional que em nada colide com as normas brasileiras a respeito, previstas na LICC. Verificando-se que um menor foi retirado de sua residência habitual, sem consentimento de um dos genitores, os Estados-partes definiram que as questões relativas à guarda serão resolvidas pela jurisdição de residência habitual do menor, antes da subtração, ou seja, sua jurisdição natural. O juiz do país da residência habitual*

da criança foi o escolhido pelos Estados-membros da Convenção como o juiz natural para decidir as questões relativas à sua guarda. A Convenção também recomenda que a tramitação judicial de tais pedidos se faça com extrema rapidez e em caráter de urgência, de modo a causar o menor prejuízo possível ao bem-estar da criança. O atraso ou a demora no cumprimento da Convenção por parte das autoridades administrativas e judiciais brasileiras tem causado uma repercussão negativa no âmbito dos compromissos assumidos pelo Estado brasileiro, em razão do princípio da reciprocidade, que informa o cumprimento dos tratados internacionais. (...) É este o verdadeiro alcance das disposições da Convenção.

[ADPF nº 172 MC-REF, rel. Min. Marco Aurélio, voto da Min. Ellen Gracie, j. 10-6-2009, P, DJe de 21-8-2009.]

Obrigação de negociar o acesso ao Oceano Pacífico (Bolívia v. Chile)

VISÃO GERAL DO CASO

Em 24 de abril de 2013, o Estado Plurinacional da Bolívia intentou um processo contra a República do Chile perante o Tribunal, relativo a uma disputa em relação à "obrigação do Chile de negociar de boa fé e efetivamente com a Bolívia a fim de chegar a um acordo que conceda à Bolívia uma soberania plena acesso ao Oceano Pacífico ". Em seu requerimento, a Bolívia afirmou que "além de suas obrigações gerais sob o direito internacional, o Chile se comprometeu, mais especificamente por meio de acordos, prática diplomática e uma série de declarações atribuíveis a seus representantes de mais alto nível, a negociar um acesso soberano ao mar para Bolívia". Segundo a Bolívia, "o Chile não cumpriu esta obrigação e... nega a existência de sua obrigação ". Em seu requerimento, como base para a jurisdição do Tribunal,

Em 15 de julho de 2014, o Chile interpôs uma exceção preliminar à jurisdição da Corte e o processo de mérito foi então suspenso. Depois que a Bolívia apresentou sua declaração escrita sobre a exceção preliminar, foram realizadas audiências públicas em maio de 2015. Em sua sentença proferida em 24 de setembro de 2015, a Corte rejeitou a exceção preliminar apresentada pelo Chile e considerou que era competente para conhecer da demanda interposta pela Bolívia.

Após a apresentação do Contra-memorial do Chile, a Corte autorizou a apresentação de uma Resposta da Bolívia e de uma Tréplica do Chile e fixou 21 de março e 21 de setembro de 2017 como os respectivos prazos para essas alegações. As audiências públicas foram realizadas em março de 2018 e o Tribunal proferiu a sua sentença de mérito em 1 de outubro de 2018.

Em sua Sentença, a Corte considerou as diversas bases jurídicas invocadas pela Bolívia em apoio à suposta obrigação do Chile de negociar o acesso soberano da Bolívia ao Oceano Pacífico.

A Corte concluiu que nenhuma dessas bases estabelecia uma obrigação para o Chile de negociar o acesso soberano da Bolívia ao Oceano Pacífico. Acrescentou que sua conclusão não deve ser entendida "como impedindo as Partes de continuar seu diálogo e intercâmbios, em um espírito de boa vizinhança, para abordar as questões relacionadas com a situação de encravamento da Bolívia, cuja solução ambas reconheceram ser um questão de interesse mútuo. Com a vontade por parte das Partes, negociações significativas poderiam ser realizadas ".

Fonte: https://www.icj-cij.org/en/case/153 (site da Corte Internacional de Justiça).

CAPÍTULO 3
FONTES DO DIREITO INTERNACIONAL

Introdução às Fontes do Direito Internacional

Fonte é, nada mais, que nascente. As fontes do direito internacional dizem respeito ao estudo do surgimento das normas de direito internacional.

É um tema de **alta incidência** em concursos públicos.

3.1. O art. 38 do Estatuto da Corte Internacional de Justiça: as fontes estatutárias do Direito Internacional

A doutrina chama de **fontes estatutárias do Direito Internacional** aquelas que estão previstas no **art. 38 do Estatuto da Corte Internacional de Justiça**. É o artigo mais importante sobre o assunto. Vejamo-lo:

> *Art. 38*
>
> *1. A Corte, cuja função é decidir de acordo com o direito internacional as controvérsias que lhe forem submetidas, aplicará:*
>
> *a. as convenções internacionais, quer gerais, quer especiais, que estabeleçam regras expressamente reconhecidas pelos Estados litigantes;*
>
> *b. o costume internacional, como prova de uma prática geral aceita como sendo o direito;*
>
> *c. os princípios gerais de direito, reconhecidos pelas nações civilizadas;*
>
> *d. sob ressalva da disposição do art. 59, as decisões judiciárias e a doutrina dos juristas mais qualificados das diferentes nações, como meio auxiliar para a determinação das regras de direito.*
>
> *2. A presente disposição não prejudicará a faculdade da Corte de decidir uma questão ex aequo et bono, se as partes com isto concordarem.*

Fontes estatutárias do Direito Internacional (art. 38 do ECIJ)	• Convenções internacionais • Costume internacional • Princípios gerais de direito
Fontes auxiliares do Direito Internacional	• Decisões judiciárias • Doutrina dos juristas mais qualificados das diferentes nações

3.1.1. As convenções internacionais

No Direito Internacional, prevalece o entendimento de que "convenção" é sinônimo de "tratado".

Os tratados são, "incontestavelmente, a principal e mais concreta fonte do Direito Internacional na atualidade[1]".

Ao estudo dos tratados dá-se o nome de Direito dos Tratados.

Diante da extensão do tema, estudaremos os tratados em capítulo específico. Por ora, apesar da importância prática dos tratados, este fato "não confere a estes o caráter de fonte de hierarquia superior no Direito das Gentes"[2].

3.1.2. O costume internacional

Na medida em que está previsto expressamente no art. 38 do Estatuto da Corte Internacional de Justiça (ECIJ) como fonte do Direito Internacional, o costume internacional é denominado fonte estatutária.

O próprio ECIJ conceitua costume internacional como "prática geral aceita como sendo o direito" (art. 38, § 1º, *b*).

Importante para Concursos:

A Corte Internacional de Justiça, no julgamento do Caso da **Plataforma Continental do Mar do Norte (1969)**, consignou costume como a **"prática reiterada,** acompanhada da convicção **quanto a ser obrigatória essa prática**"[3].

Portanto, dois são os requisitos para a formação do costume internacional:

Requisitos para formação do costume internacional	
Requisito objetivo	Prática reiterada;
Requisito subjetivo	É a convicção de que referida prática reiterada é juridicamente obrigatória (*opinio juris*).

Atenção:

A mera reiteração de determinada prática não configura, por si só, costume internacional. O requisito subjetivo (*opinio juris*) é essencial.

Questão polêmica na doutrina é a figura do **objetor persistente** (*persistent objector*): trata-se do **não reconhecimento expresso de um costume** por determinado sujeito do Direito Internacional.

Importante para Concursos:

Como caiu na prova: a CESPE / CEBRASPE, em prova para Juiz Federal, considerou **incorreta** a seguinte assertiva: "Admite-se a escusa de obrigatoriedade de um costume internacional

1 MAZZUOLI, Valerio de Oliveira. *Curso de Direito Internacional.* 14ª ed., Rio de Janeiro: Forense, 2021, p. 114.
2 PORTELA, Paulo Henrique Gonçalves. *Direito Internacional Público e Privado.* 11ª ed., p. 61.
3 ACCIOLY, Hildebrando; CASELLA, Paulo Borba. *Manual de Direito Internacional Público.* 22ª ed. – São Paulo: Saraiva, 2016, p. 151.

se o Estado provar de forma efetiva que se opôs ao seu conteúdo desde a sua formação." Trata-se de **questão divergente na doutrina**, que não deveria ser cobrada em provas objetivas.

Não se exige que o costume seja aceito por toda a comunidade internacional. Isso porque é possível que o costume seja **regional**.

Importante para Concursos:

Foi considerado CERTO pela CEBRASPE em concurso para DIPLOMATA: "A expressão não escrita do direito das gentes conforma o costume internacional como prática reiterada e uniforme de conduta, que, incorporada com convicção jurídica, distingue-se de meros usos ou mesmo de práticas de cortesia internacional".

3.1.3. Os princípios gerais do Direito

Direto ao ponto: o art. 38 do Estatuto da CIJ menciona os princípios **gerais** do direito.

Alguns princípios gerais do Direito, consagrados pela doutrina: (i) **proibição ao abuso de direito**; (ii) **responsabilidade internacional decorrente de atos ilícitos** e **restituição do que foi adquirido por enriquecimento ilícito;** (iii) **exceção da prescrição liberatória**; (iv) **obrigação de reparar os danos emergentes e lucros cessantes.**

Importante para Concursos:

Assim, apenas os **princípios gerais do direito** são considerados **fontes estatutárias** do Direito Internacional. É isso que você vai marcar em uma prova objetiva quando o examinador perguntar: "segundo o art. 38 do Estatuto Corte Internacional de Justiça". Sim, estão previstos expressamente os **princípios gerais do direito**.

Mas, e os princípios do Direito Internacional?

Esta é uma "pegadinha" clássica de prova objetiva de Direito Internacional. O examinador pergunta: "O art. 38 do Estatuto da CIJ prevê, como fonte do Direito Internacional, os princípios do Direito Internacional". Certo ou errado? Errado, como explicado acima.

Mas os princípios do Direito Internacional não são fonte do Direito Internacional? Sim, mas não estão previstos no art. 38 do Estatuto da CIJ. São, portanto, fontes extraestatutárias, por falta de previsão expressa. Diversos exemplos de princípios do Direito Internacional estão previstos no art. 4º da Constituição da República do Brasil de 1988.

Art. 4º A República Federativa do Brasil rege-se nas suas relações internacionais pelos seguintes princípios:

I – independência nacional;

II – prevalência dos direitos humanos;

> *III – autodeterminação dos povos;*
>
> *IV – não-intervenção;*
>
> *V – igualdade entre os Estados;*
>
> *VI – defesa da paz;*
>
> *VII – solução pacífica dos conflitos;*
>
> *VIII – repúdio ao terrorismo e ao racismo;*
>
> *IX – cooperação entre os povos para o progresso da humanidade;*
>
> *X – concessão de asilo político.*

Princípios Gerais do Direito	Princípios do Direito Internacional
É fonte estatutária: está previsto expressamente no art. 38 do Estatuto da CIJ.	É fonte extraestatutária: apesar de ser, sim, fonte do DIP, não está expressamente prevista no art. 38 do Estatuto da CIJ.

Atenção, mais uma vez, para a literalidade do art. 38 do Estatuto da CIJ: "os princípios gerais de direito **reconhecidos pelas nações civilizadas**". Daí a importância em ter familiaridade com o texto dos tratados. É evidente que em uma leitura contemporânea o termo "nações civilizadas" pode ser interpretado como pejorativo. Porém, assim está no texto e assim poderá cair na sua prova objetiva.

Importante para Concursos:

Caiu na prova: Dentre os princípios gerais de direito no âmbito interno, os seguintes foram consagrados na jurisprudência internacional, segundo doutrina: (i) proibição ao abuso de direito; (ii) responsabilidade internacional decorrente de atos ilícitos e restituição do que foi adquirido por enriquecimento ilícito; (iii) exceção da prescrição liberatória; (iv) obrigação de reparar os danos emergentes e lucros cessantes. – correta (Juiz Federal / TRF3 / 2018).

3.1.4. As decisões judiciárias, como fonte auxiliar

O art. 38 do Estatuto da CIJ prevê que, em suas decisões, a Corte poderá utilizar-se das **decisões judiciárias** como **meio auxiliar**.

Importante para Concursos:

O art. 59 do Estatuto da CIJ cria a seguinte delimitação: "**A decisão da Corte só será obrigatória para as partes litigantes e a respeito do caso em questão**".

Atenção:

Apesar dos arts. 38 e 59 do Estatuto da CIJ não apontarem para a importância das **decisões judiciárias das Cortes Internacionais**, cada vez mais tem sido cobrados os precedentes, especialmente na disciplina de **Direito Internacional dos Direitos Humanos**, a exemplo das provas para Procurador da República (MPF), Defensoria Pública da União (DPU), Defensorias Públicas dos Estados, entre outros.

3.1.5. A doutrina, como fonte auxiliar

O art. 38 do Estatuto da CIJ prevê que, em suas decisões, a Corte poderá utilizar-se da **doutrina** como **meio auxiliar**.

Vimos que a própria origem do Direito Internacional remonta às obras de estudiosos, como Hugo Grócio, entre outros.

Para as questões de Direito Internacional atenção para o fato de o art. 38 não ter mencionado doutrina internacionalista, e, sim, meramente, **doutrina dos juristas mais qualificados das diferentes nações.**

> **O papel da doutrina no Direito Internacional:** "(...) A doutrina, por outro lado, tem maior peso no direito internacional que no direito interno. *Em razão das características das relações externas, as normas internacionais são, em geral, mais vagas e imprecisas*, acentuando o aspecto político que marca o seu nascimento. *Por esse motivo avulta a tarefa da doutrina na fixação do significado das regras internacionais*. A doutrina prima ademais por auxiliar no processo de individualização das normas jurídicas"[4].

3.1.6. A equidade

Dispõe o parágrafo 2º do art. 38 do Estatuto da CIJ:

> *A presente disposição não prejudicará a faculdade da Corte de decidir uma questão ex aequo et bono, se as partes com isto concordarem.*

Ex aequo et bono significa **equidade.**

Equidade, por sua vez, diz respeito aos valores de **justiça** e **ética**[5].

Atenção:

nos termos do parágrafo 2º do art. 38 do Estatuto da CIJ, **a Corte somente poderá decidir, por equidade, se as partes com isto concordarem.**

Entenda a gravidade da norma: a Corte, ao aplicar a equidade, poderá afastar uma norma internacional e decidir com base na justiça, desde que, repita-se, tenha havido **concordância das partes envolvidas no litígio.**

4 AMARAL JÚNIOR, Amaral. *Noções de Direito Internacional.* 3ª ed., rev. e ampl., p. 158.
5 ACCIOLY, Hildebrando; CASELLA, Paulo Borba. *Manual de Direito Internacional Público.* 22ª ed. – São Paulo: Saraiva, 2016, p. 193.

Importante para Concursos:

Caiu na prova: "O recurso à equidade prescinde da concordância das partes para ser validamente utilizado pelo juiz internacional ao proferir sua decisão" - incorreta (Juiz Federal / TRF 3 / 2018).

3.2. Fontes extraestatutárias do Direito Internacional

São as fontes do Direito Internacional não previstas, expressamente, no art. 38 do Estatuto da CIJ.

Podem ser chamadas, também, de não codificação ou extraconvencionais, quando não previstas em tratados.

3.2.1. Princípios gerais de Direito Internacional

Tema já abordado no item 3.1.3.

Relembrando: o art. 38 do Estatuto da Corte Internacional de Justiça prevê apenas os princípios gerais de Direito. Porém, como estudado no item 3.1.3, os princípios gerais do Direito Internacional são, sim, fontes extraestatutárias do Direito Internacional.

3.2.2. Atos unilaterais dos Estados e das Organizações Internacionais

É comum, na prática do Direito Internacional, atos unilaterais dos Estados, a exemplo da renúncia, denúncia[6], reconhecimento de Estado e de governo, ruptura das relações diplomáticas, entre outros atos.

Por ora, é pacífico que os atos unilaterais dos Estados são fontes extraestatutárias do Direito Internacional.

Importante para Concursos:

Caiu na Prova: "O ato unilateral tem sido considerado pela doutrina como fonte do Direito Internacional, apesar de não constar expressamente do rol previsto no art. 38 do Estatuto da Corte Internacional de Justiça, tendo, como exemplo, as resoluções das organizações internacionais" – correta (Juiz Federal / TRF3 / 2018).

3.2.3. Decisões das organizações internacionais

Atualmente, verifica-se, na sociedade internacional, o protagonismo não só dos Estados, mas também das organizações internacionais, a exemplo da Organização das Nações Unidas (ONU).

6 Renúncia e denúncia são conceitos estudados no Capítulo sobre o Direito dos Tratados.

Apenas para ilustrar, as decisões do Conselho de Segurança da ONU geram consequências aos Estados.

Sem dúvidas, são, portanto, fontes extraestatutárias do Direito Internacional.

A análise das organizações internacionais será feita em capítulo específico destinado ao tema.

3.2.4. *Soft law*

A tradução de *soft law* é "direito maleável". Referida fonte geralmente não se reveste das formalidades de um tratado e, portanto, caracteriza-se pela celeridade.

Prevalece o entendimento, na doutrina, de que o *soft law* **não possui caráter vinculante**, e sim caráter de **recomendação**.

Como **exemplos de *soft law***, tem-se os *non-binding agreement* (acordos não vinculantes), o *gentlemen's agreement* (acordo de cavalheiros), códigos de conduta, declarações de organismos internacionais, como por exemplo a **Declaração Universal de Direitos Humanos**, bem como – apenas para destacar – recomendações de Direito Internacional do Meio Ambiente.

Importante para Concursos:

Observe que a **Declaração Universal das Nações Unidas –** como o próprio nome indica – é uma declaração, e não um tratado. Um tratado, como veremos no Capítulo do Direito dos Tratados, é um **acordo escrito**. Geralmente, a declaração é proferida por **uma organização internacional**.

Atenção:

Para uma prova discursiva, convém adotar o entendimento de André de Carvalho Ramos, no sentido de que a Declaração Universal de Direitos Humanos possui trechos de *jus cogens* e, quanto a este dispositivo, possuirá caráter vinculante. Exemplo: direito à vida.

Importante para Concursos:

A CESPE / CEBRASPE considerou o seguinte item como CORRETO: "A denominada *soft law*, de utilização polêmica pela índole programática que comporta, embora desprovida de conteúdo imperativo, é utilizada de forma flagrante em direito internacional do meio ambiente".

3.3. A questão da hierarquia das fontes do Direito Internacional

Tema de **alta relevância e incidência em provas de concursos.**

Prevalece na doutrina de Direito Internacional que **não há hierarquia** entre as fontes do Direito Internacional.

Portela (p. 60), todavia, faz importante menção às normas ***jus cogens*** (normas imperativas de Direito Internacional), as quais possuem, por natureza, hierarquia superior.

Importante para Concursos:

Em algumas provas de concursos públicos, em razão da importância prática dos tratados, afirma-se que estes estão acima, hierarquicamente, dos costumes, o que está **errado** à luz da doutrina majoritária de Direito Internacional.

Importante para Concursos:

Caiu em concurso: na prova de **Juiz Federal (TRF3 / 2018)** a seguinte assertiva foi considerada correta: "Sobre as fontes do Direito Internacional Público, a doutrina clássica afirma que tratado e costume possuem o mesmo valor sem que um tenha primazia sobre o outro; por isso, um pode derrogar ou modificar o outro".

3.4. Quadro sinótico

Memorização e Revisão	
As fontes estatutárias do Direito Internacional	A doutrina chama de **fontes estatutárias do Direito Internacional** aquelas que estão previstas no **art. 38 do Estatuto da Corte Internacional de Justiça:** • Convenções internacionais • Costume internacional • Princípios gerais de direito
Fontes auxiliares do Direito Internacional	• Decisões judiciárias • Doutrina dos juristas mais qualificados das diferentes nações
Equidade (*Ex aequo et bono*)	Equidade, por sua vez, diz respeito aos valores de **justiça** e **ética.** **A Corte somente poderá decidir, por equidade, se as partes com isto concordarem** (parágrafo 2º, do art. 38 do Estatuto da CIJ).
Fontes extraestatutárias do Direito Internacional	São fontes do Direito Internacional, porém não previstas no art. 38 do Estatuto da CIJ. As mais importantes para concurso: • Princípios gerais de Direito Internacional; • Atos unilaterais dos Estados; • Decisões das organizações internacionais; • *Soft Law*
Soft Law	A tradução de *soft law* é "direito maleável". Prevalece o entendimento de que o *soft law* **não possui caráter vinculante**, e sim caráter de **recomendação.** Ex.: **Declaração Universal de Direitos Humanos.**
Existe hierarquia entre as fontes do Direito Internacional?	Prevalece na doutrina de Direito Internacional que **não há hierarquia** entre as fontes do Direito Internacional. **Exceção**: normas ***jus cogens*** (normas imperativas de Direito Internacional), as quais possuem, por natureza, hierarquia superior.

3.5. Questões de concursos

1. **(TRF 3ª REGIÃO – Juiz Federal – 2018)** Considere as seguintes assertivas e assinale a INCORRETA:

A) Sobre as fontes do Direito Internacional Público, a doutrina clássica afirma que tratado e costume possuem o mesmo valor sem que u/m tenha primazia sobre o outro; por isso, um pode derrogar ou modificar o outro.

B) O ato unilateral tem sido considerado pela doutrina como fonte do Direito Internacional, apesar de não constar expressamente do rol previsto no art. 38 do Estatuto da Corte Internacional de Justiça, tendo, como exemplo, as resoluções das organizações internacionais.

C) Dentre os princípios gerais de direito no âmbito interno, os seguintes foram consagrados na jurisprudência internacional, segundo doutrina: (i) proibição ao abuso de direito; (ii) responsabilidade internacional decorrente de atos ilícitos e restituição do que foi adquirido por enriquecimento ilícito; (iii) exceção da prescrição liberatória; (iv) obrigação de reparar os danos emergentes e lucros cessantes.

D) O recurso à equidade prescinde da concordância das partes para ser validamente utilizado pelo juiz internacional ao proferir sua decisão.

Gabarito: D.

2. **(TRF 5ª REGIÃO – Juiz Federal – CESPE / CEBRASPE – 2015)** Assinale a opção correta relativamente à fundamentação, às fontes e às características do direito internacional público.

A) Admite-se a escusa de obrigatoriedade de um costume internacional se o Estado provar de forma efetiva que se opôs ao seu conteúdo desde a sua formação.

B) Não há previsão expressa de princípios gerais do direito internacional no Estatuto da CIJ.

C) O Estatuto da CIJ estabelece que as decisões proferidas pelas organizações internacionais sejam consideradas fontes do direito internacional público.

D) A corrente voluntarista considera que a obrigatoriedade do direito internacional deve basear-se no consentimento dos cidadãos.

E) O consentimento perceptivo da corrente objetivista significa que a normatividade jurídica do direito internacional nasce da pura vontade dos Estados.

Gabarito: B.

3. **(PC SP - Investigador de Polícia – VUNESP – 2013)**

A República Federativa do Brasil rege-se nas suas relações internacionais, entre outros, pelo seguinte princípio:

A) colaboração entre os povos para a evolução religiosa da humanidade.

B) construção de uma sociedade internacional livre, justa e solidária.

C) fruição total e absoluta dos direitos humanos.

D) autodeterminação dos povos.

E) uso autorizado da força para resposta aos ataques terroristas internacionais.

Gabarito: D.

4. **(CÂMARA DOS DEPUTADOS - Analista Legislativo – Área XVIII/Consultor Legislativo – CEBRASPE / CESPE - 2014)** Acerca da teoria das fontes no direito internacional público, julgue o item a seguir.

A Declaração Universal dos Direitos do Homem, elaborada pela Organização das Nações Unidas (ONU), é classificada como fonte codificada do direito internacional e, portanto, está prevista no Estatuto da Corte Internacional de Justiça como ato de organização internacional.

C) Certo

E) Errado

Gabarito: Errado.

5. **(AGU - Advogado da União - CEBRASPE / CESPE - 2015)** Julgue o item a seguir, relativo às fontes do direito internacional. Diferentemente dos tratados, os costumes internacionais reconhecidos pelo Estado brasileiro dispensam, para serem aplicados no país, qualquer mecanismo ou rito de internalização ao sistema jurídico pátrio.

C) Certo

E) Errado

Gabarito: Certo.

6. **(DIPLOMATA - RIO BRANCO - CEBRASPE / CESPE - 2017)** A respeito das fontes do direito internacional público, julgue o item a seguir.

O Estatuto da Corte Internacional de Justiça reconhece os princípios gerais de direito como fontes auxiliares do direito internacional.

C) Certo

E) Errado

Gabarito: Errado.

7. **(ANALISTA LEGISLATIVO DA CÂMARA DOS DEPUTADOS - CEBRASPE / CESPE - Área XVIII / Consultor Legislativo / 2014)** Acerca da teoria das fontes no direito internacional público, julgue o item a seguir.

Na teoria das fontes, a doutrina tem mais peso em direito internacional que em direito interno, tendo em vista o maior conteúdo político das normas de direito das gentes. Nesse sentido, a doutrina atua como elaboradora do significado e do alcance de regras imprecisas, comuns no direito internacional.

C) Certo

E) Errado

Gabarito: Certo.

8. **(ANALISTA LEGISLATIVO DA CÂMARA DOS DEPUTADOS - CEBRASPE / CESPE - Área XVIII / Consultor Legislativo / 2014)** Acerca da teoria das fontes no direito internacional público, julgue o item a seguir. Os tratados são as fontes por excelência do direito internacional público e impõem-se hierarquicamente sobre todas as demais formas escritas e não escritas de expressão do direito internacional.

C) Certo

E) Errado

Gabarito: Errado.

9. **(DIPLOMATA - RIO BRANCO - CEBRASPE / CESPE - 2012)** Considerando as fontes de direito internacional público previstas no Estatuto da Corte Internacional de Justiça (CIJ) e as que se revelaram a posteriori, bem como a doutrina acerca das formas de expressão da disciplina jurídica, assinale a opção correta.

A) De acordo com o Estatuto da Corte da Haia, a equidade constitui, apesar de seu caráter impreciso, fonte recorrente e prevista como obrigatória na resolução judicial de contenciosos internacionais.

B) A expressão não escrita do direito das gentes conforma o costume internacional como prática reiterada e uniforme de conduta, que, incorporada com convicção jurídica, distingue-se de meros usos ou mesmo de práticas de cortesia internacional.

C) As convenções internacionais, que podem ser registradas ou não pela escrita, são consideradas, independentemente de sua denominação, fontes por excelência, previstas originariamente no Estatuto da CIJ.

D) Em face do caráter difuso da sociedade internacional, bem como da proliferação de tribunais internacionais, verifica-se no direito internacional crescente invocação de decisões judiciais antecedentes, arroladas como *opinio juris*, ainda que não previstas no Estatuto da CIJ.

E) Ainda que não prevista em tratado ou no Estatuto da CIJ, a invocação crescente de normas imperativas confere ao *jus cogens* manifesta qualidade de fonte da disciplina, a par de atos de organizações internacionais, como resoluções da ONU.

Gabarito: B.

10. **(ANALISTA LEGISLATIVO DA CÂMARA DOS DEPUTADOS – CEBRASPE / CESPE - Área XVIII / Consultor Legislativo / 2014)** Acerca da teoria das fontes no direito internacional público, julgue o item a seguir.

Atos unilaterais de Estados são modernamente admitidos como fontes extraconvencionais de expressão do direito internacional, embora não estejam previstos como tal no Estatuto da Corte Internacional de Justiça.

C) Certo

E) Errado

Gabarito: Certo.

11. **(Ano: 2015 Banca: CESPE / CEBRASPE Órgão: Instituto Rio Branco Prova: CESPE – 2015 – Instituto Rio Branco – Diplomata – Prova 2)** A par de constantes mudanças verificadas na sociedade internacional, com o surgimento de novos atores e de renovadas demandas, também o direito das gentes se atualiza em terminologias e em conceitos, de modo a abranger novas fronteiras, como o comércio, o meio ambiente e os direitos humanos. No que concerne a esse fenômeno, julgue (C ou E) o item a seguir.

A denominada *soft law*, de utilização polêmica pela índole programática que comporta, embora desprovida de conteúdo imperativo, é utilizada de forma flagrante em direito internacional do meio ambiente.

C) Certo

E) Errado

Gabarito: Certo.

CAPÍTULO 4
O DIREITO DOS TRATADOS

4.1. A Codificação do Direito Internacional Público

Na origem, o Direito Internacional foi, essencialmente, costumeiro. Há, porém, um problema no costume: ausência de certeza e segurança jurídica[1]. Por tais razões, os tratados se tornaram a fonte mais importante do Direito Internacional atualmente. A este movimento a doutrina dá o nome de **codificação do Direito Internacional Público**.

Justamente em razão da **Codificação do Direito Internacional Público**, diversas regras costumeiras sobre **direito dos tratados** foram organizadas em um tratado, assinado em 1969 – e em vigor desde 1980 -, chamado **Convenção de Viena sobre direito dos tratados**. É, sem dúvida, uma das normas mais importantes do Direito Internacional[2]. E a leitura dos tratados – sim, a literalidade – é primordial para preparação para concursos públicos. Tanto assim que diversos conceitos e explicações decorrerão da "letra fria" do tratado.

4.2. Conceito e terminologia

Nos termos da Convenção de Viena sobre direito dos tratados: "'tratado' significa um acordo internacional concluído por escrito entre Estados e regido pelo Direito Internacional. quer conste de um instrumento único, quer de dois ou mais instrumentos conexos, qualquer que seja sua denominação específica".

Vejamos cada trecho do conceito.

a) Acordo internacional concluído por escrito

Os tratados, por exigirem a forma escrita, são, portanto, acordos formais. Prevalece, como vimos, o princípio do livre convencimento (corrente voluntarista).

b) Entre Estados

Não só Estados, mas também as organizações internacionais podem celebrar tratados. Assim, em que pese a literalidade da Convenção de Viena sobre direito dos tratados mencionar apenas Estado, em uma interpretação atualizada do texto, as Organizações Internacionais também possuem capacidade internacional para celebração de tratados, conforme aceitação por normas costumeiras.

---

1 MAZZUOLI, Valerio de Oliveira. *Curso de Direito Internacional*. 14ª ed., Rio de Janeiro: Forense, 2021, p. 163.

2 ACCIOLY, Hildebrando; CASELLA, Paulo Borba. *Manual de Direito Internacional Público*. 22ª ed. – São Paulo: Saraiva, 2016, p. 152.

c) Regido pelo Direito Internacional

Os tratados, no momento de sua elaboração, devem observar as normas internacionais, especialmente as normas *jus cogens* (normas imperativas de Direito Internacional).

d) Qualquer que seja a sua denominação

Ao conceituar tratado e mencionar "**qualquer que seja a sua denominação**", a **Convenção de Viena sobre os direitos dos tratados** autorizou o **uso indiscriminado das denominações**.

Assim, convenção é, nada mais, do que um tratado. Da mesma forma o são o acordo, carta, estatuto, entre outros, são sinônimos de tratado.

Atenção:

Cuidado: embora todas as palavras mencionadas sejam, sim, sinônimos de tratados, a terminologia na prática internacional permite a identificação do tipo de tratado. "Carta", por exemplo, designa um tipo de tratado que cria organizações internacionais, como a Carta das Nações Unidas. A Constituição da Organização Internacional do Trabalho é mais um exemplo de tratado internacional. É comum, ainda, denominar de "Estatuto" o tratado que cria o Tribunal Internacional, a exemplo do Estatuto da Corte Internacional de Justiça e o Estatuto do Tribunal Penal Internacional.

4.3. Condições de validade

Tal como no Direito Civil, o Direito Internacional estabelece certas condições para que um tratado seja considerado válido. São elas:

1) Capacidade para celebrar tratado;
2) Habilitação de agentes *(treaty-making power);*
3) Objeto lícito e possível;
4) Consentimento regular.

4.3.1. Capacidade para celebrar tratados

Não só Estados e Organizações Internacionais (relativo a seus objetivos) podem celebrar tratados, mas também outros sujeitos do Direito Internacional, como a Santa Sé, blocos regionais, Comitê da Cruz Vermelha, entre outros[3].

Os indivíduos, por sua vez, **não** possuem capacidade de celebrar tratados.

4.3.2. Habilitação dos agentes

Consiste no *treaty-making power* (poder de celebrar tratados). Quem possui esse poder?

A CVDT responde a esta pergunta (art. 7.2):

1) Chefe de Estado, Chefe de Governo, Ministro das Relações Exteriores;
2) Chefes de Missões Diplomáticas (Embaixadores);

3 Estudaremos, em Capítulo próprio, os Sujeitos do Direito Internacional Público.

3) Chefes de Missões junto a organismos internacionais;

4) Representantes acreditados pelos Estados

Há, ainda, a **carta de plenos poderes**. Por meio dela é possível que uma ou várias pessoas não elencadas no rol da CVDT possam representar o Brasil para celebrar tratados. É competência do Presidente da República.

4.3.3. Objeto lícito e possível

Um exemplo de tratado nulo é aquele que viola norma *jus cogens*.

4.3.4. Livre convencimento

O fundamento do Direito Internacional, em regra, é o princípio *pacta sunt servanda* (corrente voluntarista).

4.3.5. Invalidade dos tratados

Conforme explica MAZZUOLI, "faltando uma ou algumas dessas condições o tratado se torna inválido, podendo assim ser declarado pelos tribunais internacionais (em especial, no âmbito da ONU, a Corte Internacional de Justiça)"[4].

4.4. Processo de elaboração dos tratados

A partir de uma visão panorâmica, **seis** são as fases pelas quais os tratados passam até a sua entrada em vigor:

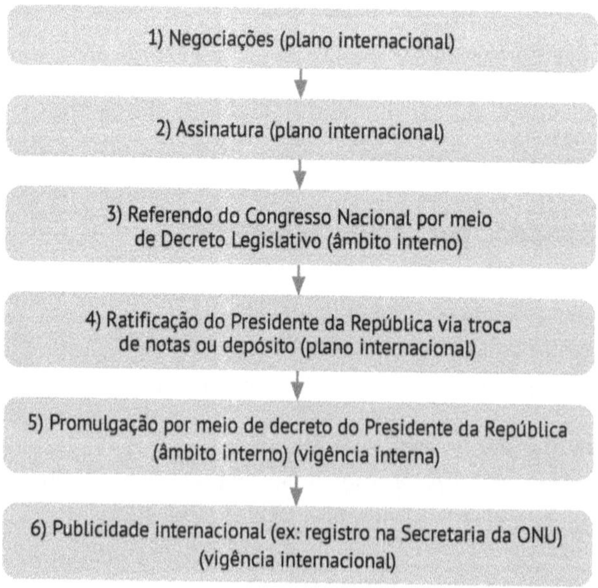

4 MAZZUOLI, p. 157

A partir do esquema acima é possível observar que há fases internacionais e fases internas. É oportuno mencionar que a vigência nacional não se confunde com a vigência internacional.

Por vigência internacional entende-se o momento em que "os tratados podem ter a sua observância exigida, por exemplo, por outros signatários (...) mas não podem ainda ser invocados dentro do território das partes"[5].

Para a vigência interna, por sua vez, é exigida a incorporação do tratado ao direito interno.

Analisemos cada uma das fases.

4.4.1. Negociação (plano internacional)

Consiste a negociação na fase inicial da elaboração dos tratados.

Sobre o assunto, questão importante se refere à competência para as negociações.

Segundo o **art. 21, I, da Constituição da República**, compete à **União** "manter relações com Estados estrangeiros e participar de organizações internacionais".

Já os incisos VII e VIII do art. 84, dispõem que compete ao **Presidente da República**:

- "manter relações com Estados estrangeiros e acreditar seus representantes diplomáticos";
- "celebrar tratados, convenções e atos internacionais, sujeitos a referendo do Congresso Nacional".

Por se tratar de competência **privativa** é possível a **delegação.**

Ao final da negociação, quando há acordo entre os celebrantes, ocorre a **adoção do texto.**

Por fim, ocorre a **autenticação**, momento em que o texto passa a ser considerado definitivo e autêntico.

> Pergunta: a partir da negociação, pode-se dizer que os sujeitos do DIP celebrantes estão vinculados?
>
> Não. Porém, com base no Princípio da Boa-fé, pode-se afirmar que os sujeitos de DIP não poderão praticar atos contrários à celebração do tratado (***nemo potest venire contra factum proprium***).

4.4.2. Assinatura (plano internacional)

Consiste a **assinatura** na formalização da autenticação do texto. É ato solene. Simboliza o encerramento das negociações.

> **Pergunta: após a assinatura, pode-se dizer que os sujeitos do DIP celebrantes estão vinculados?**
>
> Não. "A assinatura do tratado, por si só, traduz um aceite precário e provisório. Trata-se da mera aquiescência do Estado em relação à forma e ao conteúdo final

5 PORTELA, Paulo Henrique Gonçalves. *Direito Internacional Público e Privado*: Incluindo Noções de Direitos Humanos e Direito Comparado – 11ª ed. rev., atual. e ampl. – Salvador: JusPODIVM, p. 102.

> do tratado. A assinatura do tratado, via de regra, indica tão somente que o tratado é autêntico e definitivo". **(PC-MG – Escrivão de Polícia Civil – FUMARC – 2018)**

Assim, como regra geral, com a assinatura ainda não há vinculação.

Exceção: nos Estados Unidos há o acordo executivo. São tratados de forma simplificada, realizados sem a participação do Senado (apenas o chefe do Poder Executivo). Há esta possibilidade, porém, para concursos, prevalece que a assinatura é um ato preliminar, ou seja, que depende de outros atos para que haja vinculação do sujeito de Direito Internacional.

Por outro lado, a assinatura obriga os signatários a não atuar de modo a comprometer seu objeto (art. 18 da Convenção de Viena sobre o Direito dos Tratados de 1969). Exemplo: o sujeito de Direito Internacional assina o tratado se comprometendo a reduzir o desmatamento, porém, na prática aumenta de tal forma que torna as metas dos tratados comprometidas. Neste caso, poderia se falar em responsabilidade internacional[6], a depender do caso concreto.

São competentes para assinar um tratado:

1. Chefe de Estado;
2. Chefe de Governo;
3. Ministro das Relações Exteriores;
4. O Embaixador (para o ente perante o qual está acreditado);
5. Qualquer pessoa que possua uma Carta de Plenos Poderes, emitida pelo Presidente da República. São os chamados plenipotenciários.

> **Pergunta: após a assinatura, pode-se dizer que os sujeitos do DIP celebrantes estão vinculados? Resposta: Não.** "A assinatura do tratado, por si só, traduz um aceite precário e provisório. Trata-se da mera aquiescência do Estado em relação à forma e ao conteúdo final do tratado.". **(PC-MG – Escrivão de Polícia Civil – FUMARC – 2018)**

4.4.3. Aprovação parlamentar (âmbito interno)

O Presidente da República somente poderá ratificar tratados após a aprovação do Congresso Nacional.

O fundamento da participação do Poder Legislativo é o princípio do Estado Democrático de Direito, bem como a divisão harmônica entre os poderes.

Vejamos a visão geral do processo:

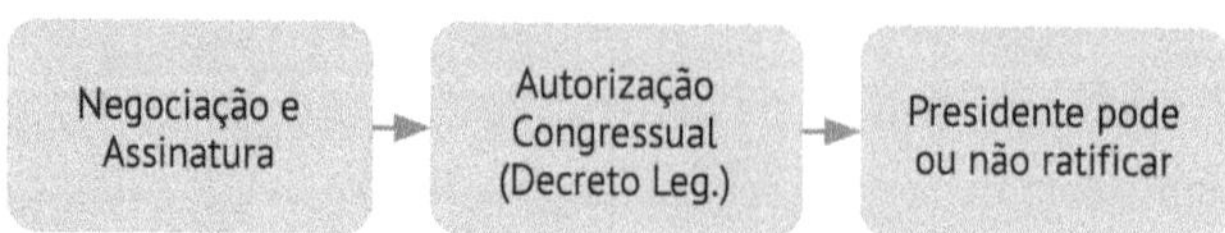

6 Estudaremos responsabilidade internacional em capítulo próprio.

Importante para Concursos:

CAIU EM CONCURSO: "Não gera efeitos a simples assinatura de um tratado se não for referendado pelo Congresso Nacional, já que o Poder Executivo só pode promover a ratificação depois de aprovado o tratado pelo Congresso Nacional". **(PC-MG – Escrivão de Polícia Civil – FUMARC – 2018)**

Assim, a próxima fase – ratificação – depende da autorização do **Congresso Nacional**.

4.4.4. Ratificação do Presidente da República (plano internacional)

A ratificação, ato privativo do Presidente da República, é o aceite definitivo, por meio do qual o Estado se obriga pelo tratado no plano internacional (vigência internacional).

Segundo a Constituição da República, compete ao Presidente da República (art. 84, VIII), "celebrar tratados, convenções e atos internacionais, **sujeitos a referendo do Congresso Nacional**[7]".

Consiste no reexame por parte do Presidente para, com discricionariedade, verifique e ratifique – ou não – o tratado internacional.

Importante para Concursos:

CAIU EM CONCURSO: "A ratificação, explica Flávia Piovesan, significa a subsequente confirmação formal por um Estado de que está obrigado ao tratado. Significa, pois, o aceite definitivo, pelo qual o Estado se obriga pelo tratado no plano internacional". **(PC-MG – Escrivão de Polícia Civil – FUMARC – 2018)**

Revisando a visão geral:

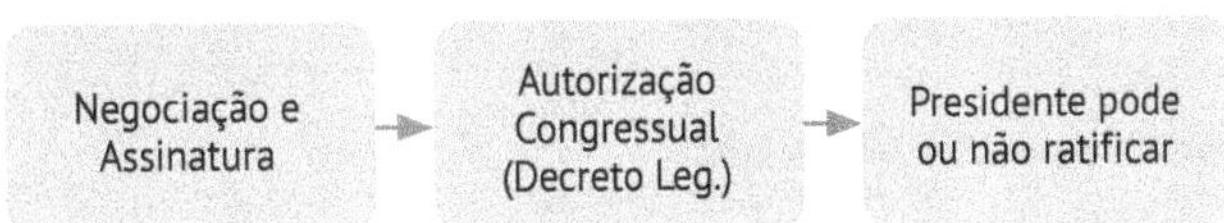

*Obs. 1: se o Congresso não autoriza, o Presidente **não** poderá ratificar, sob pena de tipificação de crime de responsabilidade (art. 85, II, CF).*

*Obs. 2: apesar de ser um ato regulado pelo direito interno (CF, no caso), a **ratificação é um ato de relações internacionais (vigência internacional)**.*

4.4.5. Promulgação

Trata-se de fase interna, cujo objetivo é incorporar o tratado ao direito interno.

Cabe ao Presidente da República, após a autorização do Congresso Nacional, concluir o processo de incorporação por meio da **promulgação**. É materializada por meio de **Decreto**.

7 Referendo é autorização do Congresso Nacional estudada no subitem anterior.

Importante para Concursos:

CAIU EM CONCURSO: A Convenção de Palermo, um instrumento internacional multilateral e solene, foi promulgada pelo Congresso Nacional brasileiro e ratificada, no âmbito interno, por decreto. **(Polícia Federal - Delegado de Polícia Federal - CESPE / CEBRASPE - 2018). Errado.** O erro da questão está em dizer que a convenção foi promulgada pelo Congresso Nacional. Com efeito, os tratados, no que tange ao âmbito interno, são **PROMULGADOS** pelo **PRESIDENTE DA REPÚBLICA** por meio de decreto do executivo.

4.4.6. Registro e publicidade

A prática internacional consolidou o registro dos tratados na ONU. Trata-se da função do **depositário.**

Nada impede, porém, que outra Organização Internacional - ou até mesmo um ou mais Estados - sejam depositários.

Nos termos dos arts. 76 a 80 da Convenção de Viena sobre os Direitos dos Tratados, "cabe ao depositário receber e guardar os instrumentos de ratificação e informar às partes que assinaram o tratado a respeito, impedindo uma longa e custosa distribuição desses documentos ao redor do mundo"[8].

Juridicamente, trata-se de mera publicidade do ato. Uma forma de consolidação das normas internacionais.

Importante para Concursos:

Caiu na prova de Juiz Federal (TRF 5 - 2017): "Admite-se que a entrada em vigor de um tratado ocorra a partir do implemento de uma condição, por ex., o depósito junto ao secretário-geral da ONU". Correto.

4.4.7. Vigência internacional

Sem a ratificação, não ocorrerá a vigência internacional.

Porém, por si só, pode não ser suficiente.

Nos tratados bilaterais, faz-se necessária a ratificação recíproca.

Nos multilaterais, é comum exigir-se um número mínimo de ratificações ou a cláusula dispondo que o ato entrará em vigor após determinado tempo.

A consequência prática da vigência internacional é que o Sujeito de DIP pode ser responsabilizado internacionalmente perante os tribunais internacionais.

Pergunta: com a vigência internacional, já é possível dizer que o tratado já pode ser aplicado no Brasil?

8 PORTELA, Paulo Henrique Gonçalves. *Direito Internacional Público e Privado*: Incluindo Noções de Direitos Humanos e Direito Comparado - 11ª ed., rev., atual. e ampl. - Salvador: JusPODIVM, p. 108.

R: Ainda não terá vigência nacional. Para tanto, será necessário um ato adicional, um **Decreto do Presidente da República**, que promulgará o tratado, ordenando seu cumprimento no território nacional.

4.5. Reservas

As reservas aos tratados ocorrem em razão da complexidade, heterogeneidade e multiculturas.

Em geral, a reserva consiste no ato pelo qual se exclui ou modifica o efeito jurídico de certas disposições dos tratados.

Parte da doutrina afirma não serem cabíveis nos tratados bilaterais. A reserva, para MAZZUOLI, seria renegociação.

É voltada, assim, para tratados multilaterais.

A reserva não poderá ser feita se for proibida pelo tratado ou incompatível com a sua finalidade (art. 18 da Convenção de Viena de 1969). Assim, o próprio tratado pode proibi-las. Exemplifica tal vedação o Estatuto de Roma, que criou o Tribunal Penal Internacional, que vedou expressamente as reservas.

4.6. Denúncia

Consiste a denúncia no ato unilateral pela qual uma parte em um tratado anuncia sua **desvinculação a um tratado anteriormente celebrado**, desobrigando-se, pois, de cumprir as obrigações dele decorrentes.

Em geral, acarreta a mera retirada (tratados multilaterais).

Já nos tratados bilaterais, gera a extinção.

Possui efeito *ex nunc,* ou seja, não retroativo, possuindo, ademais, via de regra, aviso prévio, geralmente, de 12 (doze) meses.

É feita, como regra, por escrito.

A competência é, na maioria dos ordenamentos jurídicos, do Presidente da República (não depende de autorização do Congresso).

4.7. A questão da hierarquia dos tratados

Como regra geral, os tratados possuem, no Direito brasileiro, hierarquia de lei ordinária.

Assim, no caso de conflito aparente de normas, aplicam-se-lhes as regras hermenêuticas tradicionais:

- *Lex posterior derogat priori* (lei posterior derroga lei anterior);
- *Lex posterior generalis non derogat legi priori speciali* (lei especial derroga lei geral – princípio da especialidade).

Outrossim, os tratados poderão ser objeto de controle de constitucionalidade, tanto concentrado quanto difuso.

4.7.1. A hierarquia dos tratados sobre Direitos Humanos

A partir do dia 03 de dezembro de 2008, no julgamento do Recurso Extraordinário 466.343-SP, o Supremo Tribunal Federal acolheu a tese da **supralegalidade dos tratados de direitos humanos**, salvo no caso de aprovação por *quorum* qualificado pelo Congresso Nacional (três quintos em dois turnos em cada casa), hipótese em que seu valor será de Emenda Constitucional. É o que dispõe o § 3º, art. 5º, da CF, *in verbis*:

> *§ 3º Os tratados e convenções internacionais sobre direitos humanos que forem aprovados, em cada Casa do Congresso Nacional, em dois turnos, por três quintos dos votos dos respectivos membros, serão equivalentes às emendas constitucionais.* (Incluído pela Emenda Constitucional nº 45, de 2004)

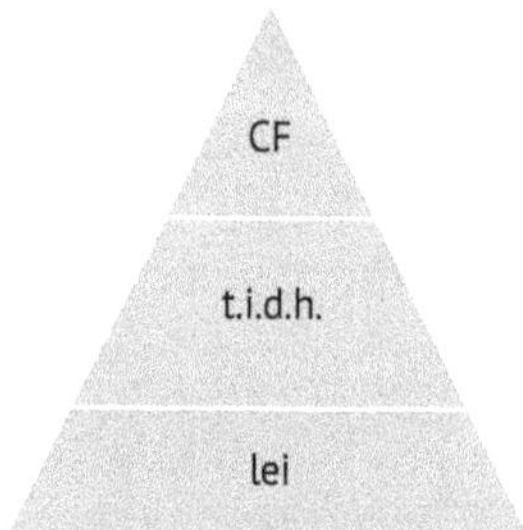

E o que significa, na prática, a **supralegalidade** de um tratado sobre direitos humanos? Um exemplo é o depositário infiel. Embora previsto na Constituição a prisão civil do depositário infiel (art. 5º, LXVII), a Convenção Americana de Direitos Humanos (também chamado de Pacto de São José da Costa Rica), do qual o Brasil é signatário, prevê no art. 7º, 7: "7. Ninguém deve ser detido por dívida. Este princípio não limita os mandados de autoridade judiciária competente expedidos em virtude de inadimplemento de obrigação alimentar." Ora, não há previsão de prisão no caso de depositário infiel.

Assim, em um **controle de convencionalidade**[9], os atos normativos que estão abaixo do Pacto de São José da Costa Rica não podem ser aplicados, o que o STF denominou de **eficácia paralisante**. Nas palavras do **Min. Cezar Peluso**:

> ***"A eficácia paralisante***
>
> *(...) desde a adesão do Brasil, sem qualquer reserva, ao Pacto Internacional dos Direitos Civis e Políticos (art. 11) e à Convenção Americana sobre Direitos Humanos – Pacto de São José da Costa Rica (art. 7º, 7), ambos no ano de 1992, não há mais base legal para prisão civil do depositário infiel, pois o caráter especial desses diplomas internacionais sobre direitos humanos lhes reserva lugar específico no ordenamento jurídico, estando abaixo da Constituição, porém acima da legislação interna. O status normativo supralegal dos tratados internacionais de direitos humanos subscritos pelo Brasil, dessa forma, torna*

9 Veremos o que é controle de convencionalidade à frente.

*inaplicável a legislação infraconstitucional com ele conflitante, seja ela anterior ou posterior ao ato de adesão. Assim ocorreu com o art. 1.287 do Código Civil de 1916 e com o DL 911/1969, assim como em relação ao art. 652 do novo Código Civil (Lei nº10.406/2002). [**RE nº 466.343**, rel. Min. Cezar Peluso, voto do Min. Gilmar Mendes, j. 3-12-2008, P, DJe de 5-6-2009, Tema 60.]"*

4.7.2. O art. 98 do CTN

Prevê o art. 98 do Código Tributário Nacional: "Os tratados e as convenções internacionais revogam ou modificam a legislação tributária interna, e serão observados pela que lhes sobrevenha".

Trata-se, outrossim, de previsão de **supralegalidade** dos tratados de Direito Tributário.

4.8. Controle de convencionalidade

Segundo MAZZUOLI, controle de convencionalidade consiste no "processo de compatibilização vertical (sobretudo material) das normas domésticas com os comandos encontrados nas convenções internacionais de direitos humanos"[10].

Em outras palavras, além do controle de constitucionalidade, deve o intérprete, especialmente os juízes e tribunais, analisar também a compatibilidade da norma interna à luz dos tratados internacionais. A esta análise se dá o nome de **controle de convencionalidade.**

4.9. Quadro sinótico

Memorização e Revisão	
A codificação do Direito Internacional	Os tratados fornecem maior certeza e segurança jurídica ao Direito Internacional, razão pela qual é fonte de Direito Internacional Público mais importante.
Conceito de tratado	Tratado é o acordo internacional concluído por escrito entre Estados e regido pelo Direito Internacional. quer conste de um instrumento único, quer de dois ou mais instrumentos conexos, qualquer que seja sua denominação específica
Condições de validade do tratado	1. Capacidade para celebrar tratado; 2. Habilitação de agentes *(treaty making power);* 3. Objeto lícito e possível; 4. Consentimento regular.
Processo de elaboração dos tratados	1. Negociações (plano internacional); 2. Assinatura (plano internacional); 3. Referendo do Congresso Nacional por meio de Decreto Legislativo (âmbito interno); 4. Ratificação do Presidente da República via troca de notas ou depósito (plano internacional); 5. Promulgação por meio de decreto do Presidente da República (âmbito interno) (vigência interna); 6. Publicidade internacional (ex.: registro na Secretaria da ONU) (vigência internacional)

10 *Curso de Direito Internacional Público*, 9ª ed., p. 420 *apud* PORTELA, *Direito Internacional Público e Privado*, p. 80.

Reservas	Consiste no ato pelo qual se exclui ou modifica o efeito jurídico de certas disposições dos tratados.
Denúncia	Ato unilateral pela qual uma parte em um tratado anuncia sua **desvinculação a um tratado anteriormente celebrado**, desobrigando-se, pois, de cumprir as obrigações dele decorrentes
Controle de convencionalidade	Análise da compatibilidade da norma interna à luz dos tratados internacionais.

4.10. Questões de concurso

1. **(TRF - 2ª REGIÃO - Juiz Federal Substituto - 2017)** Quanto à internalização de tratados ao ordenamento nacional, assinale a opção correta:

A) O sistema de recepção de tratados internacionais previsto na Constituição Federal não acolhe o chamado princípio do efeito direto e imediato dos tratados ou convenções internacionais sobre Direitos Humanos.

B) A extradição solicitada por Estado estrangeiro para Fins de cumprimento de pena somente poderá ser deferida depois de internalizado o tratado de extradição firmado entre o Brasil e o respectivo Estado estrangeiro.

C) Somente após ser aprovado em duplo turno de votação, nas duas casas do Congresso Nacional, seguido de publicação de Decreto Presidencial, poderá o Tratado Internacional adquirir validade no Direito Brasileiro.

D) Tratado internacional que verse sobre matéria que a Constituição brasileira reserva ao domínio da Lei Complementar poderá ter aplicabilidade interna, bastando que no ato de internalização seja observado o quórum de maioria absoluta previsto no art. 69 da Constituição.

E) Tratados que versem sobre concretização de Direitos Humanos no plano interno não podem ser objeto de denúncia pelo Estado Brasileiro, sob pena de violação ao postulado da proibição de retrocesso.

Gabarito: A

2. **(ABIN - Oficial de Inteligência - Área 1 - CESPE / CEBRASPE - 2018)** De acordo com a Convenção de Viena sobre o Direito dos Tratados, concluída em 23 de maio de 1969, define-se por tratado internacional o "acordo internacional concluído por escrito entre Estados e regido pelo direito internacional, quer conste de um instrumento único, quer de dois ou mais instrumentos conexos, qualquer que seja sua denominação específica". No que se refere a esse assunto, julgue o item seguinte.

Reserva é uma declaração unilateral feita expressamente com essa denominação por um Estado no momento da assinatura, ratificação, aceitação ou aprovação de um tratado, ou da adesão a determinado tratado, com o objetivo de excluir ou modificar o efeito jurídico de certas disposições do tratado no que se refere a sua aplicação a esse Estado.

Gabarito: Errado.

3. **(Instituto Rio Branco - Diplomata - CESPE / CEBRASPE - 2018)** Considerando as disposições da Convenção de Viena sobre o Direito dos Tratados, de 1969, e sua aplicação na jurisprudência internacional, julgue (C ou E) o item seguinte.

A referida Convenção estabelece, em sua regra geral de interpretação, que os termos de um tratado devem ser interpretados em seu contexto, o qual inclui, entre outros, o texto, o preâmbulo, eventuais anexos, acordos subsequentes e trabalhos preparatórios.

Gabarito: Errado

4. **(Instituto Rio Branco – Diplomata – CESPE / CEBRASPE – 2018)** Considerando as disposições da Convenção de Viena sobre o Direito dos Tratados, de 1969, e sua aplicação na jurisprudência internacional, julgue (C ou E) o item seguinte.

Ato relativo à conclusão de tratado praticado por pessoa que não pode ser considerada representante de Estado ou de organização internacional para esse fim é eivado de nulidade absoluta, não comportando confirmação ou convalidação.

Gabarito: Errado

5. **(Polícia Federal – Delegado de Polícia Federal – CESPE / CEBRASPE)** Julgue o item a seguir, relativos a atos internacionais, personalidade internacional, cortes internacionais e domínio público internacional.

A Convenção de Palermo, um instrumento internacional multilateral e solene, foi promulgada pelo Congresso Nacional brasileiro e ratificada, no âmbito interno, por decreto.

Gabarito: Errado.

6. **(PC-MG – Escrivão de Polícia Civil – FUMARC – 2018)** Sobre o processo de formação dos tratados internacionais, NÃO é correto afirmar:

A) A assinatura do tratado, por si só, traduz um aceite precário e provisório. Trata-se da mera aquiescência do Estado em relação à forma e ao conteúdo final do tratado. A assinatura do tratado, via de regra, indica tão somente que o tratado é autêntico e definitivo.

B) A ratificação, explica Flávia Piovesan, significa a subsequente confirmação formal por um Estado de que está obrigado ao tratado. Significa, pois, o aceite definitivo, pelo qual o Estado se obriga pelo tratado no plano internacional.

C) É competência exclusiva da Câmara dos Deputados resolver definitivamente sobre tratados, acordos ou atos internacionais.

D) Não gera efeitos a simples assinatura de um tratado se não for referendado pelo Congresso Nacional, já que o Poder Executivo só pode promover a ratificação depois de aprovado o tratado pelo Congresso Nacional.

Gabarito: C.

7. **(DIPLOMATA – Instituto Rio Branco - IADES – 2021)** Em relação ao Direito dos Tratados e ao ordenamento jurídico brasileiro, julgue (C ou E) o item a seguir.

A formulação de reservas é, via de regra, facultada ao Estado que assina, ratifica, aceita, aprova ou adere a um tratado, mas o próprio tratado pode proibi-las. Exemplifica tal vedação o Estatuto de Roma, que criou o Tribunal Penal Internacional.

Gabarito: Certo

8. **(DIPLOMATA – Instituto Rio Branco – IADES – 2019)** No que tange à relação do Brasil com as organizações internacionais, bem como aos procedimentos de negociação e internalização de convenções e tratados internacionais, julgue o item a seguir.

De acordo com o ordenamento jurídico brasileiro, é de competência privativa do presidente da República assinar tratados e convenções internacionais, sendo possível, nesse momento, o oferecimento de reservas ao conteúdo do tratado quando por ele previsto.

Gabarito: Certo

9. **(DIPLOMATA – Instituto Rio Branco – CESPE / CEBRASPE – 2016)** Julgue (C ou E) o item seguinte, acerca das relações entre direito internacional e direito interno.

Embora a Constituição Federal seja silente sobre o assunto, resoluções do Conselho de Segurança das Nações Unidas no Brasil incorporam-se ao direito interno mediante decreto, com prévia anuência do Congresso Nacional.

Gabarito: Errado

10. **(TÉCNICO SUPERIOR JURÍDICO – DPR-RJ – FGV – 2019)** A Convenção Internacional sobre os Direitos das Pessoas com Deficiência e seu Protocolo Facultativo foram aprovados em cada Casa do Congresso Nacional, em dois turnos, por três quintos dos votos de seus respectivos membros, no ano de 2008.

No âmbito da hierarquia das leis no Brasil, a Convenção de Direitos Humanos tem o status de:

A) Decreto legislativo;
B) Lei ordinária;
C) Norma supralegal, mas infraconstitucional;
D) Norma constitucional;
E) Norma supraconstitucional.

Gabarito: D.

4.11. Jurisprudência internacional

"A Convenção Americana sobre Direitos do Homem, que dispõe, em seu art. 7º, item 5, que "toda pessoa presa, detida ou retida deve ser conduzida, sem demora, à presença de um juiz", posto ostentar **o *status* jurídico supralegal que os tratados internacionais sobre direitos humanos têm no ordenamento jurídico brasileiro**, legitima a denominada "audiência de custódia", cuja denominação sugere-se "audiência de apresentação". O direito convencional de apresentação do preso ao juiz, consectariamente, deflagra o procedimento legal de *habeas corpus*, no qual o juiz apreciará a legalidade da prisão, à vista do preso que lhe é apresentado, procedimento esse instituído pelo CPP, nos seus arts. 647 e seguintes. O *habeas corpus ad subjiciendum*, em sua origem remota, consistia na determinação do juiz de apresentação do preso para aferição da legalidade da sua prisão, o que ainda se faz presente na legislação processual penal (art. 656 do CPP).

[ADI 5.240, rel. min. Luiz Fux, j. 20-8-2015, P, *DJE* de 1º-2-2016.]"

"A recepção dos tratados internacionais em geral e dos acordos celebrados pelo Brasil no âmbito do Mercosul depende, para efeito de sua ulterior execução no plano interno, de uma sucessão causal e ordenada de atos revestidos de caráter político-jurídico, assim definidos: (a) aprovação, pelo Congresso Nacional, mediante decreto legislativo, de tais convenções; (b) ratificação desses atos internacionais, pelo chefe de Estado, mediante depósito do respectivo instrumento; (c) promulgação de tais acordos ou tratados, pelo presidente da República, mediante decreto, em ordem a viabilizar a produção dos seguintes efeitos básicos, essenciais à sua vigência doméstica: (1) publicação oficial do texto do tratado e (2) executoriedade do ato de direito internacional público, que passa, então – e somente então – a vincular e a obrigar no plano do direito positivo interno. Precedentes. **O sistema constitucional brasileiro não consagra o princípio do efeito direto e nem o postulado da aplicabilidade imediata dos tratados ou convenções internacionais.**

[CR 8.279 AgR, rel. min. Celso de Mello, j. 17-6-1998, P, DJ de 10-8-2000.]"

CAPÍTULO 5
SUJEITOS DE DIREITO INTERNACIONAL PÚBLICO

5.1. Introdução

Em sua origem, o Direito Internacional foi pensado para a atuação dos Estados. O "modelo de Vestfália"[1] (1648) perdurou por mais de 300 anos.

Em termos gerais, à aptidão para ser titular de direitos e obrigações dá-se o nome de **personalidade. Personalidade internacional**, por sua vez, refere-se à atuação na sociedade internacional, seja criando normas internacionais seja recorrendo a mecanismos internacionais de solução de controvérsias[2].

Atualmente, em uma visão *pós-moderna*, emerge na doutrina internacionalista diversos outros sujeitos de Direito Internacional Público e até mesmo o **indivíduo**[3].

> **Divergência doutrinária:** há duas correntes sobre os sujeitos de Direito Internacional Público (DIP). A primeira limita os sujeitos de DIP aos Estados, organizações internacionais, beligerantes, insurgentes, Santa Sé, ou seja, entes estatais e organismos internacionais. Uma segunda corrente, mais adequada ao atual estágio do DIP, admite que os indivíduos sejam sujeitos do Direito Internacional. É importante ressaltar, no entanto, que "nenhuma das novas pessoas internacionais detém todas as prerrogativas dos Estados e organismos internacionais, como a capacidade de celebrar tratados, contando (...) com possibilidades muito restritas de recorrer a mecanismos internacionais"[4]

5.2. Os Estados

O Estado exerce poder soberano sobre seu território. Em regra, é ele quem "diz o Direito" (*juris dictio*), exercendo assim a jurisdição sobre as pessoas e bens que se encontram em seu território, sejam nacionais ou não.

---

1 ACCIOLY, Hildebrando; CASELLA, Paulo Borba; SILVA, G.E. do Nascimento e. *Manual de Direito Internacional Público*, 22ª ed. - São Paulo: Saraiva, 2016, p. 240.

2 PORTELA, Paulo Henrique Gonçalves. *Direito Internacional Público e Privado*: Incluindo Noções de Direitos Humanos e Direito Comparado - 11ª ed., rev., atual. e ampl. - Salvador: JusPODIVM, 2020, p. 165.

3 O indivíduo não pode celebrar tratados (*treaty make power*), porém, pode, por exemplo, ser processado pelo Tribunal Penal Internacional, o que legitima considerá-lo sujeito do Direito Internacional.

4 PORTELA, Paulo Henrique Gonçalves. *Direito Internacional Público e Privado*: Incluindo Noções de Direitos Humanos e Direito Comparado - 11ª ed., rev., atual. e ampl. - Salvador: JusPODIVM, p. 166. São os sujeitos fragmentários do Direito Internacional.

Estado, em termos gerais, pode ser compreendido como "agrupamento humano, estabelecido permanentemente num território determinado e sob governo independente"[5].

A Convenção Interamericana sobre os Direitos e Deveres dos Estados, de Montevidéu (1933), elenca os requisitos no seu art. 1º: *a)* população permanente; *b)* território determinado; *c)* governo; *d)* capacidade de entrar em relação em relação com os demais Estados.

Porém, em que pese o conceito doutrinário e normativo acima apontados, não será aprofundado o tema, em razão da **baixíssima incidência em prova de concursos.**

Assim, não trataremos, nesta obra, de temas de Teoria Geral do Estado, como elementos dos Estados, extinção e sucessão de Estados, especialmente em razão da baixa incidência em concursos públicos na matéria de Direito Internacional Público.

5.2.1. Reconhecimento de Estado

Como vimos, os elementos do Estado são apenas três: território, povo e governo soberano. Conforme afirma PORTELA[6], o **reconhecimento não é elemento do Estado.** O mesmo autor afirma que:

> *"O reconhecimento de Estado é o ato unilateral pelo qual um ente estatal constata o aparecimento de um novo Estado e admite tanto as consequências jurídicas inerentes a este fato como que considera o novo ente estatal como um sujeito com o qual poderá manter relações válidas no campo jurídico[7]".*

Em arremate, o art. 3º da Convenção de Montevideu sobre Direitos e Deveres do Estados (1933) assim dispõe: "A existência política do Estado é independente do seu reconhecimento pelos demais Estados".

5.2.2. Reconhecimento de governo

Em casos de rupturas, como as hipóteses de revolução ou golpes de Estado, o Direito Internacional admite que seja reconhecido determinado governo para o restabelecimento da ordem constitucional e diálogo internacional.

Duas são as doutrinas que se destacam a respeito do **reconhecimento de governo.**

Para a **Doutrina Tobar**, o reconhecimento de governos estrangeiros **só deveria ser concedido** após a constatação de que houve **apoio popular.** O fundamento desta doutrina é não apoiar golpes de Estado, especialmente no caso de violação aos regimes democráticos.

Para a **Doutrina Estrada**, por sua vez o reconhecimento (ou não) de um determinado governo é **intervenção indevida em assuntos internos** de outros Estados, isto é, ofensa à soberania. A solução, portanto, seria o rompimento das relações diplomáticas.

5 ACCIOLY, Hildebrando; CASELLA, Paulo Borba; SILVA, G.E. do Nascimento e. *Manual de Direito Internacional Público*, 22ª ed. – São Paulo: Saraiva, 2016, 244.

6 PORTELA, Paulo Henrique Gonçalves. *Direito Internacional Público e Privado*: Incluindo Noções de Direitos Humanos e Direito Comparado – 11ª ed., rev., atual. e ampl. – Salvador: JusPODIVM, p. 185.

7 PORTELA, Paulo Henrique Gonçalves. *Direito Internacional Público e Privado*: Incluindo Noções de Direitos Humanos e Direito Comparado – 11ª ed., rev., atual. e ampl. – Salvador: JusPODIVM, p. 185.

5.2.3. Direitos e deveres dos Estados

Na condição de **sujeitos de Direito Internacional**, os Estados gozam de direitos e deveres no âmbito internacional.

Tanto a Carta das Nações Unidas (1945) quanto a Carta da OEA (1948) endossam a tese dos **direitos fundamentais dos Estados.**

Segundo MAZZUOLI[8], do **direito à existência** "decorrem todos os demais direitos estatais, como o **direito de conservação e defesa**, o **direito de liberdade e soberania**, o **direito à igualdade** e o **direito ao comércio internacional** (...)."

Em contrapartida, no que tange aos **deveres dos Estados**, tem-se a **não-intervenção, solução pacífica de controvérsias, respeitar os direitos de outros Estados** e a **inderrogabilidade dos direitos**[9].

Um tema de **alta relevância** para o Direito Internacional é o **dever de não intervenção.**

O art. 19 da Carta da Organização dos Estados Americanos (OEA), prevê:

> *"Nenhum Estado ou grupo de Estados tem o direito de intervir, direta ou indiretamente, seja qual for o motivo, nos assuntos internos ou externos de qualquer outro. Este princípio exclui não somente a força armada, mas também qualquer outra forma de interferência ou de tendência atentatória à personalidade do Estado e dos elementos políticos, econômicos e culturais que o constituem".*

Destaca-se, a respeito da não intervenção, a **doutrina Monroe,** muitas vezes associada à frase "América para os americanos". Em outras palavras, o presidente dos Estados Unidos, James Monroe, destacou que a América não poderia mais ser objeto de futuras ocupações. A doutrina Monroe "teve o inegável mérito de permitir que os demais países do continente americano, sobretudo de origem latina, mantivessem sua integridade territorial[10]".

Também de natureza **anti-intervencionista**, a **doutrina Drago**, criada pelo Ministro agentino Luís Maria Drago, em protesto a bombardeios aos portos venezuelanos por parte de navios ingleses, italianos e alemães. Drago alegou que "embora o país devedor continuasse na obrigação de pagar suas dívidas, **não se justificava o ingresso da força armada (...) com a finalidade de cobrar coercitivamente tais dívidas**[11]".

Em razão de acréscimos realizados pela delegação norte-americana por Horace Porter, a doutrina passou a ser conhecida como **doutrina Drago-Porter**.

Atualmente, está vigente **a proibição de cobrança de dívidas por meio de força armada,** a qual somente será usada "a fim de manter ou restabelecer a paz e a segurança internacionais", nos termos do art. 41 – e seguintes – da Carta das Nações Unidas.

---

8 MAZZUOLI, Valerio de Oliveira. *Curso de Direito Internacional.* 14ª ed., Rio de Janeiro: Forense, 2021, p. 443.

9 PORTELA, Paulo Henrique Gonçalves. *Direito Internacional Público e Privado*: Incluindo Noções de Direitos Humanos e Direito Comparado – 11ª ed., rev., atual. e ampl. – Salvador: JusPODIVM, p. 191.

10 MAZZUOLI, Valerio de Oliveira. *Curso de Direito Internacional.* 14ª ed., Rio de Janeiro: Forense, 2021, p. 462.

11 MAZZUOLI, Valerio de Oliveira. *Curso de Direito Internacional.* 14ª ed., Rio de Janeiro: Forense, 2021, p. 463.

5.2.4. Imunidade de jurisdição

Trata-se de tema de **alta incidência em provas de concursos.**

Apesar de exercer o poder soberano sobre nacionais e estrangeiros em seu território, a jurisdição estatal encontra algumas exceções relevantes para o Direito Internacional.

A **imunidade de jurisdição** configura, pois, **limitação direta da soberania**[12]. Sua função é "garantir a independência e a estabilidade dos representantes de um Estado estrangeiro"[13].

Em outras palavras, algumas pessoas e entes possuem a prerrogativa de não serem julgadas pelo Estado em que se encontram territorialmente, a exemplo de um Estado estrangeiro, organizações internacionais, Comitê Internacional da Cruz Vermelha, Santa Sé, órgãos dos Estados nas relações internacionais e autoridades e funcionários que representam os Estados.

Vamos a um exemplo para entender melhor: imagine que um diplomata alemão cometa um crime no território brasileiro. Intuitivamente, você sabe que não poderá ser julgado no Brasil. Esta é uma hipótese de imunidade de jurisdição.

Porém, **cuidado**. O que pode parecer simples, na verdade, é um tema repleto de detalhes e exceções.

Outro exemplo que seria, em tese, intuitivo é o julgamento de um Estado por outro Estado. Pela tradição do Direito Internacional isso não seria possível diante da **igualdade jurídica entre os Estados**, ou seja, iguais não julgam iguais (*par in parem non habet judicium*). Em síntese, diante de uma petição inicial em um processo judicial em que se tente processar um ente estatal estrangeiro, "o Judiciário local deveria declarar-se incompetente, salvo se o Estado estrangeiro renunciasse a sua imunidade"[14]. Esta visão ainda é aplicada apenas quando se trata de **atos de império** (como regra).

A imunidade de jurisdição, no Brasil, decorre de **costume internacional**. Ou seja, A República brasileira não firmou nenhum tratado até o momento sobre o assunto. Em outras palavras: o país **não** está vinculado à Convenção das Nações Unidas sobre a imunidade de Jurisdição dos Estados.

Importante para Concursos:

Caiu na prova de Juiz Federal da 2ª Região (2018): "A imunidade de jurisdição de Estado estrangeiro em matéria trabalhista foi flexibilizada no Brasil em função da evolução do costume internacional sobre a matéria". Assertiva correta, pois, como veremos à frente, segundo entendimento atual do Supremo Tribunal Federal, o **Estado estrangeiro não possui imunidade de jurisdição no caso de matéria trabalhista.**

---

12 PORTELA, Paulo Henrique Gonçalves. *Direito Internacional Público e Privado*: Incluindo Noções de Direitos Humanos e Direito Comparado – 11ª ed., rev., atual. e ampl. – Salvador: JusPODIVM, p. 199.

13 MAZZUOLI, Valerio de Oliveira. *Curso de Direito Internacional*. 14ª ed., Rio de Janeiro: Forense, 2021., p. 464.

14 PORTELA, Paulo Henrique Gonçalves. *Direito Internacional Público e Privado*: Incluindo Noções de Direitos Humanos e Direito Comparado – 11ª ed., rev., atual. e ampl. – Salvador: JusPODIVM, p. 200.

Atenção:

imunidade de jurisdição tributária: os Estados estrangeiros gozam de imunidade de jurisdição tributária. Trata-se de matéria regulada pela Convenção de Viena sobre Relações Consulares, de 1963 (art. 32, par. 1º) e Convenção de Viena sobre Relações Diplomáticas, de 1961 (art. 23, par. 1º).

Em razão do princípio de que "iguais não podem julgar iguais" (*par in parem non habet jurisdictionem*), durante muito tempo prevaleceu a **teoria da imunidade absoluta**. Neste caso, o Estado estrangeiro não poderia ser julgado pelas autoridades de outro Estado, salvo renúncia à imunidade.

5.2.4.1. Atos de império e atos de gestão: quando se aplica ou não a imunidade de jurisdição do Estado estrangeiro

Em contraposição à teoria da imunidade absoluta, surgiu a **teoria da imunidade relativa, restrita ou limitada**, a qual distingue os atos de império de atos de gestão.

Atualmente, em regra, a imunidade de jurisdição do Estado estrangeiro se aplica no caso de **atos de império** e quanto ao **processo de conhecimento.**

Atenção:

"atos de império são aqueles que o Estado pratica no exercício de suas prerrogativas soberanas e no tocante aos quais continua a gozar de imunidade de jurisdição. São exemplos (...): atos de guerra, atos de concessão ou de denegação de visto e atos de admissão de estrangeiro ao território de um Estado ou que configurem impedimento de ingresso ou deportação"[15].

Atos de gestão são aqueles em que o Estado atua "em matéria privada"[16], a exemplo da contratação de brasileiros, pelo governo italiano, para trabalhar no consulado italiano. A contratação é um ato de gestão (natureza econômica).

O ponto de virada ocorreu em razão de entendimento do Supremo Tribunal Federal[17] de que **não há imunidade de jurisdição do Estado estrangeiro no que tange à matéria trabalhista (ato de gestão).**

Em resumo: permanece, como regra, a imunidade de jurisdição para atos de império, e não se aplica no caso de atos de gestão.

15 PORTELLA, P. 201.
16 SUPREMO TRIBUNAL FEDERAL, AI 139.671 AgR / DF. Rel. Min. Celso de Mello.
17 SUPREMO TRIBUNAL FEDERAL. Tribunal Pleno. ACi 9.708/RJ. Rel. Min. Aldir Passarinho. A pesquisa jurisprudencial é de Paulo Henrique Portela (p. 202).

Importante para Concursos:

Mesmo no caso de ato de império, é possível o julgamento do Estado estrangeiro pelo Judiciário de outro Estado, desde que tenha havido **renúncia à sua imunidade**.

Teoria da imunidade relativa	
Atos de império	**Atos de gestão**
Atos praticados pelo Estado no exercício direto de sua soberania.	Aqui o Estado age como se fosse um particular.
Ex.: declaração de guerra, negativa de asilo político.	Ex.: contratação de empregados, contrato de locação de um apartamento.
Nestes casos, em regra, o Estado desfruta de **imunidade de jurisdição**.	Nestas hipóteses de atos de gestão, o Estado **não** goza de imunidade de jurisdição.

5.2.4.2. Análise do tema da imunidade de jurisdição do Estado estrangeiro à luz do Direito Internacional dos Direitos Humanos

É impossível, atualmente, analisar o Direito Internacional sem levar em consideração a evolução da proteção aos direitos humanos.

Importante para Concursos:

Diante desse quadro, em repercussão geral (Tema 944), o Supremo Tribunal Federal entendeu o seguinte (informativo 1026): Os atos ilícitos praticados por Estados estrangeiros em violação a direitos humanos não gozam de imunidade de jurisdição. A imunidade de jurisdição de Estado estrangeiro não alcança atos de império ofensivos ao direito internacional da pessoa humana praticados no território brasileiro, tais como aqueles que resultem na morte de civis em período de guerra – ARE 954858/RJ, Tema nº 944, julgado em 28-8-2021.

Decidiu, portanto, o STF que "A imunidade de jurisdição de Estado estrangeiro não alcança atos de império ofensivos ao direito internacional da pessoa humana praticados no território brasileiro, tais como aqueles que resultem na morte de civis em período de guerra."[18]

Eis o caso apresentado no Informativo nº 1026 do STF:

> *"No caso, trata-se de ação de ressarcimento de danos materiais e morais de autoria de netos ou de viúvas de netos de cidadão brasileiro não combatente que morreu em decorrência de ataque feito por submarino alemão a barco pesqueiro localizado no mar territorial brasileiro, durante a II Guerra Mundial. Com base nesse entendimento, o Plenário, por maioria, apreciando o Tema 944 da repercussão geral, deu*

18 ARE 954858/RJ (Tema nº 944 RG).

*provimento ao recurso extraordinário para, **afastando a imunidade de jurisdição da República Federal da Alemanha**, anular a sentença que extinguiu o processo sem resolução de mérito. Vencidos os ministros Gilmar Mendes, Alexandre de Moraes, Nunes Marques, Luiz Fux (Presidente) e Marco Aurélio" (grifo nosso).*

Fixe bem, pois poderá estar na sua prova a seguinte assertiva: "Os atos ilícitos praticados por Estados estrangeiros em violação a direitos humanos não gozam de imunidade de jurisdição". STF. Plenário. ARE 954858/RJ, Rel. Min. Edson Fachin, julgado em 20-8-2021 (Repercussão Geral – Tema 944) (Info 1026).

Importante para Concursos:

Temas em que houve alteração de jurisprudência costumam cair em prova, especialmente quando há predileção da banca por temas que envolvem julgados, como a CESPE / CEBRASPE em alguns concursos.

Atenção:

Segundo a Constituição Federal de 1988, compete à **justiça federal** "as causas entre Estado estrangeiro ou organismo internacional e Município ou pessoa domiciliada ou residente no País" (art. 109, II). Assim, por exemplo, naquele caso julgado pelo STF, o neto de um dos tripulantes que ajuizaram ação de indenização por danos morais e materiais contra a República Federal da Alemanha ingressaram na **justiça federal**. No caso concreto, na 1ª instância da Seção Judiciária do Rio de Janeiro (domicílio do autor). O juiz indeferiu a petição inicial por "impossibilidade jurídica do pedido", tendo em vista que não seria permitida a responsabilidade civil de um país estrangeiro por ato de guerra por se tratar de ato de império. Em face desta decisão o recurso cabível é o **recurso ordinário constitucional** (art. 105, II, da CF) de competência do **Superior Tribunal de Justiça**. Repare: o STJ julgará um recurso em face de uma decisão de um juiz federal.

Atenção:

Ainda relacionado ao recente precedente do STF, o Ministro Relator Edson Fachin faz menção ao reconhecimento da **"**derrotabilidade da regra imunizante de jurisdição em relação a atos de império praticados por Estado soberano e que representem "atos ofensivos ao direito internacional da pessoa humana praticados no território brasileiro, tais como aqueles que resultem na morte de civis em período de guerra". Essa palavra **derrotabilidade** tem uma grande probabilidade de estar na sua prova. Ela significa que a "regra foi derrotada", ou seja, não deverá ser aplicada diante da especificidade do caso concreto (proteção da pessoa humana), porém a norma continua no ordenamento jurídico nos demais casos não alcançados pela exceção.

O **CEBRASPE** já cobrou o termo **derrotabilidade** em prova: "(Analista TRE/PI 2016 CEBRASPE) A derrotabilidade de uma norma constitucional ocorrerá caso uma norma Jurídica deixe de ser aplicada em determinado caso concreto, permanecendo, contudo, no ordenamento jurídico para regular outras relações jurídicas". A assertiva está correta

5.2.4.3. Imunidade de execução (execução forçada) do Estado estrangeiro

Direto ao ponto: ainda prevalece, no Supremo Tribunal Federal, a **imunidade de execução** do Estado estrangeiro, exceto no caso de expressa renúncia.

Atenção:

a renúncia à imunidade de jurisdição feita no início do processo não implica renúncia à imunidade de execução. Em outras palavras: a imunidade de execução é autônoma em relação à renúncia de imunidade de jurisdição feita na fase de conhecimento.

5.2.4.4. Imunidade das organizações internacionais

Para fins didáticos, o tema será tratado em comparação com o tema da imunidade dos Estados estrangeiros.

Na mesma lógica da imunidade de jurisdição dos Estados estrangeiros, as organizações internacionais necessitam de imunidade nas relações com os Estados onde atuam.

Prevalece, atualmente, o entendimento que a imunidade de jurisdição das organizações internacionais é **absoluta**[19], salvo renúncia expressa a esta imunidade.

O Supremo Tribunal Federal, em decisão proferida no Processo nº RE 1.034.840, julgado pelo Tribunal Pleno em 30.6.2017, ao analisar o tema "Imunidade de jurisdição dos organismos internacionais garantida por tratado firmado pelo Brasil", firmou a seguinte tese (Tema 947), em **repercussão geral**:

> *"O organismo internacional que tenha garantida a imunidade de jurisdição em tratado firmado pelo Brasil e internalizado na ordem jurídica brasileira não pode ser demandado em juízo,* ***salvo*** *em caso de renúncia expressa a essa imunidade" (RE 1.034.840, Relator Ministro Luiz Fux, julgamento finalizado no Plenário Virtual em 2-6-2017) (gn).*

No mesmo sentido, a Orientação Jurisprudencial nº 416 da SBDI-1 do TST:

> *IMUNIDADE DE JURISDIÇÃO. ORGANIZAÇÃO OU ORGANISMO INTERNACIONAL. (DEJT divulgado em 14, 15 e 16.02.2012) (mantida conforme julgamento do processo TST--E-RR-61600-41.2003.5.23.0005 pelo Tribunal Pleno em 23.05.2016). As organizações*

19 OJ SDI 1 – 416, do TST e RE 597.368/MT, do STF.

ou organismos internacionais gozam de imunidade absoluta de jurisdição quando amparados por norma internacional incorporada ao ordenamento jurídico brasileiro, não se lhes aplicando a regra do Direito Consuetudinário relativa à natureza dos atos praticados. Excepcionalmente, prevalecerá a jurisdição brasileira na hipótese de renúncia expressa à cláusula de imunidade jurisdicional.

Não se aplica, pois, às organizações internacionais, a noção de distinção entre ato de império e ato de gestão, tal como ocorre para Estados estrangeiros.

Tal como no caso de Estado Estrangeiro, a renúncia deve ocorrer tanto no início do processo, como deve ocorrer de maneira específica para os atos executivos.

O fundamento é a "obrigação do Brasil de cumprir os tratados que atribuem imunidades aos organismos internacionais, que são compromissos de caráter vinculante"[20], o que poderia ensejar a responsabilidade internacional da República Federativa do Brasil no caso de descumprimento.

Assim, recapitulando o que vimos até aqui:

Imunidade de jurisdição dos Estados	Imunidade de jurisdição das Organizações Internacionais
Possui como fonte normas costumeiras.	Encontra previsão dentro dos seus atos constitutivos (tratado celebrado pelos Estados que constituiu a organização).
A **imunidade** é **relativa**, não se aplicando no caso de atos de gestão e violação a direitos humanos.	A **imunidade** é, segundo a jurisprudência do STF, **absoluta**, salvo em caso de renúncia.
A **imunidade de execução é absoluta**, salvo em caso de renúncia. Isso porque a República do Brasil é signatária da Convenção de Viena sobre as Relações Diplomáticas (Decreto nº 56.435/1965).	A imunidade de execução é absoluta, salvo em caso de renúncia.

5.2.4.5. *Imunidade de jurisdição e os tribunais internacionais*

Não se aplica aos tribunais internacionais – como o Tribunal Penal Internacional, Corte Interamericana de Direitos Humanos, entre outros – o instituto da imunidade de jurisdição. Em outros termos, a imunidade de jurisdição se refere ao julgamento de um Estado pelo outro.

No caso dos tribunais internacionais, o que se deve analisar é se há competência deste tribunal para o julgamento da causa.

A título exemplificativo, o § 2º do art. 27 do Estatuto de Roma (que instituiu o Tribunal Penal Internacional): "as imunidades ou normas de procedimento especiais decorrentes da qualidade oficial de uma pessoa; nos termos do Direito interno ou do direito internacional, não deverão obstar a que o Tribunal exerça a sua jurisdição sobre essa pessoa".

Em outros termos, Estatuto de Roma afasta, expressamente, as imunidades, razão pela qual o Tribunal Penal Internacional é competente para julgamento, não sendo afetado pela legislação interna das nações quanto a este ponto.

20 PORTELA pp. 210/211.

5.2.4.6. *Imunidades diplomáticas e inviolabilidade*

Segundo MAZZUOLI, com o objetivo de "permitir aos agentes diplomáticos o exercício pleno e sem restrições dos deveres que lhes são inerentes, a representação dos Estados lhes outorgam (...) prerrogativas inerentes à função"[21]. A finalidade é que consigam exercer a sua função com **liberdade** e **independência**.

Trata-se de **limitação ao poder soberano** dos Estados que, em determinadas hipóteses, não podem sujeitar os agentes diplomáticos e consulares de outros Estados ao seu ordenamento jurídico[22].

Os agentes diplomáticos são **invioláveis**, não podendo ser obrigados a depor como testemunha[23].

Referidas prerrogativas e imunidades estão previstas na **Convenção de Viena sobre Relações Diplomáticas de 1961.**

Os **locais da missão** são **invioláveis**. Assim, por exemplo, uma autoridade do **Estado acreditado**[24] não poderá ingressar sem autorização do Chefe da Missão. Por exemplo: imagine que um diplomata do Brasil (Estado acreditante) esteja na missão diplomática na Argentina (Estado acreditado). A autoridade policial não pode penetrar a missão sem autorização do Chefe da Missão (o Embaixador do Brasil na Argentina). Trata-se do atributo da **inviolabilidade** do Estado acreditante.

Os arquivos e documentos da missão também são invioláveis, independente onde se encontrem (art. 24 da Convenção de Viena sobre Relações Diplomáticas de 1961).

De forma didática, MAZZUOLI divide em três tipos de garantias conferidas aos agentes diplomáticos:

i) **inviolabilidade pessoal e domiciliar;**

ii) **imunidade jurisdicional;**

iii) **isenção fiscal.**

Quanto à **inviolabilidade pessoal e domiciliar,** trata-se de prerrogativa que impede que sejam os agentes diplomáticos presos, o que se estende a seus familiares e o pessoal que o acompanha[25]. Além disso, tanto a residência particular do agente diplomático quando os locais da missão são **invioláveis**. Não só: até mesmo os meios de transporte da missão.

Arquivos, documentos, correspondências – *e-mail*, inclusive -, bens, estão todos abrangidos pela **inviolabilidade**.

---

21 MAZZUOLI, Valerio de Oliveira. *Curso de Direito Internacional*. 14ª ed., Rio de Janeiro: Forense, 2021, p. 466.

22 BREGALDA, Gustavo. Direito Internacional Público e Direito Internacional Privado, p. 47 *apud* PORTELA, Paulo Henrique Gonçalves. *Direito Internacional Público e Privado*: Incluindo Noções de Direitos Humanos e Direito Comparado – 11ª ed., rev., atual. e ampl. – Salvador: JusPODIVM, p. 243.

23 MAZZUOLI, Valerio de Oliveira. *Curso de Direito Internacional*. 14ª ed., Rio de Janeiro: Forense, 2021, p. 466.

24 Segundo Mazzuoli, "Estado *acreditado* se entende aquele Estado que recebe em seu território uma missão diplomática; e por Estado *acreditante* se entende aquele Estado que envia uma missão diplomática para o território de outro Estado" (p. 466).

25 MAZZUOLI, Valerio de Oliveira. *Curso de Direito Internacional*. 14ª ed., Rio de Janeiro: Forense, 2021 p. 468.

Atenção:

CUIDADO: As embaixadas e missão diplomática **não** são extensão do território do Estado respectivo. Portanto, por exemplo, a Embaixada dos Estados Unidos no Brasil continua sendo território brasileiro.

No que tange à **imunidade jurisdicional**, esta pode ser penal ou cível.

A **imunidade penal** é absoluta e irrenunciável[26] de maneira que não podem ser presos e processados no Estado acreditado. É estendida aos demais integrantes da missão diplomática, bem como aos membros da família do agente que com ele vivam, desde que não nacionais do Estado acreditado (art. 37, § 1º, da Convenção de Viena de 1961).

Imunidade não significa impunidade. Os membros das missões diplomáticas, no caso de cometimento de crimes, serão processados no seu país de origem.

Atenção:

Embora se diga que a imunidade penal é absoluta, o Estado de origem poderá, porém, **renunciar** à imunidade do agente. A renúncia à imunidade de jurisdição deve ser **expressa** (art. 32, par. 2, da Convenção de Viena de 1961).

No que concerne à **imunidade tributária (ou isenção fiscal)**, esta não se aplica aos tributos indiretos (embutidos no valor da mercadoria e serviços). A imunidade tributária se aplica com relação ao Imposto incidente sobre o imóvel em que a missão diplomática se encontra. Por exemplo, o Consulado-Geral da Itália, localizado na Avenida Paulista, não paga IPTU ao Município de São Paulo.

Importante para Concursos:

caiu na prova de Defensor Público Federal (2017), a Banca Examinadora Cebraspe cobrou: A respeito das imunidades de jurisdição e de execução, julgue o item que se segue. Estado soberano estrangeiro possui imunidade de jurisdição em matéria tributária, situação que impede a cobrança de imposto sobre a importação de bebidas alcoólicas para consumo na respectiva embaixada. Trata-se de assertiva correta.

5.2.4.7. *Prerrogativas e imunidades consulares*

No caso das **prerrogativas** e **imunidades consulares**, estas são mais restritas se comparadas com as conferidas aos agentes diplomáticos.

26 MAZZUOLI, Valerio de Oliveira. *Curso de Direito Internacional*. 14ª ed., Rio de Janeiro: Forense, 2021, p. 468.

Assim, por exemplo, a **imunidade penal** é **relativa**. Ou seja: há "possibilidade de prisão em caso de crime grave e em decorrência de decisão de autoridade competente"[27].

No caso de Cônsul Honorário[28], as imunidades são restritas às suas funções, não se estendendo à família.

Possuem **inviolabilidade** da bagagem, porém pode ser relativizada quando houver incompatibilidade com a atividade consular[29].

A residência do Cônsul, por sua vez, é **inviolável**, o que **não** é estendido aos demais agentes consulares, salvo no campo tributário[30].

5.3. Organizações Internacionais

Diante da extensão do tema, trataremos em Capítulo próprio do tema das **Organizações Internacionais**. De antemão, registre-se, aqui, que possuem **personalidade jurídica própria** e possuem como principal característica a previsão de uma **finalidade** (ex.: a paz mundial) e a **cooperação** dos Estados em prol de **interesses comuns**.

5.4. Blocos Regionais

Com o objetivo de promover uma maior integração, os **blocos regionais** são originados por meio de tratados e criados por Estados localizados em uma mesma região. Em geral, o objetivo em comum é **econômico**.

Exemplos de blocos regionais: o **NAFTA**, **MERCOSUL**, **União Europeia**, entre outros.

A **personalidade jurídica** do bloco regional é conferida por meio de tratados[31]. O MERCOSUL, por exemplo, teve personalidade jurídica de Direito Internacional conferida pelo Protocolo Adicional ao Tratado de Assunção sobre a Estrutura Institucional do MERCOSUL, conhecido pelo nome de **Protocolo de Ouro Preto**.

Diante da relevância do tema, trataremos do **Direito de Integração** em capítulo próprio[32].

5.5. Santa Sé

A Santa Sé, chefiada pelo Papa, é entidade que comanda a Igreja Católica Apostólica Romana. Fica sediada no **Estado da Cidade do Vaticano**, que possui soberania.

---

27 PORTELA, Paulo Henrique Gonçalves. *Direito Internacional Público e Privado*: Incluindo Noções de Direitos Humanos e Direito Comparado – 11ª ed., rev., atual. e ampl. – Salvador: JusPODIVM, p. 256.

28 "Quem é o Cônsul Honorário? Os Cônsules Honorários podem ser cidadãos brasileiros ou estrangeiros com disposição de atuar, nos meios locais, em favor dos interesses do Estado brasileiro e de seus nacionais e que mantenham vínculos com o Brasil e, sobretudo, com a comunidade brasileira local. O Cônsul Honorário não é servidor da carreira diplomática, nem funcionário remunerado do Estado brasileiro, exercendo, voluntariamente, sua função". Fonte: <http://cgparis.itamaraty.gov.br/pt-br/faq_-_consulados_honorarios.xml>.

29 PORTELA, Paulo Henrique Gonçalves. *Direito Internacional Público e Privado*: Incluindo Noções de Direitos Humanos e Direito Comparado – 11ª ed., rev., atual. e ampl. – Salvador: JusPODIVM, p. 256.

30 PORTELA, Paulo Henrique Gonçalves. *Direito Internacional Público e Privado*: Incluindo Noções de Direitos Humanos e Direito Comparado – 11ª ed., rev., atual. e ampl. – Salvador: JusPODIVM, p. 256.

31 PORTELA, Paulo Henrique Gonçalves. *Direito Internacional Público e Privado*: Incluindo Noções de Direitos Humanos e Direito Comparado – 11ª ed., rev., atual. e ampl. – Salvador: JusPODIVM, p. 173.

32 Sobre Noções de Integração Econômica, conferir Capítulo 9.

Por meio do **Tratado de Latrão**, celebrado entre a Santa Sé e a Itália, esta cedeu parte de seu território para a criação do Estado da Cidade do Vaticano.

A Santa Sé é **sujeito de Direito Internacional**. O Papa, por sua vez, goza de *status* e prerrogativas de Chefe de Estado[33]. As missões diplomáticas são chamadas de **nunciações apostólicas** e são chefiadas por **Núncios Apostólicos**, os quais gozam de prerrogativas e imunidades diplomáticas.

5.6. Nações em luta pela soberania, beligerantes e insurgentes

No momento em que determinado movimento revoltoso ganha tamanho e relevância, para que o Estado onde ocorre o movimento possa se eximir de responsabilidade internacional, é relevante que tais movimentos tenham personalidade internacional.

Exemplo de **beligerantes** foi a **Guerra de Secessão dos EUA**.

Insurgentes são grupos que atuam contra o governo.

Nação em luta pela soberania tem como exemplo a Organização para Libertação da Palestina (OLP), que teve personalidade jurídica de Direito Internacional na medida em que passou a celebrar tratados com outros Estados e organizações internacionais.

5.7. ONGs

Como afirma PORTELA, "não se devem confundir as organizações internacionais, formadas por Estados e com personalidade jurídica de Direito Internacional, com as ONGs, entes privados com personalidade jurídica de Direito interno que, eventualmente, atuam no âmbito internacional"[34].

Assim, esquematizando:

Organizações Internacionais	ONGs
Personalidade jurídica de direito internacional	Entes privados (personalidade jurídica de direito interno)

5.8. As empresas transnacionais e multinacionais

São chamadas pela doutrina internacionalista de **sujeitos não formais**[35].

Trataremos, nesta obra, como sinônimas empresas transnacionais e multinacionais. Em síntese, possuem capital que provém de mais de um Estado, o que possibilita e viabiliza um aporte maior de capital social.

Alguns exemplos são a **Microsoft**, **Amazon**, **Google**, **Facebook**, entre outras.

33 PORTELA, Paulo Henrique Gonçalves. *Direito Internacional Público e Privado*: Incluindo Noções de Direitos Humanos e Direito Comparado – 11ª ed., rev., atual. e ampl. – Salvador: JusPODIVM, p. 168.

34 PORTELA, Paulo Henrique Gonçalves. *Direito Internacional Público e Privado*: Incluindo Noções de Direitos Humanos e Direito Comparado – 11ª ed., rev., atual. e ampl. – Salvador: JusPODIVM, p. 270.

35 MAZZUOLI, Valerio de Oliveira. *Curso de Direito Internacional*. 14ª ed., Rio de Janeiro: Forense, 2021, p. 376.

Tais empresas exercem influência direta sobre os Estados[36].

Do ponto de vista jurídico, não possuem personalidade jurídica de Direito Internacional, e não podem ser consideradas sujeitos de Direito Internacional, exceto como **sujeitos não formais**[37].

5.9. Os indivíduos

Em razão do Desenvolvimento do **Direito Internacional dos Direitos Humanos**, os indivíduos conquistaram a condição de detentores de **personalidade jurídica de Direito Internacional**[38].

A título de exemplo, o indivíduo pode demandar perante a **Comissão Interamericana de Direitos Humanos**.

Atenção:

o indivíduo **não pode peticionar à Corte Interamericana de Direitos Humanos**, e sim à Comissão.

Além disso, o indivíduo poderá ser demandado perante o Tribunal Penal Internacional.

5.10. Quadro sinótico

Memorização e Revisão	
Sujeitos de Direito Internacional	**Personalidade internacional:** refere-se à atuação na sociedade internacional, seja criando normas internacionais (ex.: celebração de tratados) seja recorrendo a mecanismos de solução de controvérsias. **Primeira corrente:** limita os sujeitos de Direito Internacional, especialmente Estados, organizações internacionais, Santa Sé, entre outros. **Segunda corrente:** admite que há novos sujeitos de Direito Internacional, a exemplo dos indivíduos. É a visão mais adequada a, especialmente diante da evolução do Direito Internacional dos Direitos Humanos. O indivíduo, a título de exemplo, poderá ser demandado perante o **Tribunal Penal Internacional**. Outros sujeitos de Direito Internacional: blocos regionais, beligerantes, insurgentes, entre outros.
Reconhecimento de Estado	O art. 3º da Convenção de Montevidéu sobre Direitos e Deveres dos Estados (1933) assim dispõe: "A existência política do Estado é independente do seu reconhecimento pelos demais Estados".
Reconhecimento de Governo	**Doutrina Tobar**: o reconhecimento de governos estrangeiros **só deveria ser concedido** após a constatação de que houve **apoio popular**. **Doutrina Estrada:** o reconhecimento (ou não) de um determinado governo é **intervenção indevida em assuntos internos** de outros Estados
Direitos e deveres dos Estados	**Direitos dos Estados:** direito à existência, direito de conservação e defesa, soberania, igualdade, comércio internacional, entre outros. **Deveres dos Estados:** não intervenção, solução pacífica de controvérsias, respeitar os direitos de outros Estados, entre outros.

36 MAZZUOLI, Valerio de Oliveira. *Curso de Direito Internacional*. 14ª ed., Rio de Janeiro: Forense, 2021, p. 377.
37 MAZZUOLI, Valerio de Oliveira. *Curso de Direito Internacional*. 14ª ed., Rio de Janeiro: Forense, 2021, p. 377.
38 MAZZUOLI, Valerio de Oliveira. *Curso de Direito Internacional*. 14ª ed., Rio de Janeiro: Forense, 2021, p. 371.

Imunidade de jurisdição	Algumas pessoas e entes possuem a prerrogativa de não serem julgadas pelo Estado em que se encontram territorialmente, a exemplo de um Estado estrangeiro. Exemplo: um diplomata alemão cometa um crime no território brasileiro. Intuitivamente, você sabe que não poderá ser julgado no Brasil.
Ato de império e ato de gestão: quando não se aplica a imunidade de jurisdição a Estado Estrangeiro	Atos de império são aqueles que o Estado pratica no exercício de suas prerrogativas soberanas e no tocante aos quais continua a gozar de imunidade de jurisdição[39]. Ex.: denegação de visto. Atos de gestão são aqueles em que o Estado atua "em matéria privada"[40], a exemplo da contratação de brasileiros, pelo governo italiano, para trabalhar no consulado italiano. A contratação é um ato de gestão (natureza econômica). **Não há imunidade de jurisdição do Estado estrangeiro no que tange à matéria trabalhista (ato de gestão).**
A imunidade de jurisdição e a evolução do Direito Internacional dos Direitos Humanos	O STF entendeu que os atos ilícitos praticados por Estados estrangeiros em violação a direitos humanos não gozam de imunidade de jurisdição. **A imunidade de jurisdição de Estado estrangeiro não alcança atos de império ofensivos ao direito internacional da pessoa humana** praticados no território brasileiro, tais como aqueles que resultem na morte de civis em período de guerra – ARE 954858/RJ, Tema 944, julgado em 28-8-2021 (informativo 1026).
Imunidade de execução	A renúncia à imunidade de jurisdição feita no início do processo não implica renúncia à imunidade de execução. Ainda prevalece, no Supremo Tribunal Federal, a **imunidade de execução** do Estado estrangeiro, exceto no caso de expressa renúncia.
Imunidade das organizações internacionais	A **imunidade** é **absoluta**, salvo em caso de renúncia.
Imunidades diplomáticas	Trata-se de **limitação** ao poder soberano dos Estados que, em determinadas hipóteses, não podem sujeitar os agentes diplomáticos e consulares de outros Estados ao seu ordenamento jurídico[41]
Inviolabilidade	Os agentes diplomáticos são **invioláveis**, não podendo ser obrigados a depor como testemunha[42]. Os **locais da missão** são **invioláveis**. Os arquivos e documentos da missão também são invioláveis, independente onde se encontrem.
Garantias conferidas aos agentes diplomáticos	MAZZUOLI divide em três tipos: **a) inviolabilidade pessoal e domiciliar;** **b) imunidade jurisdicional;** **c) isenção fiscal.**
Prerrogativas e imunidades consulares	São mais restritas se comparadas com as conferidas aos agentes diplomáticos. A **imunidade penal** é **relativa**. Ou seja: há "possibilidade de prisão em caso de crime grave e em decorrência de decisão de autoridade competente"[43]. No caso de Cônsul Honorário, as imunidades são restritas às suas funções, não se estendendo à família. Possuem **inviolabilidade** da bagagem, porém pode ser relativizada quando houver incompatibilidade com a atividade consular A residência do Cônsul, por sua vez, é **inviolável**, o que **não** é estendido aos demais agentes consulares.

39 PORTELLA, P. 201.
40 SUPREMO TRIBUNAL FEDERAL, AI 139.671 AgR / DF. Rel. Min. Celso de Mello.
41 BREGALDA, Gustavo. *Direito Internacional Público e Direito Internacional Privado*, p. 47 *apud* PORTELA, p. 243.
42 MAZZUOLI, p. 466.
43 PORTELA, p. 256.

5.11. Questões de concurso

1. **(TRF - 2ª REGIÃO - Juiz Federal -- 2018)** Sobre a imunidade de jurisdição e de execução do Estado estrangeiro e de seus bens e de organismos internacionais, marque a alternativa correta:

   A) Não há imunidade de execução de bens de Estado estrangeiro para cumprimento de dívidas trabalhistas.

   B) A imunidade absoluta de jurisdição de Estado estrangeiro em matéria trabalhista vigorou no Brasil até a promulgação da Constituição de 1988, sendo flexibilizada somente pelo art. 114, que estabeleceu a competência da Justiça do Trabalho para ações trabalhistas envolvendo entes de direito público externo.

   C) A imunidade de jurisdição de Estado estrangeiro em matéria trabalhista foi flexibilizada no Brasil em função da evolução do costume internacional sobre a matéria.

   D) Organismos internacionais gozam de imunidade de jurisdição em igualdade de condições com Estados estrangeiros.

   E) As imunidades dos organismos internacionais independem dos tratados que os criaram.

   Gabarito: C

2. **(ABIN - CESPE / CEBRASOE - Oficial de Inteligência - Área 1 - adaptada).** No que se refere à imunidade de jurisdição dos Estados e de agentes diplomáticos e consulares, julgue o próximo item (certo ou errado).

   Em razão da instrumentalidade das formas, admite-se a presunção da renúncia da imunidade de jurisdição pelo Estado na fase de execução de um processo judicial, quando houver o ato expresso de renúncia na fase de conhecimento do mesmo processo. ( ) certo ( ) errado.

   Cônsul de Estado estrangeiro poderá ser processado e julgado pelo Poder Judiciário brasileiro no caso de praticar crime não relacionado a atos de ofício em território brasileiro. ( ) certo ( ) errado.

   Conforme entendimento do Superior Tribunal de Justiça, não é possível a responsabilização, em território brasileiro, de Estado estrangeiro por ato de guerra, por tratar-se de manifestação de ato de império. ( ) certo ( ) errado.

   Gabarito: Errado, Certo, Certo.

3. **(DPU - CESPE / CEBRASPE - DEFENSOR PÚBLICO FEDERAL - 2017).** A respeito de nacionalidade, julgue o item a seguir Imunidade de jurisdição é atributo inerente aos organismos internacionais decorrente do fato de estes serem considerados pessoas jurídicas de direito internacional. ( ) certo ( ) errado.

   Gabarito: Errado.

4. **(DPU - CESPE / CEBRASPE - DEFENSOR PÚBLICO FEDERAL - 2017)** A respeito das imunidades de jurisdição e de execução, julgue o item que se segue. Estado soberano estrangeiro possui imunidade de jurisdição em matéria tributária, situação que impede a cobrança de imposto sobre a importação de bebidas alcoólicas para consumo na respectiva embaixada. ( ) certo ( ) errado.

   Gabarito: Certo

5. **(MPT - PROCURADOR DO TRABALHO - 2017)** No regime da Convenção de Viena de 1961, é INCORRETO afirmar que:

A) Exceto no caso de renúncia expressa, é inadmissível a instauração de processo de execução em face do Estado estrangeiro.

B) A renúncia à imunidade de jurisdição no tocante às ações civis ou administrativas não implica renúncia à imunidade quanto às medidas de execução de sentença, para as quais nova renúncia é necessária.

C) Os locais da missão diplomática gozam do privilégio da inviolabilidade e o Estado acreditado tem o dever de protegê-los de qualquer perturbação.

D) O Estado acreditante pode renunciar à imunidade de jurisdição dos seus agentes diplo máticos.

E) Não respondida.

Gabarito: A.

6. **(INSTITUTO RIO BRANCO - CESPE / CEBRASPE - DIPLOMATA - 2014)** Embora o Estado nacional seja o sujeito de direito das gentes por excelência, há na ordem internacional um rol de outros atores aptos a adquirir direitos e contrair obrigações. Acerca desses sujeitos, julgue (C ou E) os itens subsequentes. O Comitê Internacional da Cruz Vermelha, a Ordem Soberana e Militar de Malta e o Greenpeace são admitidos como entes assemelhados a sujeitos de direito internacional público. ( ) Certo ( ) Errado.

Gabarito: Errado.

CAPÍTULO 6
AS ORGANIZAÇÕES INTERNACIONAIS

O **interesse comum** das nações fez surgir a necessidade de criação de entidades formadas por Estados e com **personalidade jurídica própria**.

A palavra-chave é a **cooperação**. Atualmente, o Direito Internacional Público é marcado pela **multilateralidade**[1].

Portela conceitua organizações internacionais como "entidades criadas e compostas por Estados soberanos por meio de tratado, dotadas de um aparelho institucional permanente e de personalidade jurídica própria e formadas com o objetivo de tratar de interesses comuns, por meio da cooperação entre seus membros"[2].

Assim, podemos verificar, no conceito apresentado, os seguintes elementos:

a) são criadas e compostas por Estados soberanos;

b) são fundadas por meio de tratado;

c) possuem aparelho institucional permanente;

d) são dotadas de personalidade jurídica própria e podem, por conseguinte, ser sujeitos de direitos e obrigações na ordem internacional;

e) têm por objetivo tratar de interesses comuns às nações;

f) atuam por meio da cooperação entre seus membros.

Atenção:

vimos, no capítulo anterior as **imunidades** relacionadas às **organizações internacionais**.

São criadas, assim, por meio de um tratado, celebrado pelos Estados. Por tal razão parte da doutrina entende que os Estados possuem **personalidade jurídica originária**, ao passo que as organizações internacionais são dotadas de **personalidade jurídica internacional derivada**.

O tratado, ato constitutivo do organismo internacional, estabelecerá[3]:

a) estrutura;

b) objetivos;

---

1 ACCIOLY, Hildebrando; CASELLA, Paulo Borba; SILVA, G.E. do Nascimento e. *Manual de Direito Internacional Público*, 22ª ed. – São Paulo: Saraiva, 2016, p. 429.

2 PORTELA, Paulo Henrique Gonçalves. *Direito Internacional Público e Privado*: Incluindo Noções de Direitos Humanos e Direito Comparado – 11ª ed., rev., atual. e ampl. – Salvador: JusPODIVM, 2020, p. 270.

3 PORTELA, Paulo Henrique Gonçalves. *Direito Internacional Público e Privado*: Incluindo Noções de Direitos Humanos e Direito Comparado – 11ª ed., rev., atual. e ampl. – Salvador: JusPODIVM, p. 271.

c) forma de funcionamento;

d) órgãos;

e) processos decisórios;

f) entre outros aspectos relevantes à consecução dos objetivos da organização.

Atenção:

São sinônimos de organizações internacionais: organizações internacionais intergovernamentais, organismos internacionais. Porém, como vimos, ONG (organização não-governamental) não é sinônimo de organização internacional. No caso das ONGs, elas possuem personalidade jurídica de direito interno.

6.1. Convenção de Viena sobre o Direito dos Tratados entre Estados e Organizações Internacionais ou entre Organizações Internacionais

Em 1986 foi celebrada a Convenção de Viena sobre o Direito dos Tratados entre Estados e Organizações Internacionais ou Entre Organizações Internacionais. Até o momento referido tratado ainda **não entrou em vigor**. Por tal razão, as convenções celebradas por organismos internacionais são reguladas por **normas costumeiras**.

Paulo Henrique Gonçalves PORTELA, entretanto, recorda que "os tratados que criam os organismos internacionais são celebrados por Estados e, nesse sentido, são regulados pela Convenção de Viena sobre o Direito dos Tratados, de 1969"[4].

6.2. Caso Conde Folke Bernadotte

Ao analisarmos o conceito das organizações internacionais, pudemos verificar que possuem **personalidade jurídica de Direito Internacional Público**, podendo, assim, ser sujeitas de direitos e obrigações na ordem internacional.

O reconhecimento da personalidade jurídica dos organismos internacionais ocorreu a partir do **caso Conde Folke Bernadotte**.

Folke Bernadotte foi um diplomata sueco que, representando a ONU, foi morto no Oriente Médio, em 1948. A Corte Internacional de Justiça (CIJ) emitiu parecer reconhecendo a personalidade internacional das organizações internacionais. É importante observar que a Carta da ONU não previu, expressamente, a personalidade jurídica da organização, o que não impediu o seu reconhecimento por parte da CIJ.

Na ocasião, a ONU buscou a reparação pelo dano sofrido e a CIJ concluiu pela possibilidade e legitimidade para pleitear a indenização pretendida.

4 PORTELA, Paulo Henrique Gonçalves. *Direito Internacional Público e Privado*: Incluindo Noções de Direitos Humanos e Direito Comparado – 11ª ed., rev., atual. e ampl. – Salvador: JusPODIVM, p. 273.

Por serem doadas de personalidade jurídica internacional, as organizações internacionais podem celebrar tratados (direito de convenção ou *jus tractuum*). Contudo, essa faculdade, segundo MAZZUOLI, deve vir expressa no convênio constitutivo da organização[5].

Importante para Concursos:

A personalidade jurídica dos organismos internacionais **não depende de previsão no tratado** que a constitui. Porém, nada impede que haja previsão expressa, como no caso da Organização Internacional do Trabalho (OIT), art. 39 da sua Constituição, e no do MERCOSUL, que teve a personalidade internacional estabelecida no Protocolo de Ouro Preto[6].

6.3. Organizações Universais e Regionais

O MERCOSUL é um exemplo de organização internacional regional, vez que é composta por "Estados contíguos geograficamente ou unidades por afinidade históricas, culturais"[7].

A ONU, por sua vez, é o exemplo de organização universal, sem restrição de membros para a sua composição.

6.4. A Organização das Nações Unidas (ONU)

6.4.1. Precedente histórico: a Liga das Nações

A Liga das Nações, também denominada Sociedade das Nações, foi fundada em 1919 e teve como principal objetivo evitar uma nova guerra mundial, tendo fracassado nesse intento. Foi extinta em 1947.

6.4.2. A Carta de São Francisco

A ONU foi criada em 1945 na Conferência de São Francisco. Por tal razão, a **Carta da ONU** é também conhecida como **Carta de São Francisco.** A ONU possui sede em Nova Iorque (EUA) e conta, ainda, com sede europeia em Genebra (Suíça).

Atenção:

Atenção para a terminologia: Alguns doutrinadores chamam o sistema das Nações Unidas de **onusiano**.

6.4.3. ONU: propósitos e princípios

Os **propósitos** da ONU estão previstos no art. 1º.

5 MAZZUOLI, Valerio de Oliveira. *Curso de Direito Internacional*. 14ª ed., Rio de Janeiro: Forense, 2021, p. 546.

6 PORTELA, Paulo Henrique Gonçalves. *Direito Internacional Público e Privado*: Incluindo Noções de Direitos Humanos e Direito Comparado – 11ª ed., rev., atual. e ampl. – Salvador: JusPODIVM, p. 273.

7 PORTELA, Paulo Henrique Gonçalves. *Direito Internacional Público e Privado*: Incluindo Noções de Direitos Humanos e Direito Comparado – 11ª ed., rev., atual. e ampl. – Salvador: JusPODIVM, p. 275.

Importante para Concursos:

É recomendável a **leitura dos tratados** previstos no Edital do Concurso. Para que o estudo seja mais eficiente, orienta-se que o aluno também verifique **como cai na prova** para fixar o conteúdo, o que é possível verificar por meio da realização de questões.

O principal propósito da ONU é **manter a paz e segurança internacionais.**

O **princípio de igualdade de direitos** e **autodeterminação dos povos** foram importantíssimos para o fortalecimento da **paz universal**.

Outro importante objetivo da ONU é possibilitar uma **cooperação internacional** para resolver problemas internacionais de caráter econômico, social, cultural ou humanitário, bem como promover e estimular o respeito aos **direitos humanos** e às **liberdades fundamentais para todos**, sem distinção de raça, sexo, língua ou religião.

Já o art. 2º prevê os **princípios** da ONU.

Art. 2º. A Organização e seus Membros, para a realização dos propósitos mencionados no art. 1º, agirão de acordo com os seguintes Princípios:

1. A Organização é baseada no princípio da igualdade de todos os seus Membros.

2. Todos os Membros, a fim de assegurarem para todos em geral os direitos e vantagens resultantes de sua qualidade de Membros, deverão cumprir de boa fé as obrigações por eles assumidas de acordo com a presente Carta.

3. Todos os Membros deverão resolver suas controvérsias internacionais por meios pacíficos, de modo que não sejam ameaçadas a paz, a segurança e a justiça internacionais.

4. Todos os Membros deverão evitar em suas relações internacionais a ameaça ou o uso da força contra a integridade territorial ou a dependência política de qualquer Estado, ou qualquer outra ação incompatível com os Propósitos das Nações Unidas.

5. Todos os Membros darão às Nações toda assistência em qualquer ação a que elas recorrerem de acordo com a presente Carta e se absterão de dar auxílio a qual Estado contra o qual as Nações Unidas agirem de modo preventivo ou coercitivo.

6. A Organização fará com que os Estados que não são Membros das Nações Unidas ajam de acordo com esses Princípios em tudo quanto for necessário à manutenção da paz e da segurança internacionais.

7. Nenhum dispositivo da presente Carta autorizará as Nações Unidas a intervirem em assuntos que dependam essencialmente da jurisdição de qualquer Estado ou obrigará os Membros a submeterem tais assuntos a uma solução, nos termos da presente Carta; este princípio, porém, não prejudicará a aplicação das medidas coercitivas constantes do Capitulo VII.

A respeito dos princípios, merece destaque o item 3, que reforça o propósito de manutenção da paz e segurança internacionais. E isso deve ser feito, dentre outros mecanismos, por meio da resolução pacífica de controvérsias.

Outro item de extrema relevância é o 7, que prevê o respeito à soberania nacional. Trata-se do **princípio da não intervenção em assuntos internos**. Porém, a parte final do dispositivo **autoriza o uso da força (medidas coercitivas)** no caso de **ameaça à paz.** A ONU é responsável, assim, pela **segurança coletiva mundial**[8].

Importante para Concursos:

CAIU NA PROVA: Em 2021, o Instituto Rio Branco (prova elaborada pelo IADES), considerou **correta** a seguinte assertiva: "O Brasil participou das negociações que levaram à criação da ONU e à adoção de sua Carta. Membros da delegação brasileira defenderam, com êxito, a inclusão, na Carta, dos princípios da não intervenção e da igualdade de direitos dos homens e das mulheres".

6.4.4. Órgãos da ONU

A ONU é composta pelos seguintes órgãos:

a) **Assembleia Geral;**
b) **Conselho de Segurança;**
c) **Secretaria Geral;**
d) **Corte Internacional de Justiça.**
e) **Conselho Econômico e Social (ECOSOC);**
f) **Conselho de Tutela.**

Vejamos cada um deles.

6.4.4.1. Assembleia Geral da ONU

No intuito de concretizar o **princípio da igualdade jurídica**, a Assembleia Geral reúne representantes de **todos os Estados-membros.** É, assim, o principal órgão das Nações Unidas.

Algumas das principais atribuições da Assembleia Geral da ONU:

a) Eleição dos membros não permanentes do Conselho de Segurança;
b) Aprovação de emendas à Carta da ONU;
c) Discutir e fazer recomendações relativamente a qualquer matéria objeto da Carta, como "promover a cooperação internacional nos terrenos econômico, social, cultural, educacional e sanitário e favorecer o pleno gozo dos direitos humanos e das liberdades fundamentais, por parte de todos os povos, sem distinção de raça, língua ou religião"[9], entre outras atribuições.

Outra importante atribuição da Assembleia Geral é a possibilidade de comunicar o **Conselho de Segurança** a respeito de situações que possam gerar **ameaça à paz e à segurança internacionais.**

8 MAZZUOLI, Valerio de Oliveira. *Curso de Direito Internacional.* 14ª ed., Rio de Janeiro: Forense, 2021, p. 562.
9 Art. 13, § 1º, da Carta da ONU.

Segundo PORTELA, "as deliberações da Assembleia adotam, em regra, a forma de **resolução**, que normalmente têm o caráter de meras **recomendações**"[10]. Em outras palavras: não geram caráter vinculante. Trata-se de *soft law*, conforme já estudado em capítulos anteriores.

6.4.4.2. Conselho de Segurança

Dispõe o art. 39 da Carta da ONU:

> *"O Conselho de Segurança determinará a existência de qualquer ameaça à paz, ruptura da paz ou ato de agressão, e fará recomendações ou decidirá que medidas deverão ser tomadas de acordo com os arts 41 e 42, a fim de manter ou restabelecer a paz e a segurança internacionais".*

O Conselho de Segurança das Nações Unidas (CSNU) é, assim, o órgão responsável direto pela manutenção da paz e da segurança internacionais. Para tanto, além de recomendações, poderá decidir pela tomada de **medidas coercitivas**.

O CSNU pode agir de ofício ou mediante solicitação da Assembleia Geral.

A fim de evitar que determinada situação se agrave, o Conselho de Segurança poderá determinar **medidas provisórias** (art. 40). Trata-se de medidas para tornar efetivas suas decisões, a exemplo da interrupção completa das relações econômicas, dos meios de comunicação ferroviários, marítimos, aéreos, postais, telegráficos, radiofônicos, ou de qualquer espécie e o rompimento das relações diplomáticas (art. 41). Como *ultima ratio*, poderão, ainda, caso necessário, realizar bloqueios e outras operações, por parte das forças aéreas, navais ou terrestres dos Membros das Nações Unidas (art. 42).

Trata-se, portanto, de hipótese excepcional, no âmbito do Direito Internacional, do **uso legítimo da força**.

O CSNU tem atribuição para expedir **resoluções**, as quais **podem ou não ser vinculantes.**

No caso de **resoluções vinculantes** o seu não cumprimento pode gerar responsabilização por descumprimento de obrigação internacional.

No Brasil, as Resoluções do Conselho de Segurança são incorporadas por meio de decretos executivos.

A título de exemplo, com base na obrigação da República Federativa do Brasil em cumprir as obrigações internacionais presentes na Carta da ONU, a **Advocacia-Geral da União (AGU)** ajuizou ação a fim de bloquear na Justiça Federal ativos ligados à família de Muamar Kadafi, então ditador da Líbia.

> *"O pedido seguia as medidas determinadas nas resoluções 1970187 e 1973188, ambas de 2011, do Conselho de Segurança da ONU, implementadas, respectivamente, por*

10 PORTELA, Paulo Henrique Gonçalves. *Direito Internacional Público e Privado*: Incluindo Noções de Direitos Humanos e Direito Comparado – 11ª ed., rev., atual. e ampl. – Salvador: JusPODIVM, p. 284.

meio do Decreto nº 7.460, de 14 de abril de 2011, e Decreto nº 7.527 de 18 de julho de 2011189. Ambas as medidas objetivavam cessar os financiamentos ao armamento do governo da Líbia, garantindo o respeito aos direitos humanos e o fim da violência contra a sociedade civil. Atendendo às resoluções, a AGU "protocolou ação na Seção Judiciária de São Paulo solicitando bloqueio de 57,28% do capital social do Banco ABC e de 99% do capital da ABC Brasil Distribuidora de Títulos e Valores Mobiliários (DTVM) S.A"[11]

Sobre a composição do CSNU, são 15 (quinze) membros.

Cinco membros são permanentes: China, EUA, França, Reino Unido e Rússia. Os outros 10 (dez) são não permanentes e eleitos para mandato de dois anos, pela Assembleia Geral, sem possibilidade de reeleição imediata.

As decisões do conselho de Segurança, em **questões processuais**, serão tomadas pelo voto afirmativo de **nove membros** (art. 27, 2, da Carta da ONU).

Quanto aos "outros assuntos", os mais importantes, além do voto favorável de no mínimo **nove membros**, são necessários os **votos afirmativos dos cinco membros permanentes**. Nisso consiste o **direito de veto.**

Atenção:

Por meio do **direito de veto**, **um** dos cinco membros permanentes do Conselho de Segurança poderá impedir a aprovação de uma deliberação. Em outras palavras, mesmo que todos os membros tenham anuído expressamente a respeito de determinada questão, por meio do veto o **membro permanente** poderá impedir a aprovação da deliberação. Sob o prisma jurídico, evidentemente, o direito de veto viola o **princípio da igualdade** entre os Estados (art. 2º, 1, da Carta), razão pela qual o instituto possui natureza precipuamente política[12].

6.4.4.3. *Secretaria Geral*

Consiste a Secretaria Geral no órgão administrativo da ONU.

O Secretário Geral é principal representante internacional da ONU. Sua eleição é feita pela Assembleia Geral, por meio de recomendação do Conselho de Segurança. O mandato é de cinco anos, permitida uma recomendação para o período subsequente.

Além de funções diplomáticas, cabe ao Secretário Geral alertar o Conselho de Segurança a respeito de situações que estejam ameaçando a paz e segurança internacionais.

11 Disponível em: <https://repositorio.ufmg.br/bitstream/1843/BUOS-B9JJKU/1/disserta_o_julia_amaral.pdf>.
12 Quanto à natureza política do veto, a opinião, a qual concordamos, é de Paulo Henrique Gonçalves Portela.

6.4.4.4. *ECOSOC*

O Conselho Econômico e Social (ECOSOC[13]) fará estudos e relatórios a respeito de assuntos internacionais de caráter econômico, social, cultural, educacional, sanitário e conexos e poderá fazer recomendações a respeito de tais assuntos à Assembleia Geral, aos Membros das Nações Unidas e às entidades especializadas interessadas (art. 62, 1, da Carta da ONU).

O ECOSOC será composto de **cinquenta e quatro** Membros das Nações Unidas, eleitos pela Assembleia Geral.

6.4.4.5. *Conselho de Tutela*

No caso de um Estado encontrar-se recém-separado de seu Estado de origem ou esteja em processo de independência, o Conselho de Tutela tem a atribuição de administrar esses territórios, "promovendo seu progressivo desenvolvimento com vistas à aquisição da soberania"[14].

6.4.4.6. *Corte Internacional de Justiça*

A Corte Internacional de Justiça (CIJ) é o **principal órgão judiciário das Nações Unidas** (art. 92 da Carta da ONU).

A CIJ é competente para julgar **conflitos entre Estados.**

Importante para Concursos:

A CIJ, assim, **não julga pessoas**, e sim **Estados** (art. 34, § 1º, do Estatuto da Corte Internacional de Justiça). Portanto, **somente Estados podem ser partes na CIJ**.

A CIJ é formada por **15 (quinze) juízes**, todos eleitos pela Assembleia-Geral e pelo Conselho de Segurança por **maioria absoluta** de votos. O mandato de cada juiz é **9 (nove) anos**, com direito à **reeleição**.

Como requisitos para ser juiz na CIJ, o Estatuto exige que gozem de alta consideração moral e possuam as condições exigidas em seus respectivos países para o desempenho das mais altas funções judiciárias, ou que sejam jurisconsultos de reconhecida competência em direito internacional (art. 2º do Estatuto da CIJ).

Para exercerem sua função com imparcialidade, os juízes gozam de **imunidades diplomáticas**, podendo se declarar impedido, nos termos do art. 24 do Estatuto da CIJ[15].

Atenção:

Além da competência contenciosa, a CIJ possui atribuição **consultiva**.

13 ECOSOC significa, em inglês, *Economic and Social Council*. Para mais informações: <https://www.un.org/ecosoc/en/home>.

14 PORTELA, Paulo Henrique Gonçalves. *Direito Internacional Público e Privado*: Incluindo Noções de Direitos Humanos e Direito Comparado – 11ª ed., rev., atual. e ampl. – Salvador: JusPODIVM, p. 287.

15 Art. 24. 1. Se, por qualquer razão especial, o membro da Côrte considerar que não deve tomar parte no Julgamento de uma determinada questão, deverá informar disto o Presidente.

Assim, a CIJ emite **pareceres**, no âmbito da sua **competência consultiva**.

Nos termos do art. 96 da Carta da ONU, a Assembleia Geral ou o Conselho de Segurança poderá solicitar **parecer consultivo** da **CIJ**, sobre **qualquer questão de ordem jurídica**.

Importante para Concursos:

Em geral, os termos "sempre", "qualquer", "nunca", costumam ser assertivas erradas; contudo, como no Direito toda regra possui uma exceção, o art. 96, 1, da Carta da ONU, ao prever a competência consultiva da CIJ indica expressamente que o parecer poderá versar sobre **qualquer** questão de ordem jurídica. Atenção para isso.

O art. 96, 2, da Carta da ONU, prevê que outros órgãos das Nações Unidas e entidades especializadas, que forem em qualquer época devidamente autorizados pela Assembleia Geral, poderão também solicitar pareceres consultivos da Corte sobre questões jurídicas surgidas dentro da esfera de suas atividades, a exemplo do Conselho Econômico e Social da ONU (ECOSOC), da UNESCO (Organização das Nações Unidas para a Educação, Ciência e Cultura), da OIT (Organização Internacional do Trabalho), entre outros.

Atenção:

PORTELA enfatiza que "a Carta da ONU e o Estatuto da CIJ não autorizam os Estados a solicitarem pareceres à Corte"[16].

No Direito Internacional Público, os órgãos jurisdicionais, tal como a CIJ, como regra geral **não possuem competência sobre os Estados, salvo consentimento para se submeter a processo na CIJ.**

Isso não é intuitivo, se comparamos com o Direito das nações. Repare: mesmo que o Estado seja integrante da ONU – e seja parte do Estatuto da CIJ[17] -, isso, ainda sim, não autoriza a CIJ a examinar a causa entre os Estados.

Atenção:

Portanto, a regra é que o Estado deve **consentir** que o conflito seja julgado pela Corte Internacional de Justiça.

Sobre esse consentimento, este pode ocorrer de diversas formas, tal como a mera voluntariedade dos Estados envolvidos em submeter a decisão da resolução do conflito à CIJ, o que pode ocorrer seja por meio de requerimento de julgamento ou, no momento de

16 PORTELA, Paulo Henrique Gonçalves. *Direito Internacional Público e Privado*: Incluindo Noções de Direitos Humanos e Direito Comparado – 11ª ed., rev., atual. e ampl. – Salvador: JusPODIVM, p. 729.
17 PORTELA, Paulo Henrique Gonçalves. *Direito Internacional Público e Privado*: Incluindo Noções de Direitos Humanos e Direito Comparado – 11ª ed., rev., atual. e ampl. – Salvador: JusPODIVM, p. 729.

resposta, não questionar o processo contra si proposto. É possível, ainda, um tratado específico de submissão à CIJ.

As línguas oficiais dos processos que tramitam perante a CIJ são inglês e francês.

6.4.4.6.1. Cláusula facultativa de jurisdição obrigatória (cláusula Raul Fernandes)

Ainda a respeito do contexto de aceitação da competência contenciosa da CIJ, existe a possibilidade de previsão da **cláusula facultativa de jurisdição obrigatória**. É também conhecida como **"cláusula Raul Fernandes"**, em homenagem ao diplomata brasileiro.

Dispõe o art. 36, 2, do Estatuto da CIJ:

> *2. Os Estados partes no presente Estatuto poderão, em qualquer momento, declarar que reconhecem como obrigatória, ipso facto e sem acordo especial, em relação a qualquer outro Estado que aceite a mesma obrigação, a jurisdição da Corte em todas as controvérsias de ordem jurídica que tenham por objeto:*
>
> *a) a interpretação de um tratado;*
>
> *b) qualquer ponto de direito internacional;*
>
> *c) a existência de qualquer fato que, se verificado, constituiria a violação de um compromisso internacional;*
>
> *d) a natureza ou a extensão da reparação devida pela rutura de um compromisso internacional.*

Em outros termos, a **cláusula facultativa de jurisdição obrigatória (ou cláusula Raul Fernandes)** permite, a partir da sua aceitação, e que o Estado fique sujeito ao processo perante a CIJ, independente de novo consentimento, em relação a qualquer outro Estado que aceite a mesma cláusula.

QUESTÃO: A República Federativa Brasileira aceita a cláusula facultativa de jurisdição obrigatória da CIJ? Resposta: O Brasil aceitou a cláusula Raul Fernandes através do Decreto nº 25.795 de 10 de novembro de 1948, porém a adesão se deu por tempo determinado (5 anos), sob a alegação de que o país raramente atua no contencioso internacional e, os poucos conflitos nos quais esteve envolvido, foram solucionados por arbitragem ou diplomacia. Portanto, atualmente, o Brasil não aplica a cláusula Raul Fernandes.

6.4.4.6.2. Sentença proferida pela CIJ

Nos termos do art. 94, 1, da Carta da ONU, "cada Membro das Nações Unidas se compromete a conformar-se com a decisão da Corte Internacional de Justiça em qualquer caso em que for parte".

Por tal razão, "a sentença é definitiva, inapelável e obrigatória para as partes em litígio e deve ser cumprida de boa-fé"[18].

18 PORTELA, Paulo Henrique Gonçalves. *Direito Internacional Público e Privado*: Incluindo Noções de Direitos Humanos e Direito Comparado – 11ª ed., rev., atual. e ampl. – Salvador: JusPODIVM, 2020, p. 731.

Importante para Concursos:

Em 2021, foi considerada **correta** a seguinte assertiva na prova de **Diplomata: "**A sentença da Corte é definitiva e inapelável. Não obstante, pode ser objeto de revisão e interpretação".

Assim, embora a sentença proferida pela CIJ seja **definitiva** e **inapelável**, poderá ser objeto de **revisão** e **interpretação**.

O art. 92, 2, da Carta da ONU, por sua vez, prevê que "se uma das partes num caso deixar de cumprir as obrigações que lhe incumbem em virtude de sentença proferida pela Corte, a outra terá direito de recorrer ao Conselho de Segurança que poderá, se julgar necessário, fazer recomendações ou decidir sobre medidas a serem tomadas para o cumprimento da sentença".

Em outros termos, trata-se de hipótese de **responsabilidade internacional**, no caso de descumprimento de decisão da CIJ. Neste caso, o Conselho de Segurança da ONU poderá emitir recomendações ou **medidas para o cumprimento da sentença**.

6.5. Organismos especializados do Sistema das Nações Unidas

Os organismos especializados do Sistema das Nações Unidas **não são meros órgãos das Nações Unidas**. São, na verdade, **organizações internacionais** e, como tais, **possuem personalidade jurídica de Direito Internacional**.

São também chamados de **agências especializadas** e atuam em áreas específicas.

SEITENFUS[19] e MAZZUOLI[20] dividem os organismos especializados – ou agências especializadas – da seguinte forma:

a) **"Organismos internacionais de cooperação econômica**

   a.1) Banco Internacional para Reconstrução e Desenvolvimento (**BIRD** ou **Banco Mundial**) e Fundo Monetário Internacional (**FMI**);

   a.2) Organização das Nações Unidas para a Alimentação e a Agricultura (**FAO**);

   a.3) Organização das Nações Unidas para o Desenvolvimento Industrial (**ONUDI**);

   a.4) Organização Mundial da Propriedade Intelectual (**OMPI**);

   a.5) Organização Mundial do Comércio (**OMC**).

b) **Organismos internacionais de cooperação social**

   b.1) Organização Internacional do Trabalho (**OIT**);

   b.2) Organização das Nações Unidas para Educação, a Ciência e a Cultura (**UNESCO**);

   b.3) Organização Mundial de Saúde (**OMS**).

19 *Manual das organizações internacionais*, pp. 181-253.
20 *Curso de Direito Internacional Público*, p. 571 e seguintes.

c) Organismos internacionais de cooperação em comunicações

c.1) União Internacional de Telecomunicações (**UIT**);

c.2) Organização da Aviação Civil Internacional (**OACI**);

c.3) União Postal Universal (**UPU**);

c.4) Organização Marítima Internacional (**OMI**).

d) Organismos internacionais de finalidade específica

d.1) Organização Mundial Meteorológica (OMM);

d.2) Agência Internacional de Energia Atômica (AIEA);

d.3) Organização Mundial do Turismo (OMT);

d.4) Organização para a Proibição de Armas Químicas (OPAQ).

Esquematizando a taxonomia proposta por SEITENFUS, temos o seguinte:

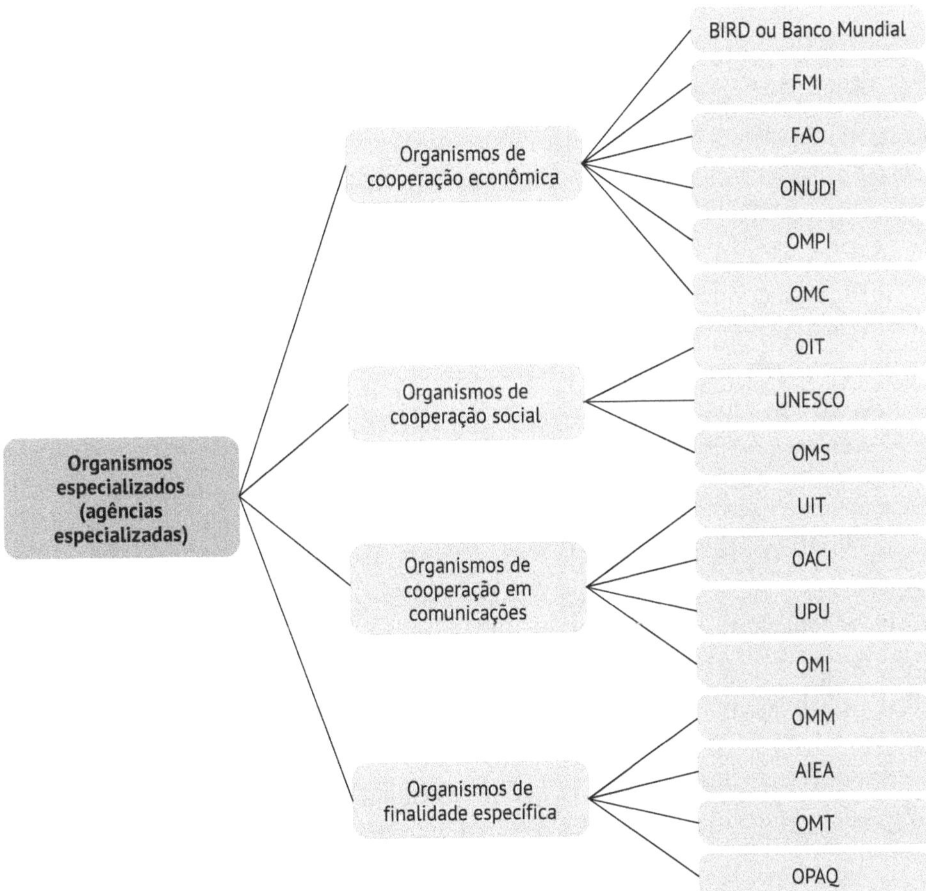

Diante da baixa – ou média – incidência em provas e concursos (propósito desta obra) não abordaremos, pormenorizadamente, cada organismo especializado – ou agências especializadas. Porém, em capítulo específico deste livro, veremos algumas destas agências especializadas que possuem maior incidência em concursos, a exemplo da OIT.

6.6. Organizações Regionais

As organizações regionais possuem o propósito de integrar os países de uma região específica, tratando de diversas questões econômicas, políticas, culturais, militares, entre outras.

Em outras palavras, o escopo é promover a **cooperação regional** entre os países que a compõem.

São criadas por meio de **tratados constitutivos**, de maneira que seus poderes e atribuições estão referidos na carta instituidora[21].

MAZZUOLI[22] elenca as organizações de maior importância:

a) Conselho da Europa (CE);

b) Organização dos Estados Americanos (OEA);

c) União Africana (UA).

Atenção:

ESTUDO DIRIGIDO: Diante do objetivo desta obra, abordaremos os assuntos de maior incidência para concurso público, que é, no caso, a Organização dos Estados Americanos (OEA).

6.6.1. Organização dos Estados Americanos (OEA)

A Organização dos Estados Americanos (OEA), **organização regional**, foi instituída em Bogotá (Colômbia) em 1948, porém teve **vigência internacional**[23] em 13 de dezembro de 1951. Assim, a **Carta de Bogotá** é o tratado instituidor da OEA.

Está aberta a todos **países independentes** do continente americano (América do Sul, América Central e América do Norte).

6.6.1.1. Os pilares da atuação da OEA

Quatro são os pilares da atuação da OEA:

a) Democracia;

b) Direitos humanos;

c) Segurança

d) Desenvolvimento integral.

Sobre a **democracia**, merece destaque os seguintes dispositivos da Carta da OEA (ou Carta de Bogotá). Sobre esse ponto, o preâmbulo prevê o seguinte:

21 MAZZUOLI, Valerio de Oliveira. *Curso de Direito Internacional*. 14ª ed., Rio de Janeiro: Forense, 202, p. 579.
22 MAZZUOLI, Valerio de Oliveira. *Curso de Direito Internacional*. 14ª ed., Rio de Janeiro: Forense, 2021, p. 580.
23 O mais comum, como exigência para a vigência internacional, é um **número mínimo de ratificações necessárias.**

> *Seguros de que a democracia representativa é condição indispensável para a estabilidade, a paz e o desenvolvimento da região;*
>
> *Certos de que o verdadeiro sentido da solidariedade americana e da boa vizinhança não pode ser outro senão o de consolidar neste Continente, dentro do quadro das instituições democráticas, um regime de liberdade individual e de justiça social, fundado no respeito dos direitos essenciais do Homem;*

Já o art. 2º, é expresso em manifestar:

> *Para realizar os princípios em que se baseia e para cumprir com suas obrigações regionais, de acordo com a Carta das Nações Unidas, a Organização dos Estados Americanos estabelece como propósitos essenciais os seguintes:*
>
> *(...)*
>
> *b) Promover e consolidar a **democracia representativa**, respeitado o princípio da não-intervenção;*
>
> *(...)*
>
> *g) Erradicar a pobreza crítica, que constitui um obstáculo ao pleno **desenvolvimento democrático** dos povos do Hemisfério;*
>
> *(...)"*

Outros dispositivos que versam sobre democracia: arts. 3, 9, 31, 47 e 95.

A democracia é, assim, um pilar da OEA.

Em uma prova subjetiva, caso haja espaço para tanto, é interessante mencionar a atual crise democrática em diversos países da América, como Nicarágua e Venezuela, o que se revela um grande desafio para a OEA cumprir seu propósito de integração regional.

Sobre os Direitos Humanos, a OEA previu a criação da Comissão Interamericana de Direitos Humanos, órgão que atua junto à Corte Interamericana de Direitos Humanos.

Atenção:

A OEA (criada pela Carta de Bogotá) não se confunde com a Corte Interamericana de Direitos Humanos (criada pela Convenção Americana de Direitos Humanos, também chamada de Pacto de São José da Costa Rica[24]). São órgãos que se relacionam, porém são distintos.

A **segurança** é outro importante pilar da OEA. O art. 2º, a, prevê que a **garantia da paz e segurança continentais** são **propósitos essenciais** da Organização dos Estados Americanos.

O Capítulo VII da Carta de Bogotá, por sua vez, prevê o **desenvolvimento integral**.

24 A Convenção Americana de Direitos Humanos (ou Pacto de São José da Costa Rica) é **tema de alta incidência em concursos públicos** em provas que cobram a disciplina de **Direitos Humanos**.

Dispõe o art. 30 da Carta da OEA:

> *Os Estados membros, inspirados nos princípios de solidariedade e cooperação interamericanas, comprometem-se a unir seus esforços no sentido de que impere a justiça social internacional em suas relações e de que seus povos alcancem um desenvolvimento integral, condições indispensáveis para a paz e a segurança. O desenvolvimento integral abrange os campos econômico, social, educacional, cultural, científico e tecnológico, nos quais devem ser atingidas as metas que cada país definir para alcançá-lo*

O art. 31, por sua vez, destaca:

> *A cooperação interamericana para o desenvolvimento integral é responsabilidade comum e solidária dos Estados membros, no contexto dos princípios democráticos e das instituições do Sistema Interamericano. Ela deve compreender os campos econômico, social, educacional, cultural, científico e tecnológico, apoiar a consecução dos objetivos nacionais dos Estados membros e respeitar as prioridades que cada país fixar em seus planos de desenvolvimento, sem vinculações nem condições de caráter político.*

Importante para Concursos:

A propósito do sistema interamericano e de coalizões internacionais de que o Brasil participa ou com os quais se relaciona, julgue o item a seguir. O Brasil desenvolve atividades regulares no âmbito dos quatro pilares de atuação da Organização dos Estados Americanos (OEA), a saber, democracia, direitos humanos, segurança e desenvolvimento integral. Assertiva considerada correta na prova de diplomata (2019 – IADES).

6.6.1.2. *Órgãos da OEA*

De maneira esquematizada, são órgãos da OEA:

órgãos da OEA
- Assembleia-Geral
- Reunião de Consulta dos Ministros da Relações Exteriores
- Os Conselhos
- Comissão Jurídica Interamericana
- Comissão Interamericana de Direitos Humanos
- Secretaria-Geral

Vejamos, de forma objetiva, cada órgão.

Importante para Concursos:

É interessante perceber que existe, *mutatis mutandis*[25], uma simetria entre as organizações. Assim, por exemplo, a **Assembleia-Geral da OEA** é **integrada por todos os Estados-Membros da organização**, tal como ocorre na ONU. Porém, há diferenças. Não só as semelhanças, como também as diferenças, devem ser revisadas. É recomendável fazer quadros comparativos, mapas mentais ou esquemas mnemônicos para auxiliar na memorização do conteúdo.

Segundo MAZZUOLI[26], a **Assembleia-Geral** é o **órgão supremo da OEA.** Como dito, é integrada por todos os Estado-Membros da organização, com direito a um voto cada.

As principais atribuições da Assembleia Geral[27] da OEA são:

> *"a) Decidir a ação e a política gerais da Organização, determinar a estrutura e funções de seus órgãos e considerar qualquer assunto relativo à convivência dos Estados americanos;*
> *b) Estabelecer normas para a coordenação das atividades dos órgãos, organismos e entidades da Organização entre si e de tais atividades com as das outras instituições do Sistema Interamericano;*
> *c) Fortalecer e harmonizar a cooperação com as Nações Unidas e seus organismos especializados;*
> *d) Promover a colaboração, especialmente nos setores econômico, social e cultural, com outras organizações internacionais cujos objetivos sejam análogos aos da Organização dos Estados Americanos;*
> *e) Aprovar o orçamento-programa da Organização e fixar as quotas dos Estados membros;*
> *f) Considerar os relatórios da Reunião de Consulta dos Ministros das Relações Exteriores e as observações e recomendações que, a respeito dos relatórios que deverem ser apresentados pelos demais órgãos e entidades, lhe sejam submetidas pelo Conselho Permanente, conforme o disposto na alínea f, do art. 91, bem como os relatórios de qualquer órgão que a própria Assembléia Geral requeira;*
> *g) Adotar as normas gerais que devem reger o funcionamento da Secretaria-Geral;*
> *(...)"*

As decisões tomadas pela Assembleia-Geral pode ser meras recomendações (caráter não obrigatório) ou obrigações e são dirigidas aos Estados-membros da organização[28].

A **Reunião de Consulta dos Ministros das Relações Exteriores**, órgão da OEA, é realizada em casos excepcionais, nos de casos de questões **urgentes e de natureza comum** e para servir de **órgão de consulta** (art. 61 da Carta da OEA).

Já o Capítulo XI da Carta da OEA, prevê os Conselhos da organização, que são o **Conselho Permanente da Organização** e o **Conselho Interamericano de Desenvolvimento Integral**.

---

25 *Mutatis mutandis* é uma expressão latina, ainda utilizada na Ciência Jurídica que significa "mudado o que deve ser mudado" ou "guardadas as devidas proporções".

26 MAZZUOLI, Valerio de Oliveira. *Curso de Direito Internacional*. 14ª ed., Rio de Janeiro: Forense, 2021, p. 598.

27 Nos termos do art. 54 da Carta da OEA.

28 ARRIGHI, Jean Michel *apud* MAZZUOLI, Valerio de Oliveira. *Curso de Direito Internacional*. 14ª ed., Rio de Janeiro: Forense, 2021, p. 599.

Compete ao Conselho Permanente:

a) Executar as decisões da Assembleia Geral ou da Reunião de Consulta dos Ministros das Relações Exteriores, cujo cumprimento não haja sido confiado a nenhuma outra entidade;

b) Velar pela observância das normas que regulam o funcionamento da Secretaria-Geral e, quando a Assembleia Geral não estiver reunida, adotar as disposições de natureza regulamentar que habilitem a Secretaria-Geral para o cumprimento de suas funções administrativas;

c) Atuar como Comissão Preparatória da Assembleia Geral nas condições estabelecidas pelo art. 60 da Carta, a não ser que a Assembleia Geral decida de maneira diferente;

d) Preparar, a pedido dos Estados membros e com a cooperação dos órgãos pertinentes da Organização, projetos de acordo destinados a promover e facilitar a colaboração entre a Organização dos Estados Americanos e as Nações Unidas, ou entre a Organização e outros organismos americanos de reconhecida autoridade internacional. Esses projetos serão submetidos à aprovação da Assembleia Geral;

e) Formular recomendações à Assembleia Geral sobre o funcionamento da Organização e sobre a coordenação dos seus órgãos subsidiários, organismos e comissões;

f) Considerar os relatórios do Conselho Interamericano de Desenvolvimento Integral, da Comissão Jurídica Interamericana, da Comissão Interamericana de Direitos Humanos, da Secretaria-Geral, dos organismos e conferências especializados e dos demais órgãos e entidades, e apresentar à Assembléia Geral as observações e recomendações que julgue pertinentes;

(...)"[29]

Atenção:

Muitas questões são elaboradas pelas Bancas Examinadoras a partir da literalidade da lei. No caso do Direito Internacional, uma fonte importante de estudo para concurso é a **literalidade dos tratados**.

O **Conselho Interamericano de Desenvolvimento Integral**, por sua vez, para realizar os diversos objetivos, particularmente na área específica da cooperação técnica, deverá:

"a) Formular e recomendar à Assembléia Geral o plano estratégico que articule as políticas, os programas e as medidas de ação em matéria de cooperação para o desenvolvimento integral, no marco da política geral e das prioridades definidas pela Assembléia Geral;

b) Formular diretrizes para a elaboração do orçamento programa de cooperação técnica, bem como para as demais atividades do Conselho;

c) Promover, coordenar e encomendar a execução de programas e projetos de desenvolvimento aos órgãos subsidiários e organismos correspondentes, com base nas prioridades determinadas pelos Estados membros, em áreas tais como:

1) Desenvolvimento econômico e social, inclusive o comércio, o turismo, a integração e o meio ambiente;

29 Art. 91 da Carta da OEA.

> *2) Melhoramento e extensão da educação a todos os níveis, e a promoção da pesquisa científica e tecnológica, por meio da cooperação técnica, bem como do apoio às atividades da área cultural; e*
>
> *3) Fortalecimento da consciência cívica dos povos americanos, como um dos fundamentos da prática efetiva da democracia e a do respeito aos direitos e deveres da pessoa humana.*
>
> *Para este fim, contará com mecanismos de participação setorial e com apoio dos órgãos subsidiários e organismos previstos na Carta e outros dispositivos da Assembleia Geral;*
>
> *d) Estabelecer relações de cooperação com os órgãos correspondentes das Nações Unidas e outras entidades nacionais e internacionais, especialmente no que diz respeito a coordenação dos programas interamericanos de assistência técnica;*
>
> *e) Avaliar periodicamente as entidades de cooperação para o desenvolvimento integral, no que tange ao seu desempenho na implementação das políticas, programas e projetos, em termos de seu impacto, eficácia, eficiência, aplicação de recursos e da qualidade, entre outros, dos serviços de cooperação técnica prestados e informar à Assembleia Geral".*

Deve-se destacar a **cooperação com a ONU**, o papel de **fortalecimento da democracia**, bem como a avaliação da cooperação para **desenvolvimento integral**.

A **Comissão Interamericana** tem por escopo **servir de corpo consultivo da Organização dos Estados Americanos (OEA) em assuntos jurídicos.** Além disso, tem por objetivo a **codificação do Direito Internacional** (art. 99 da Carta da OEA). MAZZUOLI[30] menciona alguns importantes trabalhos da **Comissão Jurídica Interamericana**, como a Convenção de Direito Internacional Privado, de 1928 (Código Bustamante) e a Convenção Americana de Direitos Humanos, de 1969 (Pacto de São José da Costa Rica).

Já a **Comissão Interamericana de Direitos Humanos** consiste em um dos órgãos com atuação mais notável dentro da OEA. Possui sede em Washington, D. C., nos Estados Unidos.

Importante para Concursos:

A **Comissão Interamericana de Direitos Humanos** é, ao mesmo tempo, órgão da Convenção Americana de Direitos Humanos (Pacto de São José da Costa Rica) e da OEA. Esta questão pode cair tanto em Direito Internacional, como em Direitos Humanos.

A **Secretaria-Geral** é chefiada pelo Secretário-Geral, eleito pela Assembleia-Geral para mandato de 5 (cinco) anos, **não podendo ser reeleito**, nem poderá suceder-lhe pessoa da mesma nacionalidade (art. 114 da Carta da OEA). A Secretaria-Geral desempenha as seguintes funções:

> *a) Encaminhar ex officio aos Estados membros a convocatória da Assembléia Geral, da Reunião de Consulta dos Ministros das Relações Exteriores, do Conselho Interamericano de Desenvolvimento Integral e das Conferências Especializadas;*

30 MAZZUOLI, Valerio de Oliveira. *Curso de Direito Internacional*. 14ª ed., Rio de Janeiro: Forense, 2021, p. 602.

b) Assessorar os outros órgãos, quando cabível, na elaboração das agendas e regulamentos;

c) Preparar o projeto de orçamento-programa da Organização com base nos programas aprovados pelos Conselhos, organismos e entidades cujas despesas devam ser incluídas no orçamento-programa e, após consulta com esses Conselhos ou suas Comissões Permanentes, submetê-lo à Comissão Preparatória da Assembleia Geral e em seguida à própria Assembleia;

d) Proporcionar à Assembleia Geral e aos demais órgãos serviços de secretaria permanentes e adequados, bem como dar cumprimento a seus mandatos e encargos. Dentro de suas possibilidades, atender às outras reuniões da Organização;

e) Custodiar os documentos e arquivos das Conferências Interamericanas, da Assembleia Geral, das Reuniões de Consulta dos Ministros das Relações Exteriores, dos Conselhos e das Conferências Especializadas;

f) Servir de depositária dos tratados e acordos interamericanos, bem como dos instrumentos de ratificação dos mesmos;

g) Apresentar à Assembleia Geral, em cada período ordinário de sessões, um relatório anual sobre as atividades e a situação financeira da Organização; e

h) Estabelecer relações de cooperação, consoante o que for decidido pela Assembleia Geral ou pelos Conselhos, com os Organismos Especializados e com outros organismos nacionais e internacionais[31].

Compete ao Secretário-Geral:

"a) Estabelecer as dependências da Secretaria-Geral que sejam necessárias para a realização de seus fins; e

b) Determinar o número de funcionários e empregados da Secretaria-Geral, nomeá-los, regulamentar suas atribuições e deveres e fixar sua retribuição.

O Secretário-Geral exercerá essas atribuições de acordo com as normas gerais e as disposições orçamentárias que forem estabelecidas pela Assembleia Geral"[32].

6.7. Quadro sinótico

Memorização e Revisão	
Organizações Internacionais	A necessidade de **cooperação** entre as nações em virtude do **interesse comum** deu origem a entidades formados por Estados e com **personalidade jurídica própria.**
Criação da Organização Internacional	As organizações internacionais são criadas pelos Estados soberanos por meio da celebração de **tratado**, o qual estabelecerá a estrutura, objetivos, órgãos, processos decisórios, entre outras questões relevantes para a realização dos objetivos da organização.
Sinônimos	São sinônimos de organizações internacionais: organizações internacionais intergovernamentais, organismos internacionais.

31 Art. 112 da Carta da OEA.

32 Art. 113 da Carta da OEA.

Não confunda	**ONG (organização não-governamental) não é sinônimo** e, em regra, as ONGs não possuem personalidade jurídica internacional. No caso das ONGs, elas possuem personalidade jurídica de direito interno.
Convenção de Viena sobre o Direito dos Tratados entre Estados e Organizações Internacionais ou Entre Organizações Internacionais	Em 1986 foi celebrada a Convenção de Viena sobre o Direito dos Tratados entre Estados e Organizações Internacionais ou Entre Organizações Internacionais. Até o momento referido tratado ainda **não entrou em vigor**. Por tal razão, as convenções celebradas por organismos internacionais são reguladas por **normas costumeiras**.
Caso Conde Folke Bernadotte	Folke Bernadotte foi um diplomata sueco que, representando a ONU, foi morto no Oriente Médio, em 1948. A Corte Internacional de Justiça (CIJ) emitiu parecer reconhecendo a personalidade internacional das organizações internacionais. É importante observar que a Carta da ONU não previu, expressamente, a personalidade jurídica da organização, o que não impediu o seu reconhecimento por parte da CIJ. Na ocasião, a ONU buscou a reparação pelo dano sofrido e a CIJ concluiu pela possibilidade e legitimidade para pleitear a indenização pretendida.
Organizações Universais e Regionais	O MERCOSUL é um exemplo de organização internacional regional, vez que é composta por "Estados contíguos geograficamente ou unidades por afinidade históricas, culturais"[33]. A ONU, por sua vez, é o exemplo de organização universal, sem restrição de membros para a sua composição.
A Carta de São Francisco (Carta da ONU)	A ONU foi criada em 1945 na Conferência de São Francisco. Por tal razão, a **Carta da ONU** é também conhecida como **Carta de São Francisco**. A ONU possui sede em Nova Iorque (EUA) e conta, ainda, com sede europeia em Genebra (Suíça). O principal propósito da ONU é **manter a paz e segurança internacionais**.
Órgãos da ONU	A ONU é composta pelos seguintes órgãos: **a) Assembleia Geral;** **b) Conselho de Segurança;** **c) Secretaria Geral;** **d) Corte Internacional de Justiça;** **e) Conselho Econômico e Social (ECOSOC);** **f) Conselho de Tutela.**
Organismos especializados do Sistema das Nações Unidas (ou agências especializadas)	Os organismos especializados do Sistema das Nações Unidas **não são meros órgãos das Nações Unidas**. São, na verdade, **organizações internacionais** e, como tais, **possuem personalidade jurídica de Direito Internacional**. SEITENFUS[34] os classifica da seguinte forma: a) "**Organismos internacionais de cooperação econômica** a.1) Banco Internacional para Reconstrução e Desenvolvimento (**BIRD** ou **Banco Mundial**) e Fundo Monetário Internacional (**FMI**); a.2) Organização das Nações Unidas para a Alimentação e a Agricultura (**FAO**); a.3) Organização das Nações Unidas para o Desenvolvimento Industrial (**ONUDI**); a.4) Organização Mundial da Propriedade Intelectual (**OMPI**); a.5) Organização Mundial do Comércio (**OMC**). **b) Organismos internacionais de cooperação social** b.1) Organização Internacional do Trabalho (**OIT**); b.2) Organização das Nações Unidas para Educação, a Ciência e a Cultura (**UNESCO**); b.3) Organização Mundial de Saúde (**OMS**).

33 PORTELA, p. 275.
34 *Manual das organizações internacionais*, pp. 181-253.

	c) Organismos internacionais de cooperação em comunicações c.1) União Internacional de Telecomunicações (**UIT**); c.2) Organização da Aviação Civil Internacional (**OACI**); c.3) União Postal Universal (**UPU**); c.4) Organização Marítima Internacional (**OMI**). **d) Organismos internacionais de finalidade específica** d.1) Organização Mundial Meteorológica (OMM); d.2) Agência Internacional de Energia Atômica (AIEA); d.3) Organização Mundial do Turismo (OMT); d.4) Organização para a Proibição de Armas Químicas (OPAQ).
Organizações Regionais	As organizações regionais possuem o propósito de integrar os países de uma região específica, tratando de diversas questões econômicas, políticas, culturais, militares, entre outras. O objetivo é promover a **cooperação regional** entre os países que a compõem. São criadas por meio de **tratados constitutivos**, de maneira que seus poderes e atribuições estão referidos na carta instituidora[35]. Para fins de concurso público, destaca-se a **Organização dos Estados Americanos (OEA).**

6.8. Questões de concursos

1. **(PGR – PROCURADOR DA REPÚBLICA – 2017)** A corrente voluntarista considera que a obrigatoriedade do direito internacional deve basear-se no consentimento dos cidadãos.

DENTRE OS ENUNCIADOS ABAIXO, SOMENTE ESTÃO CORRETOS:

I. A admissão como membro da Organização das Nações Unidas é aberta a todos os estados amantes da paz que aceitarem as obrigações, contidas na Carta de São Francisco, e que, a juízo da organização, estiverem aptos e dispostos a cumprir tais obrigações.

II. A admissão de qualquer Estado como Membro da Organização das Nações Unidas será efetuada por decisão da Assembleia Geral, mediante recomendação do Conselho de Segurança, não se admitindo, neste último órgão, o uso do veto por parte de seus membros permanentes.

III. Todos os povos têm o direito à autodeterminação, que se constitui hoje em norma imperativa do Direito Internacional.

IV. Os Estados são juridicamente iguais, desfrutam de iguais direitos e de igual capacidade para exercê-los. Os direitos de cada um não dependem do poder de que dispõem para assegurar o seu exercício, mas sim da sua existência como sujeito do direito internacional.

A) apenas III;

B) I e IV

C) I, III e IV

D) todos estão corretos.

Gabarito: C.

2. **(NC – UFPR – ITAIPU BINACIONAL – PROFISSIONAL DE NÍVEL UNIVERSITÁRIO JR. – DIREITO – 2019)** Sobre os sujeitos de direito internacional público, assinale a alternativa correta.

A) O Estado Nacional é o único sujeito de direito internacional público.

35 MAZZUOLI, Valerio de Oliveira. *Curso de Direito Internacional.* 14ª ed., Rio de Janeiro: Forense, 2021, p. 579.

B) Numa federação, o estado-membro será considerado sujeito de direito internacional público.

C) Conforme a Constituição Federal de 1988, o município será considerado sujeito de direito internacional público, vez que possui autonomia política.

D) As organizações internacionais são consideradas sujeitos de direito internacional público.

E) O Mercosul não é considerado sujeito de direito internacional público.

Gabarito: D.

3. **(INSTITUTO RIO BRANCO – DIPLOMATA – IADES – 2021)** Comemoraram-se, em 2020, os 75 anos da Organização das Nações Unidas (ONU) e da adoção de sua Carta, assinada pelo Brasil em 26 de junho de 1945, em São Francisco, por ocasião da Conferência a respeito da Organização Internacional das Nações Unidas. Acerca da ONU, de sua Carta e da participação do Brasil na referida organização, julgue (C ou E) o item a seguir.

A Corte Internacional de Justiça (CIJ), cujo estatuto é parte integrante da Carta da ONU, é o principal órgão judiciário da ONU e delibera a respeito de conflitos jurídicos entre Estados, além de preparar pareceres consultivos. Atualmente, a Corte conta um juiz brasileiro entre seus 15 membros.

C) Certo

E) Errado

Gabarito: Certo.

4. **(INSTITUTO RIO BRANCO – DIPLOMATA – IADES – 2021)** Comemoraram-se, em 2020, os 75 anos da Organização das Nações Unidas (ONU) e da adoção de sua Carta, assinada pelo Brasil em 26 de junho de 1945, em São Francisco, por ocasião da Conferência a respeito da Organização Internacional das Nações Unidas. Acerca da ONU, de sua Carta e da participação do Brasil na referida organização, julgue (C ou E) o item a seguir.

O Brasil participou das negociações que levaram à criação da ONU e à adoção de sua Carta. Membros da delegação brasileira defenderam, com êxito, a inclusão, na Carta, dos princípios da não intervenção e da igualdade de direitos dos homens e das mulheres.

C) Certo

E) Errado

Gabarito: Certo.

5. **(INSTITUTO RIO BRANCO – DIPLOMATA – IADES – 2019)** A Corte Internacional de Justiça (CIJ) é o principal órgão judicial das Nações Unidas. No tocante ao acesso à CIJ, à sua jurisdição e aos procedimentos perante a Corte, julgue o item a seguir.

A sentença da Corte é definitiva e inapelável. Não obstante, pode ser objeto de revisão e interpretação.

C) Certo

E) Errado

Gabarito: Certo.

6. **(TRF – 5ª REGIÃO – JUIZ FEDERAL – CESPE / CEBRASPE – 2015)** Assinale a opção correta relativamente à personalidade jurídica internacional e à condição jurídica do estrangeiro.

A) A personalidade jurídica internacional é reconhecida de forma ampla, equiparando-se, nesse aspecto, à personalidade estatal.

B) Eventual acordo de concessão entre a multinacional General Motors e o Estado brasileiro será regido pelo direito dos tratados, haja vista a constatação de personalidade jurídica internacional das empresas multinacionais.

C) Não se admite a extradição na hipótese de o Brasil não possuir tratado com o país requerente.

D) Para a concessão de asilo político, exige-se a caracterização de crime de natureza política ou ideológica, admitindo-se, em determinadas situações, o critério da reciprocidade.

E) A capacidade de que são dotadas as organizações internacionais intergovernamentais para firmar tratados decorre essencialmente de personalidade jurídica dessas organizações e das normas que as regem.

Gabarito: E.

7. **(DPU – DEFENSOR PÚBLICO FEDERAL – CESPE / CEBRASPE – 2015)** No que se refere ao direito internacional, julgue o item seguinte.

A Carta das Nações Unidas não se refere explicitamente à personalidade jurídica da Organização das Nações Unidas, ao passo que o Protocolo de Ouro Preto prevê que o MERCOSUL tenha personalidade jurídica de direito internacional.

C) Certo

E) Errado

Gabarito: Certo.

8. **(TRT – 6ª REGIÃO – JUIZ DO TRABALHO – FCC – 2015)** As organizações intergovernamentais:

A) serão dotadas de personalidade jurídica internacional, desde que isso esteja expressamente previsto em seu tratado constitutivo.

B) podem celebrar tratados internacionais entre si e com Estados, embora a esses acordos não se apliquem as disposições da Convenção de Viena sobre Direitos dos Tratados de 1969, sendo tais tratados ainda objeto de regulação por normas costumeiras.

C) gozam das mesmas imunidades de jurisdição, perante o judiciário brasileiro, que os Estados estrangeiros, fundadas no princípio *par in parem non habet judicium*.

D) dotadas de personalidade jurídica internacional podem demandar Estados perante órgãos jurisdicionais internacionais, inclusive a Corte Internacional de Justiça.

E) não podem ser membro de outra organização intergovernamental.

Gabarito: B.

9. **(CÂMARA DOS DEPUTADOS – ANALISTA LEGISLATIVO – CONSULTOR LEGISLATIVO – CESPE / CEBRASPE – 2014)** No que se refere às origens das organizações internacionais, julgue o item que se segue.

A ONU, instituída pela Carta de São Francisco, em 1945, ao final da Segunda Guerra Mundial, resultou do primeiro projeto de criação de uma organização internacional.

C) Certo

E) Errado

Gabarito: Errado.

10. **(INSTITUTO RIO BRANCO – DIPLOMATA – IADES – 2017)** Com relação aos sujeitos de direito internacional público, julgue (C ou E) o item seguinte.

A escolha do secretário-geral das Nações Unidas, nos termos da Carta das Nações Unidas, dá-se por indicação da Assembleia-Geral e recomendação do Conselho de Segurança.

C) Certo

E) Errado

Gabarito: Certo.

11. **(INSTITUTO RIO BRANCO – DIPLOMATA – IADES – 2015)** A par de constantes mudanças verificadas na sociedade internacional, com o surgimento de novos atores e de renovadas demandas, também o direito das gentes se atualiza em terminologias e em conceitos, de modo a abranger novas fronteiras, como o comércio, o meio ambiente e os direitos humanos. No que concerne a esse fenômeno, julgue (C ou E) o item a seguir.

Por terem reconhecida sua personalidade jurídica, e, por isso, serem consideradas sujeitos de direito internacional, as organizações internacionais podem atuar como autoras ou rés perante a Corte Internacional de Justiça.

C) Certo

E) Errado

Gabarito: Errado.

CAPÍTULO 7
CONDIÇÃO JURÍDICA DO ESTRANGEIRO

Compete ao Estado soberano escolher quem são os **nacionais**[1]. A **nacionalidade** é, assim, em geral, matéria de **Direito Constitucional**, pois é a **Constituição** que o faz.

Os **estrangeiros**, por suas vezes, são indivíduos que estão no território, a título provisório ou definitivo, não integrando o conjunto de nacionais desse Estado, e "poderão ter a nacionalidade de outro Estado ou não ter nenhuma nacionalidade, encontrando-se em situação de apatridia"[2].

Nos termos do art. 15, § 1º, da Declaração Universal de Direitos Humanos (1948), **"todo ser humano tem direito a uma nacionalidade"**. Além disso "Ninguém será arbitrariamente privado de sua nacionalidade, nem do direito de mudar de nacionalidade" (art. 15, § 2º).

Na prática, porém, o problema é, ainda, uma realidade no mundo.

Atenção:

A SITUAÇÃO ATUAL DOS APÁTRIDAS PELO MUNDO – "Em todo o mundo, existem cerca de 4,2 milhões de pessoas sem nacionalidade ou passaporte vivendo em 76 países; Agência da ONU para Refugiados ressalta que situação os priva de acessar direitos fundamentais; conheça a história de Maha que nasceu na Síria e passou três décadas em busca de uma pátria até ser aceita pelo Brasil"[3].

Importante para Concursos:

A CESPE / CEBRASPE considerou **correta** assertiva, na prova de Procurador do Banco Central (2013): "A Declaração Universal dos Direitos do Homem consagra o direito à nacionalidade".

A **condição jurídica do estrangeiro** é regulada pela **Lei de Migração** (Lei nº 13.445/2017). Esta lei, que **revogou o Estatuto do Estrangeiro**, é um novo paradigma, vez que confere "um rol mais amplo de direitos a referidos indivíduos, em consonância com a Constituição Federal

1 MAZZUOLI, Valerio de Oliveira. *Curso de Direito Internacional*. 14ª ed., Rio de Janeiro: Forense, 2021, p. 650. No mesmo sentido: ACCIOLY, Hildebrando; CASELLA, Paulo Borba; SILVA, G.E. do Nascimento e. *Manual de Direito Internacional Público*, 22ª ed. – São Paulo: Saraiva, 2016, p. 528.

2 MAZZUOLI, Valerio de Oliveira. *Curso de Direito Internacional*. 14ª ed., Rio de Janeiro: Forense, 2021, p. 650.

3 Disponível em: <https://news.un.org/pt/story/2020/11/1732532>. Acesso em 12-12-2021.

e com os tratados internacionais dos quais o Brasil é parte"[4]. Em outros termos, "é a nova Lei de Migração, portanto, uma **lei de direitos humanos**"[5].

Importante para Concursos:

princípio da primazia da norma mais favorável – O art. 111 da Lei de Migração adota o **princípio da primazia da norma mais favorável**[6] ao estabelecer o seguinte: "Art. 111. Esta Lei não prejudica direitos e obrigações estabelecidos por tratados vigentes no Brasil e que sejam mais benéficos ao migrante e ao visitante, em particular os tratados firmados no âmbito do Mercosul".

7.1. Imigrante, emigrante, residente fronteiriço, visitante e apátrida

Como já mencionado, a **Lei de Migração** rompeu o antigo regime do Estatuto do Estrangeiro. Assim, no intuito de inaugurar novo paradigma, estabeleceu, também uma nova terminologia.

Dispõe a **Lei de Migração**:

> *Art. 1º Esta Lei dispõe sobre os direitos e os deveres do migrante e do visitante, regula a sua entrada e estada no País e estabelece princípios e diretrizes para as políticas públicas para o emigrante.*
>
> *§ 1º Para os fins desta Lei, considera-se:*
>
> *I – (VETADO);*
>
> *II – **imigrante**: pessoa nacional de outro país ou apátrida que trabalha ou reside e se estabelece temporária ou definitivamente no Brasil;*
>
> *III – **emigrante**: brasileiro que se estabelece temporária ou definitivamente no exterior;*
>
> *IV – **residente fronteiriço**: pessoa nacional de país limítrofe ou apátrida que conserva a sua residência habitual em município fronteiriço de país vizinho;*
>
> *V – **visitante**: pessoa nacional de outro país ou apátrida que vem ao Brasil para estadas de curta duração, sem pretensão de se estabelecer temporária ou definitivamente no território nacional;*
>
> *VI – **apátrida:** pessoa que não seja considerada como nacional por nenhum Estado, segundo a sua legislação, nos termos da Convenção sobre o Estatuto dos Apátridas, de 1954, promulgada pelo Decreto nº 4.246, de 22 de maio de 2002, ou assim reconhecida pelo Estado brasileiro.*

Quadro para memorizar:

4 PORTELA, Paulo Henrique Gonçalves. *Direito Internacional Público e Privado*: Incluindo Noções de Direitos Humanos e Direito Comparado – 11ª ed., rev., atual. e ampl. – Salvador: JusPODIVM, p. 344. Com efeito, vale a pena a leitura do art. 3º da Lei de Migração em que são mencionados diversos direitos e garantias.

5 PORTELA, Paulo Henrique Gonçalves. *Direito Internacional Público e Privado*: Incluindo Noções de Direitos Humanos e Direito Comparado – 11ª ed., rev., atual. e ampl. – Salvador: JusPODIVM, p. 345.

6 PORTELA, Paulo Henrique Gonçalves. *Direito Internacional Público e Privado*: Incluindo Noções de Direitos Humanos e Direito Comparado – 11ª ed., rev., atual. e ampl. – Salvador: JusPODIVM, p. 345.

Termo	Conceito legal	Explicação
imigrante	*Pessoa nacional de outro país ou apátrida que trabalha ou reside e se estabelece temporária ou definitivamente no Brasil.*	Imigrar significa **entrar no país.** Imigrante é aquele que está entrando no país.
emigrante	*Brasileiro que se estabelece temporária ou definitivamente no exterior.*	Emigrar é sair do país. A lei é brasileira, portanto, trata do brasileiro que está saindo do país.
residente fronteiriço	*Pessoa nacional de país limítrofe ou apátrida que conserva a sua residência habitual em município fronteiriço de país vizinho.*	Em um país de dimensões continentais como o Brasil, é importante um tratamento diferenciado. Exemplo: boliviano que reside na cidade de Corumbá, no Estado do Mato Grosso do Sul.
visitante	*Pessoa nacional de outro país ou apátrida que vem ao Brasil para estadas de curta duração, sem pretensão de se estabelecer temporária ou definitivamente no território nacional.*	A intenção de apenas passear caracteriza o visitante. Ex.: bolivianos que vêm pescado no pantanal mato-grossense e voltam para seu país no mesmo dia.
apátrida	*Pessoa que não seja considerada como nacional por nenhum Estado, segundo a sua legislação, nos termos da Convenção sobre o Estatuto dos Apátridas, de 1954, promulgada pelo Decreto nº 4.246, de 22 de maio de 2002, ou assim reconhecida pelo Estado brasileiro.*	O apátrida merece especial proteção, nos termos da Declaração Universal de 1948 (ONU). Além disso, o Brasil é signatário e ratificou a Convenção sobre o Estatuto dos Apátridas.

Contudo, por questões didáticas (estrangeiro é gênero dos termos acima mencionados), continuaremos utilizando, em alguns casos, o termo "estrangeiro" no intuito de tornar o conteúdo mais simples e claro.

7.2. Títulos de ingressos dos estrangeiros

7.2.1. Passaporte

O **passaporte** é o principal instrumento utilizado para o controle de ingresso de estrangeiros; "nele é colocado o **visto de entrada**"[7].

Pode haver a dispensa de visto em regiões em que há **livre circulação de pessoas**.

A Lei de Migração lista os documentos aceitos como documentos de viagens:

> *Art. 5º São documentos de viagem:*
>
> *I – passaporte;*
>
> *II - laissez-passer ;*
>
> *III – autorização de retorno;*
>
> *IV – salvo-conduto;*
>
> *V – carteira de identidade de marítimo;*
>
> *VI – carteira de matrícula consular;*
>
> *VII – documento de identidade civil ou documento estrangeiro equivalente, quando admitidos em tratado;*
>
> *VIII – certificado de membro de tripulação de transporte aéreo; e*
>
> *IX – outros que vierem a ser reconhecidos pelo Estado brasileiro em regulamento.*

7 ACCIOLY, Hildebrando; CASELLA, Paulo Borba; SILVA, G.E. do Nascimento e. *Manual de Direito Internacional Público*, 22ª ed. – São Paulo: Saraiva, 2016, p. 529.

Passaporte é o documento de identificação, de **propriedade da União**[8], exigível de todos os que pretendam realizar viagem internacional, salvo nos casos previstos em tratados, acordos e outros atos internacionais. É documento **pessoal e intransferível**.

Os passaportes brasileiros classificam-se nas categorias:

I - diplomático;
II - oficial;
III - comum;
IV - para estrangeiro;
V - de emergência.

Os passaportes diplomático e oficial serão emitidos pelo Ministério das Relações Exteriores.

Já os passaportes comum, para estrangeiro e de emergência serão expedidos, no território nacional, pelo Departamento de Polícia Federal e, no exterior, pelas missões diplomáticas ou repartições consulares.

O ***laissez-passer***[9] é um documento de viagem emitido pela Embaixada para cidadãos de territórios não reconhecidos formalmente como países pelo Governo brasileiro[10]. Ou seja, é emitido para proteção do estrangeiro em circunstâncias excepcionais, como, por exemplo, "diante da necessidade de indivíduos que pedem asilo político e que não dispõem de passaporte"[11].

O art. 14 do Decreto nº 1983/1996 conceitua *laissez-passer* como "o documento de viagem, de propriedade da União, concedido, no território nacional, pelo Departamento de Polícia Federal e, no exterior, pelo Ministério das Relações Exteriores, ao estrangeiro portador de documento de viagem não reconhecido pelo governo brasileiro ou que não seja válido para o Brasil".

Autorização de retorno é o documento de viagem concedido pelas Repartições Consulares a nacionais brasileiros (e estrangeiros residentes no Brasil) que, estando no exterior e necessitando regressar ao território nacional, não preencham os requisitos para a obtenção de passaporte[12].

A Autorização de Retorno ao Brasil será também expedida aos "brasileiros que estejam sendo deportados, extraditados ou repatriados, em substituição aos passaportes de que sejam titulares, cujo recolhimento será feito pela Autoridade Consular"[13].

8 A pessoa está apenas na posse do Passaporte. A sua propriedade é da União (Lei de Migração).
9 Do francês: deixai passar.
10 Fonte: <http://jacarta.itamaraty.gov.br/pt-br/laissez-passer.xml>.
11 PORTELA, Paulo Henrique Gonçalves. *Direito Internacional Público e Privado*: Incluindo Noções de Direitos Humanos e Direito Comparado – 11ª ed., rev., atual. e ampl. – Salvador: JusPODIVM, 2020, p. 348.
12 Fonte: <http://antigoportalconsular.itamaraty.gov.br/autorizacao-de-retorno-ao-brasil>.
13 Fonte: <http://antigoportalconsular.itamaraty.gov.br/autorizacao-de-retorno-ao-brasil>.

Salvo-conduto, por sua vez, é o documento de viagem, de propriedade da União, expedido pelo Ministério da Justiça, destinado a permitir a saída do território nacional de "todo aquele que obtenha **asilo diplomático** concedido por governo estrangeiro"[14].

O art. 5, VII, da Lei de Migração, determina que é documento de viagem o ***documento de identidade civil ou documento estrangeiro equivalente, quando admitidos em tratado.*** O melhor exemplo é o MERCOSUL, que admite a mera apresentação do RG para ingressar em outros países-membros da organização.

7.2.2. Vistos

Nos termos da **Lei de Migração, visto** é o documento que dá a seu titular **expectativa de ingresso** em território nacional (art. 6º).

Importante para Concursos:

caiu na prova de **DELEGADO FEDERAL** em 2018: a CESPE / CEBRASPE considerou correta a seguinte assertiva: "O visto concedido por autoridade diplomática constitui mera expectativa de direito do estrangeiro, que pode, ainda assim, ser inadmitido no país. Por outro lado, se admitido o estrangeiro em seu território, o país passa a ter deveres em relação a ele, em maior ou menor grau, conforme a natureza do ingresso". Em outras palavras: não há "direito de ingressar no país" por parte do estrangeiro; por outro lado, uma vez admitido em seu território, em razão do atual estágio dos direitos humanos, o Estado passa ter deveres em relação a este estrangeiro.

Cabe ao Estado soberano definir as próprias regras a respeito do visto para entrada do estrangeiro.

O art. 12 do Lei de Migração prevê os **tipos de visto**:

I - de visita;
II - temporário;
III - diplomático;
IV - oficial;
V - de cortesia.

Ao esquematizar os tipos de visto, temos o seguinte quadro:

Tipo de visto	Conceito legal
Visto de visita	Art. 13. O visto de visita poderá ser concedido ao visitante que venha ao Brasil para estada de curta duração, sem intenção de estabelecer residência, nos seguintes casos: I - turismo; II - negócios; III - trânsito; IV - atividades artísticas ou desportivas; e V - outras hipóteses definidas em regulamento. § 1º É vedado ao beneficiário de visto de visita exercer atividade remunerada no Brasil.

14 Art. 16 do Decreto Nº 1.983, de 14 de agosto de 1996.

Tipo de visto	Conceito legal
Visto temporário	Art. 14. O visto temporário poderá ser concedido ao imigrante que venha ao Brasil com o intuito de estabelecer residência por tempo determinado e que se enquadre em pelo menos uma das seguintes hipóteses: I - o visto temporário tenha como finalidade: a) pesquisa, ensino ou extensão acadêmica; b) tratamento de saúde; **c) acolhida humanitária;** d) estudo; e) trabalho; f) férias-trabalho; g) prática de atividade religiosa ou serviço voluntário; h) realização de investimento ou de atividade com relevância econômica, social, científica, tecnológica ou cultural; i) reunião familiar; j) atividades artísticas ou desportivas com contrato por prazo determinado. II - o imigrante seja beneficiário de tratado em matéria de vistos; III - outras hipóteses definidas em regulamento.
Visto diplomático e visto oficial	Art. 16. Os vistos diplomático e oficial poderão ser concedidos a autoridades e funcionários estrangeiros que viajem ao Brasil em missão oficial de caráter transitório ou permanente, representando Estado estrangeiro ou organismo internacional reconhecido.
Visto de cortesia	"concedido a personalidades e autoridades estrangeiras em viagem não oficial ao Brasil; companheiros (as), independentemente de sexo, dependentes e outros familiares que não se beneficiem de Visto Diplomático ou Oficial por reunião familiar; trabalhadores domésticos de Missão estrangeira sediada no Brasil ou do Ministério das Relações Exteriores; artistas e desportistas estrangeiros que viajem ao Brasil para evento de caráter gratuito e eminentemente cultural"[15].

Merece destaque o **visto de acolhida humanitária**. Trata-se de visto temporário previsto no art. 14, I, c, da Lei de Migração.

Nesse sentido, caiu na Prova de Defensor Público do Maranhão (FCC – 2018): "o terremoto que devastou a cidade de Porto Príncipe, em 2010, produziu um importante fluxo de imigração de haitianos para o Brasil, cujo ingresso e permanência, em nosso país, têm sido regularizados, via de regra, por meio do **visto humanitário**". **Isso porque o § 3º do art. 14 da Lei de Migração prevê, expressamente, o visto temporário humanitário no caso de desastre natural.**

Importante para Concursos:

A proposta desta obra é simplificar, para fins de concurso público, o estudo do **Direito Internacional Público**. No caso da matéria em análise, há diversos conceitos que estão previstos na Lei de Migração. Assim, recomenda-se a leitura da **lei seca**, pois grande parte das questões são de lá extraídas. Após, é recomendável a **resolução de questões** para fixar a matéria.

15 Disponível em: <https://www.gov.br/mre/pt-br/assuntos/portal-consular/vistos/informacoes-sobre-vistos-para-estrangeiros-viajarem-ao-brasil>.

7.3. Exclusão do estrangeiro (repatriação, deportação e expulsão)

Segundo MAZZUOLI[16], **três** são os institutos que permitem a **retirada forçada** do estrangeiro do território nacional por iniciativa estatal[17]:

a) repatriação;

b) deportação;

c) e a expulsão.

7.3.1. Repatriação

Trata-se a **repatriação** de medida administrativa de devolução ao país de origem ou de nacionalidade da pessoa em situação de **impedimento de ingresso**[18] no território nacional (art. 49 da Lei de Migração), no momento da entrada em território brasileiro.

O art. 45 da Lei de Migração elenca hipóteses de **impedimento**:

> *Art. 45. Poderá ser impedida de ingressar no País, após entrevista individual e mediante ato fundamentado, a pessoa:*
>
> *I – anteriormente expulsa do País, enquanto os efeitos da expulsão vigorarem;*
>
> *II – condenada ou respondendo a processo por ato de terrorismo ou por crime de genocídio, crime contra a humanidade, crime de guerra ou crime de agressão, nos termos definidos pelo Estatuto de Roma do Tribunal Penal Internacional, de 1998, promulgado pelo* Decreto nº 4.388, de 25 de setembro de 2002 ;
>
> *III – condenada ou respondendo a processo em outro país por crime doloso passível de extradição segundo a lei brasileira;*
>
> *IV – que tenha o nome incluído em lista de restrições por ordem judicial ou por compromisso assumido pelo Brasil perante organismo internacional;*
>
> *V – que apresente documento de viagem que:*
>
> *a) não seja válido para o Brasil;*
>
> *b) esteja com o prazo de validade vencido; ou*
>
> *c) esteja com rasura ou indício de falsificação;*
>
> *VI – que não apresente documento de viagem ou documento de identidade, quando admitido;*
>
> *VII – cuja razão da viagem não seja condizente com o visto ou com o motivo alegado para a isenção de visto;*
>
> *VIII – que tenha, comprovadamente, fraudado documentação ou prestado informação falsa por ocasião da solicitação de visto; ou*
>
> *IX – que tenha praticado ato contrário aos princípios e objetivos dispostos na Constituição Federal.*

---

16 MAZZUOLI, Valerio de Oliveira. *Curso de Direito Internacional.* 14ª ed., Rio de Janeiro: Forense, 2021, p. 660.

17 Nesse ponto, difere-se a extradição, pois a iniciativa é do governo estrangeiro. Por tal razão, será estudada em outro momento.

18 MAZZUOLI, Valerio de Oliveira. *Curso de Direito Internacional.* 14ª ed., Rio de Janeiro: Forense, 2021, p. 660.

Atenção:

Ninguém será impedido de ingressar no País por motivo de raça, religião, nacionalidade, pertinência a grupo social ou opinião política.

Além disso, prevê o art. 14, § 4º, que não será aplicada medida de repatriação à pessoa em situação de refúgio ou de apatridia, de fato ou de direito, ao menor de 18 (dezoito) anos desacompanhado ou separado de sua família, exceto nos casos em que se demonstrar favorável para a garantia de seus direitos ou para a reintegração a sua família de origem, ou a quem necessite de acolhimento humanitário, nem, em qualquer caso, medida de devolução para país ou região que possa apresentar risco à vida, à integridade pessoal ou à liberdade da pessoa[19].

Importante para Concursos:

A hipótese que prevê que não haverá devolução para país ou região que possa apresentar risco à vida, à integridade pessoal ou à liberdade da pessoa denomina-se, no Direito Internacional do princípio do ***non-refoulement*** **(vedação do rechaço / não repulsão).**

A Defensoria Pública da União será notificada, preferencialmente por via eletrônica, no caso do art. 14, § 4º, ou quando a repatriação imediata não seja possível.

7.3.2. Deportação

A deportação é medida decorrente de procedimento administrativo que consiste na retirada compulsória de pessoa que se encontre em **situação migratória irregular** em território nacional[20].

Segundo PORTELA, "a deportação diferencia-se do impedimento e da repatriação pelo fato de o deportado ter anteriormente cruzado o ponto de controle fronteiriço ou de o deportado ter, de alguma forma, entrado no território nacional sem passar pelo controle migratório"[21].

Diante do atual estágio dos **direitos fundamentais**, "os procedimentos conducentes à deportação devem respeitar o **contraditório** e a **ampla defesa** e a garantia de recurso com efeito suspensivo" (art. 51 da Lei de Migração).

A **Defensoria Pública da União** deverá ser notificada, preferencialmente por meio eletrônico, para prestação de assistência ao deportando em todos os procedimentos administrativos de deportação.

19 Art. 49, § 4º, da Lei de Migração.
20 Art. 50 da Lei de Migração.
21 P. 368.

Não se procederá à deportação se a medida configurar extradição não admitida pela legislação brasileira (art. 53 da Lei de Migração), a exemplo de "envio de estrangeiro a Estado onde possa responder crime que não exista no Brasil, cumprir pena não admitida pelo ordenamento jurídico brasileiro ou responder por crime político ou de opinião"[22].

Aplica-se o **princípio do *non refoulement* à deportação.** Nesse sentido, estabelece o art. 180 do Decreto nº 9.199/2017: "Não se procederá à repatriação, à deportação ou à expulsão de nenhum indivíduo quando subsistirem razões para acreditar que a medida poderá colocar em risco sua vida, sua integridade pessoal ou sua liberdade seja ameaçada por motivo de etnia, religião, nacionalidade, pertinência a grupo social ou opinião política".

Compete ao **Departamento de Polícia Federal**, órgão do Ministério da Justiça e da Segurança Pública, assuntos relacionados à deportação.

Assim, "o procedimento que poderá levar à deportação será instaurado pela **Polícia Federal**" (art. 188 do Decreto nº 9.199/2017).

Importante para Concursos:

Não se procederá à deportação se a medida configurar extradição não admitida pela legislação brasileira. É o que dispõe o art. 53 da Lei de Migração. Assim, por exemplo, no caso de prática de crime político (hipótese de vedação de exportação, como veremos à frente), também não se admitirá deportação. A lógica é o "envio de qualquer maneira", ou seja, o Estado impedido de se utilizar da exportação, utilizar-se do amplo espectro discricionário da deportação. A Lei de Migração veda.

7.3.3. Expulsão

A expulsão consiste em medida administrativa de retirada compulsória de migrante ou visitante do território nacional, conjugada com o impedimento de reingresso por prazo determinado (art. 54 da Lei de Migração).

Poderá dar causa à expulsão a condenação com sentença transitada em julgado relativa à prática de:

> *a) crime de genocídio, crime contra a humanidade, crime de guerra ou crime de agressão, nos termos definidos pelo Estatuto de Roma do Tribunal Penal Internacional, de 1998, promulgado* pelo Decreto nº 4.388, de 25 de setembro de 2002 *; ou*
>
> *b) crime comum doloso passível de pena privativa de liberdade, consideradas a gravidade e as possibilidades de ressocialização em território nacional.*

Da mesma forma que a deportação, não se procederá à expulsão se a medida configurar extradição não admitida pela legislação brasileira.

22 MAZZUOLI, Valerio de Oliveira. *Curso de Direito Internacional.* 14ª ed., Rio de Janeiro: Forense, 2021., p. 370.

Outrossim, não se procederá à expulsão quando o expulsando[23]:

a) tiver filho brasileiro que esteja sob sua guarda ou dependência econômica ou socioafetiva ou tiver pessoa brasileira sob sua tutela;

b) tiver cônjuge ou companheiro residente no Brasil, sem discriminação alguma, reconhecido judicial ou legalmente;

c) tiver ingressado no Brasil até os 12 (doze) anos de idade, residindo desde então no País;

d) for pessoa com mais de 70 (setenta) anos que resida no País há mais de 10 (dez) anos, considerados a gravidade e o fundamento da expulsão.

Nos termos do art. 61, "não se procederá à repatriação, à deportação ou à expulsão coletivas". Entende-se por repatriação, deportação ou expulsão coletiva aquela que não individualiza a situação migratória irregular de cada pessoa.

Atenção:

Não é possível a expulsão de nacionais (art. 5º XLVII, c, da CF). Assim, **não se admite a pena de banimento**.

7.4. Extradição

A **extradição** é a medida de **cooperação internacional em matéria penal**[24] entre o Estado brasileiro e outro Estado pela qual se concede ou solicita a entrega de pessoa sobre quem recaia condenação criminal definitiva – para cumprimento da pena – ou para fins de instrução de processo penal em curso[25].

Em razão da soberania, os juízes exercem a jurisdição nos limites do território[26]. Esta é a regra. Por conseguinte, se João comete um crime no Brasil e foge para os Estados Unidos, o juiz brasileiro poderá pedir extradição, cumpridos os requisitos legais, para que João seja julgado no Brasil ou aqui cumpra a pena.

Extradição e justiça universal: Segundo Paulo Henrique Gonçalves PORTELA, "a extradição é ato que visa realizar o **princípio da justiça universal**, por meio do qual aqueles que cometem atos ilícitos podem ser alcançados pela pretensão punitiva de um Estado, ainda que estejam dentro das fronteiras de outro ente estatal"[27].

23 Art. 55 da Lei de Migração.

24 Assim, está inserido no Capítulo Condição Jurídica do Estrangeiro em razão de tradição nos Manuais de Direito Internacional, facilitando, portanto, a busca do estudante.

25 Art. 81 da Lei de Migração.

26 O art. 5º do Código Penal versa sobre a **territorialidade** para aplicação da lei penal e o art. 1º do Código de Processo Penal, no mesmo sentido, prevê que "O processo penal reger-se-á, em todo o **território brasileiro**, por este Código, ressalvados (...) os tratados, as convenções e regras de direito internacional". A regra, portanto, é a aplicação do **princípio da territorialidade.**

27 PORTELA, Paulo Henrique Gonçalves. *Direito Internacional Público e Privado*: Incluindo Noções de Direitos Humanos e Direito Comparado – 11ª ed., rev., atual. e ampl. – Salvador: JusPODIVM, p. 381.

7.4.1. Extradição passiva e ativa

A **extradição** é **ativa** para o Estado que a requer. No exemplo acima, a República Federativa do Brasil, solicita a extradição aos Estados Unidos da América para que João seja julgado ou cumpra a pena no Brasil. Neste mesmo exemplo, a extradição é passiva para o país que recebe a solicitação, no caso, os Estados Unidos.

Atenção:

Como dito, a extradição é medida de **cooperação internacional penal.** Portanto, **não é possível a extradição em razão de prisão civil**, a exemplo do devedor de alimentos.

7.4.2. Órgãos competentes no pedido extradicional

A extradição será requerida por via diplomática ou pelas autoridades centrais designadas para esse fim[28].

Já a **autoridade central**, no Brasil, é, para fins de extradição, a **Autoridade Central Administrativa Federal (ACAF)**, cujas atribuições são exercidas no âmbito do **Departamento de Recuperação de Ativos e Cooperação Jurídica Internacional da Secretaria Nacional de Justiça** do Ministério da Justiça e Segurança Pública[29].

Atenção:

Compete ao **Supremo Tribunal Federal (STF)**, nos termos do art. 102, I, g, da Constituição da República, **processar e julgar, originariamente, a extradição solicitada por Estado estrangeiro**. Porém, a concessão da extradição, em si, é **competência do Presidente da República, após prévia decisão do STF**. A decisão do Presidente é discricionária[30].

Por outro lado, se o STF decidir pela negativa da extradição, o Presidente não poderá deferi-la. O quadro esquemático abaixo ilustra bem:

STF decide pela não extradição	O Presidente da República fica impedido de conceder a extradição.
STF decide pela extradição.	O Presidente da República possui discricionariedade para conceder a extradição (ou não).

7.4.3. Hipóteses de vedação de extradição

O art. 82 da Lei de Migração prevê as hipóteses em que é vedada a extradição. Vejamos cada uma delas.

Não se concederá a extradição quando o indivíduo cuja extradição é solicitada ao Brasil for **brasileiro nato.**

Assim, se, por exemplo, João, brasileiro nato, cometeu crime nos Estados Unidos e este país solicitar a extradição, a extradição não será concedida por se tratar de brasileiro nato.

28 Art. 81, § 1º, da Lei de Migração.
29 Disponível em: <https://www.novo.justica.gov.br/sua-protecao-2/cooperacao-internacional/acaf>. Acesso em 23-12-2021.
30 O caso paradigma envolveu a extradição do italiano Cesare Battisti (Ext 1085/República Italiana) Informativo nº 568 do STF.

Quanto ao naturalizado, é possível a extradição em duas hipóteses: a) crime comum cometido antes da naturalização; b) comprovado envolvimento em tráfico ilícito de entorpecentes e drogas afins, na forma da lei[31].

Em outros termos, é possível a extradição do brasileiro naturalizado[32], nas hipóteses elencadas na Constituição (art. 5º, LI).

Atenção:

Por outro lado, caso o Tribunal Penal Internacional (TPI) peça a **entrega** (*surrender*) de brasileiro nato, a doutrina de **Direito Internacional** entende que será juridicamente possível, em razão de **não se tratar** extradição – e sim entrega (outro instituto), bem como em virtude da previsão expressa em tratado, no caso, o Estatuto de Roma, que criou o TPI[33].

Não será concedida a extradição se o fato que motivar o pedido não for considerado crime no Brasil ou no Estado requerente

Trata-se do **princípio da dupla identidade** (ou dupla incriminação, dupla tipicidade), segundo o qual o "ato delituoso em que se baseia o pedido extraditório deve ser considerado ilícito no Estado solicitante e no Estado solicitado"[34].

Da mesma forma, **não se concederá extradição** se o Brasil for competente, segundo suas leis, para julgar o crime imputado ao extraditando. Neste caso, se o Código Penal, bem como o Código de Processo Penal, prever que deve o agente do crime ser punido pela lei brasileira, não se concederá extradição.

Também **não se concederá extradição** quando a lei brasileira impuser ao crime pena de prisão inferior a 2 (dois) anos.

Não se concederá extradição se o extraditando estiver respondendo a processo ou já houver sido condenado ou absolvido no Brasil pelo mesmo fato em que se fundar o pedido.

Também **não se concederá extradição** quando a **punibilidade estiver extinta pela prescrição**, segundo a lei brasileira ou a do Estado requerente. A prescrição, no Direito Penal, extingue a **punibilidade**. Portanto, trata-se do princípio da **dupla punibilidade**.

Segundo ACCIOLY, CASELLA e SILVA[35], uma das hipóteses mais controvertidas é a **não extradição** em razão de **crime político ou de opinião**.

---

31 Art. 5º, LI, da Constituição da República.

32 Para manter o compromisso de uma obra focada no Direito Internacional Público, o autor remete o leitor, quando ao estudo na nacionalidade, para a obra de Direito Constitucional, no capítulo que verse sobre nacionalidade, sob pena de duplicidade de autores versando sobre o mesmo tema (e com abordagens distintas).

33 O Decreto nº 4.388/2002 promulgou o Estatuto de Roma do Tribunal Penal Internacional.

34 PORTELA, Paulo Henrique Gonçalves. *Direito Internacional Público e Privado*: Incluindo Noções de Direitos Humanos e Direito Comparado – 11ª ed., rev., atual. e ampl. – Salvador: JusPODIVM, p. 390.

35 ACCIOLY, Hildebrando; CASELLA, Paulo Borba; SILVA, G.E. do Nascimento e. *Manual de Direito Internacional Público*, 22ª ed. – São Paulo: Saraiva, 2016., p. 537.

Importante para Concursos:

Para a prova objetiva, basta assinalar que é correta vedação neste caso (crime político ou de opinião). Porém, para prova subjetiva, o candidato poderá mencionar, na linha de ACCIOLY e CASELLA, o **Caso Haya de La Torre**, oportunidade em que a **Corte Internacional de Justiça** salientou o fato de os crimes políticos terem consequências mais graves[36].

Entretanto, não impedirá a extradição quando o fato constituir, principalmente, infração à lei penal comum ou quando o crime comum, conexo ao delito político, constituir o fato principal. Além disso, caberá à autoridade judiciária competente a apreciação do caráter da infração. Em arremate, o Supremo Tribunal Federal poderá deixar de considerar crime político o atentado contra chefe de Estado ou quaisquer autoridades, bem como crime contra a humanidade, crime de guerra, crime de genocídio e terrorismo.

Não se concederá extradição se o extraditando tiver de responder, no Estado requerente, perante tribunal ou juízo de exceção.

Da mesma forma, **não se concederá extradição** quando o extraditando for beneficiário de refúgio, nos termos da Lei nº 9.474, de 22 de julho de 1997, ou de asilo territorial, conforme veremos ao estudar o instituto jurídico do refúgio.

Importante para Concursos:

Como vimos ao estudar deportação, **não se procederá à deportação se a medida configurar extradição não admitida pela legislação brasileira** (art. 53 da Lei de Migração). Assim, por exemplo, no caso prática de crime político (hipótese de vedação de exportação), **também não se admitirá deportação**.

7.4.4. Requisitos para a extradição

Nos termos da Lei de Migração, são condições para concessão da extradição:

a) ter sido o crime cometido no território do Estado requerente ou serem aplicáveis ao extraditando as leis penais desse Estado; e

b) estar o extraditando respondendo a processo investigatório ou a processo penal (**extradição instrutória**) ou ter sido condenado pelas autoridades judiciárias do Estado requerente a pena privativa de liberdade.

Além disso, como **requisito preliminar** à análise do pedido extradicional, a concessão da extradição depende de **tratado entre o Estado solicitante (polo ativo) e o solicitado (polo passivo)**. Contudo, caso não haja tratado de extradição, é possível que ocorra a **promessa de**

36 ACCIOLY, Hildebrando; CASELLA, Paulo Borba; SILVA, G.E. do Nascimento e. *Manual de Direito Internacional Público*, 22ª ed. – São Paulo: Saraiva, 2016, p. 537.

reciprocidade, ou seja, "o Estado solicitante pede a extradição a outro, comprometendo-se a examinar eventual pedido de extradição futuro que lhe for apresentado por este"[37].

Segundo MAZZUOLI, a promessa de reciprocidade nada mais é do que um "acordo diplomático (normalmente materializado em uma Nota Diplomática) estipulado entre dois ou mais Estados para entrega de determinado indiciado, sem as formalidades de um tratado"[38].

> Na ausência de tratado ou de promessa de reciprocidade, o pedido de extradição será sumariamente **indeferido**[39].

7.4.5. A defesa no processo de extradição (princípio da contenciosidade limitada)

A defesa, a ser apresentada no prazo de 10 (dez) dias contado da data do interrogatório, versará sobre a identidade da pessoa reclamada, defeito de forma de documento apresentado ou ilegalidade da extradição (art. 91 da Lei de Migração).

Veja que a defesa é **limitada**. Isso porque o Brasil adotou o **princípio da contenciosidade limitada**. Por conseguinte, **não se analisa o mérito** da imputação penal, como o conjunto probatório ou se houve, de fato, violação à lei penal do país solicitante. Isso seria violação à soberania. Segundo o STF, "somente é analisada a legalidade externa do pedido"[40].

> **Atenção:**
>
> O princípio da contenciosidade limitada também é chamado de **método delibatório**.

7.4.6. Condições para entrega do extraditando

Para que seja efetivada a entrega do extraditando, a Lei de Migração (art. 96) exige que Estado requerente **assuma o compromisso** de:

a) **não submeter o extraditando a prisão ou processo por fato anterior ao pedido de extradição;**
   Trata-se de consectário do **princípio da especialidade** "pelo qual não será concedido senão para que o extraditando seja processado e/ou julgado pelos fatos constantes do pleito extraditório"[41]. O que se quer com esta previsão legal é evitar que o extraditando seja "surpreendido" com acusações que não estavam elencadas no pedido de extradição.
b) **computar o tempo da prisão que, no Brasil, foi imposta por força da extradição;**

---

37 PORTELA, Paulo Henrique Gonçalves. *Direito Internacional Público e Privado*: Incluindo Noções de Direitos Humanos e Direito Comparado – 11ª ed., rev., atual. e ampl. – Salvador: JusPODIVM, p. 386.

38 MAZZUOLI, Valerio de Oliveira. *Curso de Direito Internacional*. 14ª ed., Rio de Janeiro: Forense, 2021, p. 675.

39 PORTELA, Paulo Henrique Gonçalves. *Direito Internacional Público e Privado*: Incluindo Noções de Direitos Humanos e Direito Comparado – 11ª ed., rev., atual. e ampl. – Salvador: JusPODIVM, p. 387.

40 Ext; 1396/DF, Min. Roberto Barroso.

41 PORTELA, Paulo Henrique Gonçalves. *Direito Internacional Público e Privado*: Incluindo Noções de Direitos Humanos e Direito Comparado – 11ª ed., rev., atual. e ampl. – Salvador: JusPODIVM, p. 394.

A **detração** é instituto de Direito Penal e consiste em uma garantia fundamental da pessoa que teve a **privação da liberdade**, a qual deve ser respeitada pelo país solicitante, como condição, para a entrega do extraditando.

c) **comutar a pena corporal, perpétua ou de morte em pena privativa de liberdade, respeitado o limite máximo de cumprimento de 30 (trinta) anos;**

Aqui temos uma importante **novidade**, com **alta probabilidade** de ser cobrada nos concursos públicos.

A Lei nº 13.964/2019 (Pacote Anticrime) modificou o art. 75 do CP, ampliando para 40 anos o tempo máximo de cumprimento de pena. Esse novo limite temporal de 40 anos, contudo, aplica-se somente para os crimes imputados ao extraditando praticados **após a entrada em vigor da Lei nº 13.964/2019[42].**

> *"Na época em que foi editada a Lei de Migração (2017), o tempo máximo de cumprimento de pena no Brasil era de 30 anos. Assim, no Brasil ninguém poderia cumprir mais que 30 anos de pena, logo, se o Brasil fosse extraditar alguém também teria que exigir do país requerente o compromisso de respeitar essa garantia. E onde estava previsto esse prazo máximo de 30 anos para cumprimento de pena no Brasil? No art. 75 do Código Penal. O art. 75 do Código de Penal previa que o tempo de cumprimento das penas privativas de liberdade não poderia ser superior a 30 anos. Ocorre que, com o advento da Lei nº 13.964/2019 (Pacote Anticrime), esse prazo foi ampliado para 40 anos"[43].*

Essa mudança no art. 75 do CP, promovida pela Lei nº 13.964/2019, produz reflexos no art. 96, III, da Lei de Migração.

No entanto, **apenas para os crimes praticados após a entrada em vigor da Lei nº 13.964/2019.**

Atenção:

O SUPREMO TRIBUNAL FEDERAL decidiu (informativo 1035): "Os fatos incriminados que sejam investigados, anteriores a 24-12-2019, impõem, para fins de extradição, o compromisso do Estado estrangeiro em estabelecer o cumprimento de pena máxima de 30 anos para o extraditando.[44]"

Por conseguinte, o novo limite temporal de 40 anos, fixado pela Lei nº 13.964/2019 ("Pacote Anticrime"), **aplica-se somente para os crimes imputados ao extraditando praticados após a entrada em vigor desse diploma legal.**

Segundo o Juiz Federal Márcio Cavalcante, do Dizer o Direito:

42 STF. 1ª Turma. Ext 1652/Governo do Chile, Rel. Min. Rosa Weber, julgado em 19-10-2021 (Info 1035)".

43 Disponível em: <https://www.dizerodireito.com.br/2021/12/informativo-comentado-1035-stf-completo.html>. Acesso em 24-12-2021.

44 Disponível em: <https://www.dizerodireito.com.br/2021/12/informativo-comentado-1035-stf-completo.html>. Acesso em 24-12-2021.

> *"Isso porque essa regra é uma norma de conteúdo material, razão pela qual incide o* ***princípio da irretroatividade da lei penal mais gravosa inscrito no art. 5º, XL, da Constituição Federal.*** *O Estado estrangeiro que requer extradição deve assumir o compromisso de observar o tempo máximo de cumprimento de pena previsto no ordenamento jurídico brasileiro, à época dos fatos delituosos atribuídos ao extraditando"*[45].

Em outras palavras: os fatos incriminados que sejam investigados, **anteriores a 24 de dezembro de 2019**, impõem, para fins de extradição, o compromisso do Estado estrangeiro em estabelecer o cumprimento de **pena máxima de 30 (trinta) anos para o extraditando**[46]. Trata-se do princípio da irretroatividade da lei penal mais gravosa.

No caso julgado pelo STF, como os crimes imputados foram praticados **antes da Lei nº 13.964/2019**, o STF exigiu que o país solicitante que respeitasse o **prazo máximo de 30 (trinta) anos**, e não o prazo atual máximo de 40 (quarenta) anos, modificado pelo Pacote Anticrime.

Vejamos, a seguir, outras hipóteses de condição para que o Brasil aceite entregar o extraditando.

d) **não entregar o extraditando, sem consentimento do Brasil, a outro Estado que o reclame;**

e) **não considerar qualquer motivo político para agravar a pena; e**

f) **não submeter o extraditando a tortura ou a outros tratamentos ou penas cruéis, desumanos ou degradantes.**

MAZZUOLI[47] enfatiza, a partir do caso *Lujambio Galdeano*, em que o Conselho de Estado francês decidiu que o **respeito aos direitos e liberdade fundamentais da pessoa humana** no Estado requerente é condição para a extradição.

7.5. O instituto da entrega (*surrender*) do Estatuto de Roma (Tribunal Penal Internacional)

Com as atrocidades ocorridas após a segunda guerra mundial, surgiu a necessidade de edificação do Direito Penal Internacional e dos Direitos Humanos[48]. A sociedade internacional percebeu a necessidade de um **tribunal penal especializado** e **permanente** para julgamento de crimes contra a humanidade.

Nesse contexto, em 1998 foi aprovado o Estatuto de Roma e só entrou em vigência após 60 (sessenta) ratificações. O Brasil **ratificou** o Estatuto de Roma e **aceitou**, portanto, a **jurisdição do Tribunal Penal Internacional**[49].

45 Disponível em: <https://www.dizerodireito.com.br/2021/12/informativo-comentado-1035-stf-completo.html>. Acesso em 24-12-2021.

46 STF. 1ª Turma. Ext 1652/Governo do Chile, Rel. Min. Rosa Weber, julgado em 19-10-2021 (Info 1035).

47 MAZZUOLI, Valerio de Oliveira. *Curso de Direito Internacional*. 14ª ed., Rio de Janeiro: Forense, 2021, p. 673.

48 MENEZES, Wagner. *Tribunais Internacionais*: jurisdição e competência, Editora Saraiva, 2013, p. 217.

49 O Decreto nº 4.388, de 25 de setembro de 2002, promulgou o Estatuto de Roma.

Com efeito, o "Brasil se submete à jurisdição de Tribunal Penal Internacional a cuja criação tenha manifestado adesão", nos termos do § 4º do art. 5º, da Constituição (Incluído pela Emenda Constitucional nº 45, de 2004).

O art. 102 do Estatuto de Roma **distingue** extradição de entrega:

> *Para os fins do presente Estatuto:*
>
> *a) Por "entrega", entende-se a entrega de uma pessoa por um Estado ao Tribunal nos termos do presente Estatuto.*
>
> *b) Por "extradição", entende-se a entrega de uma pessoa por um Estado a outro Estado conforme previsto em um tratado, em uma convenção ou no direito interno.*

Esquematizando:

Entrega	Extradição
entrega de uma pessoa por um Estado ao Tribunal nos termos do presente Estatuto.	*entrega de uma pessoa por um Estado a outro Estado conforme previsto em um tratado, em uma convenção ou no direito interno.*
Aplica-se o tratado que criou o Tribunal Internacional.	Aplica-se o direito interno, a exemplo, no caso do Brasil, da Lei de Migração.

Atenção:

NÃO CONFUNDA: não se pode confundir o instituto da **entrega**, previsto no Estatuto de Roma, que instituiu o Tribunal Penal Internacional, com a extradição. Esta, ocorre entre Estados, ao passo que a entrega (*surrender*) consiste em um pedido de Tribunal Internacional, podendo **até mesmo ocorrer a entrega de brasileiro nato, desde que dentro das hipóteses típicas previstas no Estatuto de Roma**, como, por exemplo, **crimes contra a humanidade**.

Importante para Concursos:

Na prova de DELEGADO FEDERAL (2018), o CEBRASPE considerou **incorreta** a assertiva: *Por não admitir extradição de brasileiros para que sejam julgados em corte internacional que admita pena de caráter perpétuo, o Brasil não manifestou adesão ao Tratado de Roma, que criou o Tribunal Penal Internacional.* Incorreta, pois o Brasil manifestou sim adesão ao Estatuto de Roma, que criou o TPI. Como vimos, a entrega – instituto entre Tribunal Internacional e Estado – possui outro regime jurídico e, diante do escopo de proteção da norma internacional (crimes de lesa-humanidade), prevalece o entendimento que é possível a entrega para cumprimento de pena perpétua no âmbito do TPI[50].

50 MAZZUOLI, p. 918 e STEINER, Sylvia Helena. *O Tribunal Penal Internacional, a pena de prisão perpétua e a Constituição Brasileira*, pp. 34-41.

7.6. Proteção do Apátrida e da Redução da Apatridia

O art. 15, 1, da Declaração Universal dos Direitos Humanos dispõe que **todo ser humano tem direito a uma nacionalidade.**

Nos termos da lei de Migração, apátrida é a pessoa que não seja considerada como nacional por nenhum Estado, segundo a sua legislação, nos termos da Convenção sobre o Estatuto dos Apátridas[51] (1954) ou assim reconhecida pelo Estado brasileiro.

Em razão da sua vulnerabilidade, tanto a Lei de Migração quanto seu Decreto regulamentador (Decreto nº 9199/2017), garantem diversos direitos.

O procedimento especial de naturalização para o apátrida tem início com um "processo de reconhecimento da condição de apatridia, que é regulado pelo art. 96 do Decreto nº 9.199/1997"[52].

Durante a tramitação do processo de reconhecimento da condição de apátrida, incidem todas as garantias e mecanismos protetivos e de facilitação da inclusão social relativos à Convenção sobre o Estatuto dos Apátridas (1954), à Convenção relativa ao Estatuto dos Refugiados e à Lei nº 9.474, de 22 de julho de 1997 (Estatuto dos Refugiados).

O processo de reconhecimento da condição de apátrida tem como objetivo verificar se o solicitante é considerado nacional pela legislação de algum Estado e poderá considerar informações, documentos e declarações prestadas pelo próprio solicitante e por órgãos e organismos nacionais e internacionais.

O solicitante de reconhecimento da condição de apátrida fará jus à autorização provisória de residência, demonstrada por meio de protocolo, até a obtenção de resposta ao seu pedido. O protocolo permitirá o gozo de direitos no País, dentre os quais:

a) a expedição de carteira de trabalho provisória;

b) a inclusão no Cadastro de Pessoa Física; e

c) a abertura de conta bancária em instituição financeira supervisionada pelo Banco Central do Brasil.

Reconhecida a condição de apátrida, nos termos do inciso VI do § 1º do art. 1º, o solicitante será consultado sobre o desejo de adquirir a nacionalidade brasileira.

Na hipótese de o apátrida optar pela naturalização, a decisão sobre o reconhecimento será encaminhada ao órgão competente do Poder Executivo para publicação dos atos necessários à efetivação da naturalização no prazo de 30 (trinta) dias.

O apátrida reconhecido que não opte pela naturalização imediata terá a autorização de residência outorgada em caráter definitivo.

51 Promulgada pelo Decreto nº 4.246, de 22 de maio de 2002.

52 PORTELA, Paulo Henrique Gonçalves. *Direito Internacional Público e Privado*: Incluindo Noções de Direitos Humanos e Direito Comparado – 11ª ed., rev., atual. e ampl. – Salvador: JusPODIVM, p. 437.

No caso de denegação do reconhecimento da condição de apátrida, é vedada a devolução do indivíduo para país onde sua vida, integridade pessoal ou liberdade estejam em risco (princípio do *non refoulement*).

Será reconhecido o direito de reunião familiar a partir do reconhecimento da condição de apátrida.

Implica perda da proteção conferida pela Lei de Migração:

a) a renúncia;

b) a prova da falsidade dos fundamentos invocados para o reconhecimento da condição de apátrida; ou

c) a existência de fatos que, se fossem conhecidos por ocasião do reconhecimento, teriam ensejado decisão negativa.

Tratando-se o tema **nacionalidade** do rol de direitos humanos, com proteção do **Direito Internacional dos Direitos Humanos**, a **Corte Interamericana de Direitos Humanos**, no **caso Ivcher Bronstein**[53], decidiu que o Estado, embora soberano, possui **discricionariedade limitada sobre o direito de nacionalidade**, devendo observar as garantias de ampla defesa, contraditório e da competência da autoridade decisória.

7.7. Asilo territorial e asilo diplomático

O art. 14, § 1º, da Declaração Universal de Direitos Humanos (DUDH) da ONU preceitua: **"Todo ser humano, vítima de perseguição, tem o direito de procurar e de gozar asilo em outros países"**

A **Constituição da República**, no art. 4º, X, prevê a concessão de asilo político como **princípio das relações internacionais** do Brasil.

O art. 14, § 2º, da DUDH, esclarece que "esse direito não pode ser invocado em caso de perseguição legitimamente motivada por crimes de direito comum ou por atos contrários aos objetivos e princípios das Nações Unidas."

A respeito da regulação internacional do Asilo, podemos destacar os **Tratados** de **Havana de 1928**, o tratado de **Montevidéu de 1933**, e o **Tratado de Caracas de 1954**.

Quanto às normas pertinentes, o asilado encontra amparo nos arts. 27 a 29 da Lei de Migração, arts. 108 a 118 do Decreto nº 9.199/2017, bem como na Convenção de Caracas sobre Asilo Diplomático e a Convenção de Caracas sobre Asilo Territorial.

O **asilo político** encontra fundamento na hipótese de **perseguição política individualizada**[54].

Trata-se de ato **discricionário** do Estado. Assim não existe **direito individual ao asilo**.

53 PAIVA, Caio; HEEMANN, Thimotie Aragon. *Jurisprudência Internacional de Direitos Humanos*. 3ª ed. Belo Horizonte. CEI, 2020, p. 106.

54 PORTELA, p. 420.

Segundo a Corte Interamericana de Direitos Humanos[55]:

> *"O direito a buscar e receber asilo no marco do sistema interamericano se encontra configurado como um direito humano a buscar e receber proteção internacional em território estrangeiro, incluindo com esta expressão o estatuto do refugiado segundo os instrumentos pertinentes das Nações Unidas ou as correspondentes leis nacionais, e o asilo territorial conforme as diversas convenções interamericanas sobre a matéria.*
>
> *(...)*
>
> *"O* asilo em sentido estrito *ou* asilo político *é a proteção que um Estado oferece a pessoas que não são seus nacionais quando sua vida, integridade pessoal, segurança e/ou liberdade se encontram ou poderiam se encontrar em perigo, por motivo de perseguição por delitos políticos ou comuns conexos com estes, ou por motivos políticos.*
>
> *(...)*
>
> *"Por sua vez, de acordo com o lugar em que se oferece a proteção, o asilo em sentido estrito pode classificar-se em:*
>
> ***a) Asilo territorial:*** *consiste na proteção que um Estado oferece em seu território às pessoas nacionais ou residentes habituais de outro Estado no qual são perseguidas por motivos políticos, por suas crenças, opiniões ou filiação política ou por atos que possam ser considerados como delitos políticos ou comuns conexos. O asilo territorial se encontra intrinsecamente relacionado com a proibição de extradição por delitos políticos ou comuns cometidos com fins políticos.*
>
> ***b) Asilo diplomático:*** *consiste na proteção que um Estado oferece em suas legações, navios de guerra, aeronaves militares e acampamentos, às pessoas nacionais ou residentes habituais de outro Estado no qual são perseguidas por motivos políticos, por suas crenças, opiniões ou filiação política ou por atos que possam ser considerados como delitos políticos".* [56]

Assim, **asilo territorial** e **asilo diplomático** são espécies de **asilo político.**

O **asilo territorial** (ou **internacional**) se dá quando solicitado em qualquer ponto do território nacional, perante unidade da Polícia Federal ou representação regional do Ministério das Relações Exteriores[57].

Já o **asilo diplomático** (ou **extraterritorial** ou **intranacional**), a "concessão dá-se em locais situados dentro do Estado em que é perseguido, mas que estão *imunes* à jurisdição desse

55 Opinião Consultiva OC-25/18, de 30-5-2018.

56 PAIVA, Caio; HEEMANN, Thimotie Aragon. *Jurisprudência Internacional de Direitos Humanos.* 3ª ed. Belo Horizonte. CEI, 2020, p. 516-517. §§ 66 e seguintes da Opinião Consultiva da Corte Interamericana de Direitos Humanos..

57 Art. 109, II, Decreto nº 9199/2017.

Estado, como embaixadas, representações diplomáticas, navios de guerra, acampamentos ou aeronaves militares"[58]. É solicitado, pois, no exterior. Trata-se, segundo ensina REZEK, de **norma internacional** decorrente de **aceitação costumeira e convencional** nos países latino-americanos[59].

Atenção:

NÃO CONFUNDA: **Não** se reconhece o direito ao asilo em consulados.

Não se concederá asilo a quem tenha cometido crime de genocídio, crime contra a humanidade, crime de guerra ou crime de agressão, nos termos do Estatuto de Roma do Tribunal Penal Internacional (art. 28 da Lei Migração).

Em arremate, saída do asilado do País sem prévia comunicação implica renúncia ao asilo (art. 29 da Lei Migração).

7.8. Refúgio

A **Convenção Relativa ao Estatuto dos Refugiados – Protocolo de 1967**[60] – considera refugiada qualquer pessoa:

> *"que, temendo ser perseguida por motivo de raça, religião, nacionalidade, grupo social ou opiniões políticas, se encontra fora do país de sua nacionalidade e que não pode ou, em virtude desse temor, não quer valer-se da proteção desse país, ou que, se não tem nacionalidade e se encontra fora do país no qual tinha sua residência habitual, não pode ou, devido a referido termo, não quer voltar a ele"*[61].

Tamanha a importância do refúgio que foi criado o **Alto Comissariado das Nações Unidas para Refugiados (ACNUR).**

O refúgio possui natureza **humanitária**. Por tal razão, encontra-se sob o manto do **Direito Internacional Humanitário.**

No Brasil, a principal norma sobre o refúgio é a **Lei nº 9.474/1997**, que criou o **CONARE (Comitê Nacional para os Refugiados)**, órgão colegiado do Ministério da Justiça. Assim, cabe ao **CONARE** a análise e decisão sobre o pedido de refúgio.

A **Corte Interamericana de Direitos Humanos**[62] esclarece a situação do refugiado:

> *"O asilo sob o estatuto de refugiado, de acordo com a definição tradicional e com a definição regional ampliada da Declaração de Cartagena, compreende a*

58 MAZZUOLI, Valerio de Oliveira. *Curso de Direito Internacional*. 14ª ed., Rio de Janeiro: Forense, 2021, p. 694.

59 REZEK, José Francisco. *Direito Internacional Público*, pp. 208-209 *apud* MAZZUOLI, pp. 694-695. Nesse sentido, a República Federativa do Brasil é signatária da Convenção de Caracas sobre Asilo Diplomático e da Convenção de Caracas sobre Asilo Territorial.

60 O Protocolo de 1967 atualizou o conceito de refugiado, nos termos expostos na obra.

61 HATHAWAY, James C. *The Law of refugee status*. Toronto: Butterworths, 1991, pp. 9-10 *apud* MAZZUOLI, P. 701.

62 Opinião Consultiva OC-25/2018, de 30-5-2018.

> *proteção daquela pessoa que, devido a fundados temores de ser perseguida por motivos de raça, religião, nacionalidade, pertencimento a determinado grupo social ou opiniões políticas, se encontre fora do país de sua nacionalidade e não possa ou, devido a estes temores, não queira abrigar-se na proteção do seu país; ou que carecendo de nacionalidade e sendo encontrado, como consequência de tais acontecimentos fora do país aonde antes tinha sua residência habitual, não possa ou, devido a estes temores não queira voltar a ele. O termo* ***refugiado*** *é aplicável também àquelas pessoas que saíram de seus países de origem porque sua vida, segurança ou liberdade foram ameaçadas pela violência generalizada, agressão estrangeira, conflitos internos, violação massiva dos direitos humanos ou outras circunstâncias que perturbem gravemente a ordem pública".* [63]

O reconhecimento da condição de refugiado obstará o seguimento de qualquer pedido de extradição baseado nos fatos que fundamentaram a concessão de refúgio (art. 33 da Lei nº 9.474/1997).

Nesse sentido, O STF, em questão de ordem, na Extradição n. 785, requerida pelo México, assentou: "EXTRADIÇÃO. QUESTÃO DE ORDEM. PEDIDO DE REFÚGIO. SUSPENSÃO DO PROCESSO. LEI Nº 9.474/1997, ART. 34. Questão de ordem resolvida no sentido de que o pedido de refúgio, formulado após o julgamento de mérito da extradição, produz o efeito de suspender o processo, mesmo quando já publicado o acórdão, impedindo o transcurso do prazo recursal" – (Questão de Ordem na EXT no 783/MÉXICO, Rel. Min. Néri da Silveira, Pleno, por maioria, DJ 14-11-2003). Vê-se do julgado que até mesmo depois de publicado o acórdão do Tribunal que autorizou a extradição, o pedido de refúgio ainda impede o procedimento do processo de extradição, observando-se a regra do ***non refoulement***.

Importante para Concursos:

PRINCÍPIO DA INAFASTABILIDADE DA JURISDIÇÃO. Na prova de JUIZ FEDERAL da 2ª Região foi considerada correta a assertiva: "A decisão do Comitê Nacional para Refugiados, que indefere o pedido de refúgio, é passível de controle judicial por juiz federal de primeiro grau".

Por derradeiro, "os efeitos da condição dos refugiados serão extensivos ao cônjuge, aos ascendentes e descendentes, assim como aos demais membros do grupo familiar que do refugiado dependerem economicamente, desde que se encontrem em território nacional." (Lei nº 9.474/1997, art. 2º).

Sobre as diferenças entre **asilo** e **refúgio**, temos:

63 PAIVA, Caio; HEEMANN, Thimotie Aragon. *Jurisprudência Internacional de Direitos Humanos*. 3ª ed. Belo Horizonte. CEI, 2020, p. 516-517. §§ 66 e seguintes da Opinião Consultiva da Corte Interamericana de Direitos Humanos.

Asilo	Refúgio
Ato **discricionário**, segundo a Lei de Migração.	Ato **vinculado** (obrigatório), desde que preenchidos os requisitos.
Ato **político** do Estado (por isso discricionário).	Ato **humanitário**.
Lei de Migração	Lei de Migração (quando mais favorável) e Lei nº 9.474/1997
Não possui foro internacional	Alto Comissariado das Nações Unidas para Refugiados (ACNUR)
Geralmente, perseguição individual	Perseguição coletiva, em geral

7.9. O Estatuto da Igualdade Brasil-Portugal

O § 1º do art. 12 da Constituição da República prevê que "aos portugueses com residência permanente no País, se houver reciprocidade em favor de brasileiros, serão atribuídos os direitos inerentes ao brasileiro, salvo os casos previstos nesta Constituição".

Nesse sentido, foi firmado o **Tratado de Amizade e Consulta**, entre Brasil e Portugal. O Decreto nº 3.927/2001, entre os arts. 12 a 22, versa sobre a regulamentação.

Os brasileiros em Portugal e os portugueses no Brasil, beneficiários do estatuto de igualdade, gozarão dos mesmos direitos e estarão sujeitos aos mesmos deveres dos nacionais desses Estados, **exceto os direitos expressamente reservados pela Constituição** de cada país. Em outras palavras: poderão, por exemplo, exercer serviço público no Brasil, salvo os cargos reservados aos **brasileiros natos** (art. 12, § 3º, CR)[64].

Atenção:

"A titularidade do estatuto de igualdade por brasileiros em Portugal e por portugueses no Brasil não implicará em perda das respectivas nacionalidades" (art. 13 do Decreto nº 3.927/2001).

É oportuno observar que **"os benefícios do Estatuto da Igualdade não são automáticos"**[65], dependendo do cumprimento de requisitos, como o mínimo de 3 (três) anos de residência habitual, bem como requerimento no Ministério da Justiça e da Segurança Pública, no Brasil, e no Ministério da Administração Interna, em Portugal.

O gozo de direitos políticos no Estado de residência importa na suspensão do exercício dos mesmos direitos no Estado da nacionalidade. Ou seja: caso solicitado – e deferido – o benefício a um brasileiro que reside em Portugal, este terá os direitos políticos suspensos no Brasil, como por exemplo não poderá votar no Brasil.

PORTELA alerta para, na prática, ter ocorrido a **violação da regra constitucional de reciprocidade**, que rege o Tratado de Amizade, Cooperação e Consulta. Isso porque a República

64 REZEK, Francisco, p. 190 *apud* PORTELA, Paulo Henrique Gonçalves. *Direito Internacional Público e Privado*: Incluindo Noções de Direitos Humanos e Direito Comparado – 11ª ed., rev., atual. e ampl. – Salvador: JusPODIVM, p. 444.

65 PORTELA, Paulo Henrique Gonçalves. *Direito Internacional Público e Privado*: Incluindo Noções de Direitos Humanos e Direito Comparado – 11ª ed., rev., atual. e ampl. – Salvador: JusPODIVM, p. 444.

Portuguesa encontra-se impossibilitada de atribuir status de cidadão português em razão das normas da União Europeia, ou seja, Portugal, por ora, não pode atribuir cidadania europeia a cidadãos que não pertencem à União Europeia[66].

7.10. Quadro sinótico

Memorização e Revisão	
Condição jurídica do estrangeiro	Compete ao Estado soberano escolher quem são os **nacionais**[67]. A **nacionalidade** é, assim, em geral, matéria de **Direito Constitucional**, pois, em geral, é a **Constituição** que o faz. Os **estrangeiros** são indivíduos que estão no território, a título provisório ou definitivo, não integrando o conjunto de nacionais desse Estado, e poderão ter a nacionalidade de outro Estado ou não ter nenhuma nacionalidade, encontrando-se em situação apatridia.
Imigrante	*Pessoa nacional de outro país ou apátrida que trabalha ou reside e se estabelece temporária ou definitivamente no Brasil.*
Emigrante	*Brasileiro que se estabelece temporária ou definitivamente no exterior.*
Visitante	*Pessoa nacional de outro país ou apátrida que vem ao Brasil para estadas de curta duração, sem pretensão de se estabelecer temporária ou definitivamente no território nacional.*
Apátrida	*Pessoa que não seja considerada como nacional por nenhum Estado, segundo a sua legislação, nos termos da Convenção sobre o Estatuto dos Apátridas, de 1954, promulgada pelo Decreto nº 4.246, de 22 de maio de 2002, ou assim reconhecida pelo Estado brasileiro.*
Passaporte	Passaporte é o documento de identificação, de propriedade da União[68], exigível de todos os que pretendam realizar viagem internacional, salvo nos casos previstos em tratados, acordos e outros atos internacionais. É documento **pessoal e intransferível**.
Laissez-passer	É um documento de viagem emitido pela Embaixada para cidadãos de territórios não reconhecidos formalmente como países pelo Governo brasileiro. Ou seja, é emitido para proteção do estrangeiro em circunstâncias excepcionais, como, por exemplo, diante da necessidade de indivíduos que pedem asilo político e que não dispõem de passaporte.
Autorização de retorno	É o documento de viagem concedido pelas Repartições Consulares a nacionais brasileiros (e estrangeiros residentes no Brasil) que, estando no exterior e necessitando regressar ao território nacional, **não preencham os requisitos para a obtenção de passaporte.**
Salvo-conduto	**Salvo-conduto**, por sua vez, é o documento de viagem, de propriedade da União, expedido pelo Ministério da Justiça, destinado a permitir a saída do território nacional de todo aquele que obtenha **asilo diplomático** concedido por governo estrangeiro.
Repatriação	Trata-se a **repatriação** de medida administrativa de devolução ao país de origem ou de nacionalidade da pessoa em situação de **impedimento de ingresso**[69] no território nacional (art. 49 da Lei de Migração), no momento da entrada em território brasileiro.

66 PORTELA, Paulo Henrique Gonçalves. Direito Internacional Público e Privado: Incluindo Noções de Direitos Humanos e Direito Comparado – 11ª ed., rev., atual. e ampl. – Salvador: JusPODIVM, p. 445.

67 MAZZUOLI, Valerio de Oliveira. *Curso de Direito Internacional*. 14ª ed., Rio de Janeiro: Forense, 2021, p. 650. No mesmo sentido: ACCIOLY, Hildebrando; CASELLA, Paulo Borba; SILVA, G.E. do Nascimento e. *Manual de Direito Internacional Público*, 22ª ed. – São Paulo: Saraiva, 2016.

68 A pessoa está apenas na posse do Passaporte. A sua propriedade é da União.

69 MAZZUOLI, p. 660.

Deportação	A deportação é medida decorrente de procedimento administrativo que consiste na retirada compulsória de pessoa que se encontre em **situação migratória irregular** em território nacional
Expulsão	A expulsão consiste em medida administrativa de retirada compulsória de migrante ou visitante do território nacional, conjugada com o impedimento de reingresso por prazo determinado (art. 54 da Lei de Migração).
Extradição	A **extradição** é a medida de **cooperação internacional em matéria penal**[70] entre o Estado brasileiro e outro Estado pela qual se concede ou solicita a entrega de pessoa sobre quem recaia condenação criminal definitiva – para cumprimento da pena – ou para fins de instrução de processo penal em curso.
Hipóteses de vedação de extradição	a) **brasileiro nato;** b) se o fato que motivar o pedido não for considerado crime no Brasil ou no Estado requerente; c) se o Brasil for competente, segundo suas leis, para julgar o crime imputado ao extraditando; d) quando a lei brasileira impuser ao crime pena de prisão inferior a 2 (dois) anos. e) se o extraditando estiver respondendo a processo ou já houver sido condenado ou absolvido no Brasil pelo mesmo fato em que se fundar o pedido; f) quando a **punibilidade estiver extinta pela prescrição**, segundo a lei brasileira ou a do Estado requerente; g) em razão de **crime político ou de opinião;** h) se o extraditando tiver de responder, no Estado requerente, perante tribunal ou juízo de exceção. i) quando o extraditando for beneficiário de refúgio, nos termos da Lei nº 9.474, de 22 de julho de 1997, ou de asilo territorial.
Condições para entrega do extraditando	Para que seja efetivada a entrega do extraditando, a Lei de Migração (art. 96) exige que Estado requerente **assuma o compromisso** de: **a) não submeter o extraditando a prisão ou processo por fato anterior ao pedido de extradição;** **b) computar o tempo da prisão que, no Brasil, foi imposta por força da extradição;** **c) comutar a pena corporal, perpétua ou de morte em pena privativa de liberdade, respeitado o limite máximo de cumprimento de 30 (trinta) anos;** **d) não entregar o extraditando, sem consentimento do Brasil, a outro Estado que o reclame;** **e) não considerar qualquer motivo político para agravar a pena; e** **f) não submeter o extraditando a tortura ou a outros tratamentos ou penas cruéis, desumanos ou degradantes.**
Asilo territorial e asilo diplomático	O asilo político *é a proteção que um Estado oferece a pessoas que não são seus nacionais quando sua vida, integridade pessoal, segurança e/ou liberdade se encontram ou poderiam se encontrar em perigo, por motivo de perseguição por delitos políticos ou comuns conexos com estes, ou por motivos políticos.* O **asilo territorial** se dá quando solicitado em qualquer ponto do território nacional, perante unidade da Polícia Federal ou representação regional do Ministério das Relações Exteriores. Já o **asilo diplomático**, a concessão dá-se em locais situados dentro do Estado em que é perseguido, mas que estão *imunes* à jurisdição desse Estado, como embaixadas, representações diplomáticas, navios de guerra, acampamentos ou aeronaves militares Ato **discricionário**, segundo a Lei de Migração Ato **político** do Estado (por isso discricionário).

70 Assim, está inserido no Capítulo Condição Jurídica do Estrangeiro em razão de tradição nos Manuais de Direito Internacional, facilitando, portanto, a busca do estudante.

Refúgio	O refúgio possui natureza **humanitária**. Considera-se refugiada qualquer pessoa "*que, temendo ser perseguida por motivo de raça, religião, nacionalidade, grupo social ou opiniões políticas, se encontra fora do país de sua nacionalidade e que não pode ou, em virtude desse temor, não quer valer-se da proteção desse país, ou que, se não tem nacionalidade e se encontra fora do país no qual tinha sua residência habitual, não pode ou, devido o referido termo, não quer voltar a ele*"[71]. Ato **vinculado** (obrigatório), desde que preenchidos os requisitos. Possui foro internacional: Alto Comissariado das Nações Unidas para Refugiados (ACNUR). No Brasil, cabe ao **CONARE** a análise e decisão sobre o pedido de refúgio.
Estatuto da Igualdade Brasil-Portugal	O § 1º do art. 12 da Constituição da República prevê que "aos portugueses com residência permanente no País, se houver reciprocidade em favor de brasileiros, serão atribuídos os direitos inerentes ao brasileiro, salvo os casos previstos nesta Constituição". Nesse sentido, foi firmado o **Tratado de Amizade e Consulta**, entre Brasil e Portugal. O gozo de direitos políticos no Estado de residência importa na suspensão do exercício dos mesmos direitos no Estado da nacionalidade.

7.11. Questões de concurso

1. **(DPE-MA – Defensor Público – FCC – 2018)** O terremoto que devastou a cidade de Porto Príncipe, em 2010, produziu um importante fluxo de imigração de haitianos para o Brasil, cujo ingresso e permanência, em nosso país, têm sido regularizados, via de regra, por meio

A) da concessão de asilo territorial.

B) do reconhecimento da condição de refugiado ambiental.

C) de autorização de permanência e concessão de visto de trabalho para estrangeiro.

D) da concessão de visto humanitário.

E) do acordo migratório latino-americano.

Gabarito: D.

2. **(INSTITUTO RIO BRANCO – Diplomata – IADES – 2021)** Considerando aspectos da nacionalidade, da situação jurídica do estrangeiro, da apatridia e do asilo, julgue (C ou E) o item a seguir. O fato de o direito a ter uma nacionalidade estar consagrado na Declaração Universal dos Direitos Humanos de 1948 logrou praticamente a extinção do fenômeno da apatridia no séc. XXI.

C) Certo

E) Errado

Gabarito: Errado.

3. **(POLÍCIA FEDERAL – Delegado Federal – CESPE / CEBRASPE – 2018).** Julgue o item a seguir, relativos a atos internacionais, personalidade internacional, cortes internacionais e domínio público internacional. O visto concedido por autoridade diplomática constitui mera expectativa de direito do estrangeiro, que pode, ainda assim, ser inadmitido no país. Por outro lado, se admitido o estrangeiro em seu território, o país passa a ter deveres em relação a ele, em maior ou menor grau, conforme a natureza do ingresso.

71 HATHAWAY, James C. *The Law of refugee status*. Toronto: Butterworths, 1991, pp. 9-10 *apud* MAZZUOLI, P. 701.

C) Certo

E) Errado

Gabarito: Certo.

4. **(POLÍCIA FEDERAL - Delegado Federal - CESPE / CEBRASPE - 2018)** Julgue o item a seguir, relativos a atos internacionais, personalidade internacional, cortes internacionais e domínio público internacional.

Asilo político, cuja concessão independe de reciprocidade, é o acolhimento, pelo Estado, de estrangeiro perseguido em outros lugares — não necessariamente em seu próprio país — por dissidência política, entre outros motivos.

C) Certo

E) Errado

Gabarito: Certo.

5. **(TRF 2ª REGIÃO - Juiz Federal -- 2014)** Leia as assertivas e, depois, assinale a opção correta:

I. O refúgio é medida inspirada em razões humanitárias, de natureza administrativa, cuja concessão é disciplinada em lei, de natureza vinculada, e se destina a proteger pessoas vítimas de perseguição por pertencerem a determinado grupo, seja étnico, religioso, nacional, ou de opiniões políticas, entre outros.

II. O asilo é medida política, de natureza discricionária, e alberga quem sofra perseguição individual, e está referido na Constituição da República Federativa do Brasil.

III. O pedido de refúgio impede o prosseguimento do processo de extradição.

IV. A decisão do Comitê Nacional para Refugiados, que indefere o pedido de refúgio, é passível de controle judicial por juiz federal de primeiro grau.

A) Apenas as assertivas I e IV estão corretas.

B) Apenas as assertivas III e IV estão corretas.

C) Apenas as assertivas I e II estão corretas.

D) Todas as assertivas estão corretas.

E) Todas as assertivas estão incorretas.

Gabarito: D.

6. **(POLÍCIA FEDERAL - Delegado Federal - CESPE / CEBRASPE - 2013)** No que se refere ao Estatuto da Igualdade, às fontes do direito internacional e à extradição, julgue o item subsequente.

Consoante as normas referentes à igualdade entre brasileiros e portugueses, o gozo de direitos políticos no Estado de residência importa na suspensão do exercício dos mesmos direitos no Estado de nacionalidade.

C) Certo

E) Errado

Gabarito: Certo.

7. **(AGU - Procurador Federal - CESPE / CEBRASPE - 2013)** Julgue os itens que se seguem de acordo com a jurisprudência do STF.

O reconhecimento superveniente de status de refugiado obsta o prosseguimento de processo extradicional que tenha implicações com os motivos do deferimento do refúgio.

C) Certo
E) Errado

Gabarito: Certo.

8. **(BACEN – Procurador do Banco Central – CESPE / CEBRASPE – 2013)** Assinale a opção correta a respeito da nacionalidade no âmbito do direito internacional.
   A) A Declaração Universal dos Direitos do Homem consagra o direito à nacionalidade.
   B) Nessa esfera, natos são os detentores de nacionalidade derivada.
   C) Os sistemas jurídicos internos devem obedecer a definição de nacionais ou estrangeiros estabelecida pelo direito internacional.
   D) A nacionalidade das embarcações de grande porte é atribuída pela Organização Marítima Internacional.
   E) O direito internacional veda a múltipla nacionalidade.

Gabarito: A.

9. **(AGU – Advogado da União – CESPE / CEBRASPE – 2012)** Em relação à condição jurídica do estrangeiro e aos direitos de nacionalidade, julgue os itens que se seguem.
   O direito brasileiro veda a deportação de estrangeiro acusado da prática de crime político.
   C) Certo
   E) Errado

Gabarito: Errado.

10. **(AGU – Advogado da União – CESPE / CEBRASPE – 2012)** Em relação à condição jurídica do estrangeiro e aos direitos de nacionalidade, julgue os itens que se seguem.
   A reciprocidade é pré-condição para que aos portugueses com residência permanente no país sejam atribuídos direitos inerentes ao brasileiro.
   C) Certo
   E) Errado

Gabarito: Certo.

7.12. Jurisprudência de Direito Internacional

DIREITO CONSTITUCIONAL – DIREITOS E GARANTIAS FUNDAMENTAIS; PRINCÍPIOS CONSTITUCIONAIS – DIREITO INTERNACIONAL – EXTRADIÇÃO

Extradição: Pacote Anticrime e irretroatividade da lei penal mais gravosa – Ext 1652/Governo do Chile

Os fatos incriminados que sejam investigados, anteriores a 24 de dezembro de 2019, impõem, para fins de extradição, o compromisso do Estado estrangeiro em estabelecer o cumprimento de pena máxima de 30 anos para o extraditando.

O Estado estrangeiro que requer extradição deve assumir o compromisso de observar o tempo máximo de cumprimento de pena previsto no ordenamento jurídico brasileiro à época dos fatos delituosos atribuídos ao extraditando. Dessa forma, o limite temporal fixado pela Lei nº 13.964/2019 ("Pacote Anticrime") (1) em 40 anos aplica-se somente em relação a crimes imputados ao extraditando praticados após a entrada em vigor desse diploma legal.

Com efeito, trata-se de norma de conteúdo material, razão pela qual incide o princípio da irretroatividade da lei penal mais gravosa inscrito no art. 5º, XL, da Constituição Federal (CF) (2) (3). A Primeira Turma, por unanimidade, deferiu pedido de extradição por estarem presentes os requisitos legais e, por maioria, fixou o entendimento supracitado. Vencidos, nesse ponto, os ministros Alexandres de Moraes e Dias Toffoli, que admitiram a possibilidade de aplicação da novel legislação de 40 anos para o compromisso.

(1) CF: "Art. 5º Todos são iguais perante a lei, sem distinção de qualquer natureza, garantindo-se aos brasileiros e aos estrangeiros residentes no País a inviolabilidade do direito à vida, à liberdade, à igualdade, à segurança e à propriedade, nos termos seguintes: (...) XL – a lei penal não retroagirá, salvo para beneficiar o réu;"

(2) Lei nº 13.964/2019: "Art. 2º O Decreto-Lei nº 2.848, de 7 de dezembro de 1940 (Código Penal), passa a vigorar com as seguintes alterações: (...) Art. 75. O tempo de cumprimento das penas privativas de liberdade não pode ser superior a 40 (quarenta) anos."

(3) Precedentes citados: Ext 1.599; Ext 1.641.

Ext 1652/Governo do Chile, relatora Min. Rosa Weber, julgamento em 19.10.2021

JURISPRUDÊNCIA SOBRE CONDIÇÃO JURÍDICA DO ESTRANGEIRO

O remédio de *habeas corpus* não constitui instrumento processual adequado à invalidação do procedimento administrativo de expulsão regularmente instaurado e promovido pelo Departamento de Polícia Federal, especialmente se o súdito estrangeiro interessado – a quem se estendeu, de modo pleno, a garantia constitucional do direito de defesa – não invocou, em momento algum, por inocorrentes, quaisquer das causas de inexpulsabilidade previstas em lei.

[**HC 72.851**, rel. min. Celso de Mello, j. 25-10-1995, P, *DJE* de 28-11-2008.]

= **HC 92.769**, rel. min. Celso de Mello, j. 19-5-2014, dec. monocrática, *DJE* de 22-5-2014

A existência de filha brasileira só constitui causa impeditiva da expulsão de estrangeiro, quando sempre a teve sob sua guarda e dependência econômica, mas desde que a tenha reconhecido antes do fato que haja motivado a expedição do decreto expulsório.

[**HC 82.893**, rel. min. Cezar Peluso, j. 17-12-2004, P, *DJ* de 8-4-2005.]

= **HC 110.849**, rel. min. Ricardo Lewandowski, j. 10-4-2012, 2ª T, *DJE* de 30-5-2012

"EXTRADIÇÃO. QUESTÃO DE ORDEM. PEDIDO DE REFÚGIO. SUSPENSÃO DO PROCESSO. LEI Nº 9.474/1997, ART. 34. Questão de ordem resolvida no sentido de que o pedido de refúgio, formulado após o julgamento de mérito da extradição, produz o efeito de suspender o processo, mesmo quando já publicado o acórdão, impedindo o transcurso do prazo recursal" – (Questão de Ordem na EXT no 783/MÉXICO, Rel. Min. Néri da Silveira, Pleno, por maioria, DJ 14-11-2003). Vê-se do julgado que até mesmo depois de publicado o acórdão do Tribunal que autorizou a extradição, o pedido de refúgio ainda impede o procedimento do processo de extradição, observando-se a regra do *non refoulement*.

CAPÍTULO 8
RESPONSABILIDADE INTERNACIONAL

Trata-se da **Responsabilidade Civil do Estado** no Direito Internacional Público (DIP). Discute-se a **reparação de prejuízos** diante de uma **violação de uma norma de DIP**.

8.1. Requisitos para responsabilidade internacional

Quanto aos **requisitos para responsabilidade internacional**, é necessário:

a) Ato ilícito (se adotada a teoria subjetivista ou mista, no caso de ato comissivo);

b) Imputabilidade;

c) Dano (material ou moral).

A exigência de **ato ilícito** é a **regra**. Como vimos, excepcionalmente, é possível a responsabilidade por **atos lícitos** ou "responsabilidade por atos não proibidos pelo Direito Internacional".

Já **imputabilidade** refere-se ao "vínculo entre a violação da norma internacional e seu responsável[1].

O **dano,** por sua vez, é o prejuízo, que pode ser material ou moral.

8.2. Esboço de Artigos sobre a Responsabilidade de Estados por Atos Ilícitos Internacionais

Grande parte das regras e princípios da Responsabilidade Internacional é costumeira.

Há um **Esboço de Artigos sobre a Responsabilidade de Estados por Atos Ilícitos Internacionais**[2] (Resolução 56/83 da Assembleia Geral das Nações Unidas) que é utilizado, como norte normativo, tanto pela doutrina como pela jurisprudência internacionais.

Atenção:

NÃO CONFUNDA: Não confundir com a responsabilidade penal internacional (pessoal). Esta é competência do Tribunal Penal Internacional (crimes de lesa-humanidade). Assim, a

1 PORTELA, Paulo Henrique Gonçalves. *Direito Internacional Público e Privado*: Incluindo Noções de Direitos Humanos e Direito Comparado – 11ª ed., rev., atual. e ampl. – Salvador: JusPODIVM, p. 462,

2 *Draft Articles on the Responsibility of States for Internationally Wrongful Acts.*

persecução penal não é uma forma de reparação de dano decorrente da responsabilidade internacional do Estado (caiu na prova de Procurador da República).

Atenção:

CASO FOLKE BERNADOTTE – POLO PASSIVO DO DANO: A Corte Internacional de Justiça decidiu, no caso Folke Bernadotte, que a ONU pode pedir a reparação dos danos sofridos.

8.3. As teorias da responsabilidade

As **teorias** da responsabilidade são:

a) **Teoria subjetivista**: avalia-se o dolo e a culpa;

b) **Teoria objetivista** (ou **teoria do risco**): basta a comprovação do nexo causal entre o ato ilícito e a lesão;

c) **Teoria mista (Strupp)**: "quando houver omissão do Estado ou da organização internacional, deve ser verificada a existência de culpa (...); nos atos comissivos (...) basta haver um liame entre a conduta e o prejuízo"[3].

Assim, é **possível a responsabilidade por atos lícitos** quando aplicável a **teoria objetivista,** como nos casos ligados à **"exploração espacial, ao emprego de energia nuclear e à proteção ao meio ambiente"**[4].

Importante para Concursos:

CAIU NA PROVA DE JUIZ FEDERAL: Foi considerada incorreta a assertiva: "Não se admite a responsabilidade do Estado por atos legislativos no caso de emenda constitucional contrariar tratado internacional". Com efeito, art. 4º do Esboço de Artigos sobre Responsabilidade Internacional abrange todo órgão estatal de qualquer dos três poderes. Ex.: ato judicial que deixa de aplicar tratado internacional invocado pela parte.

8.4. Formas de reparação internacional

Sobre as **formas de reparação, os** ARTIGOS DA CDI DA ONU SOBRE RESPONSABILIDADE INTERNACIONAL, na parte II (O CONTEÚDO DA RESPONSABILIDADE INTERNACIONAL DE ESTADO), preceitua as seguintes normas[5]:

3 PORTELA, Paulo Henrique Gonçalves. *Direito Internacional Público e Privado*: Incluindo Noções de Direitos Humanos e Direito Comparado – 11ª ed., rev., atual. e ampl. – Salvador: JusPODIVM, p. 469.

4 PORTELA, Paulo Henrique Gonçalves. *Direito Internacional Público e Privado*: Incluindo Noções de Direitos Humanos e Direito Comparado – 11ª ed., rev., atual. e ampl. – Salvador: JusPODIVM, p. 459.

5 Os concursos de Procurador da República (MPF) e diplomata (Rio Branco) são os únicos, até o presente momento, que exigem a leitura da íntegra dos Artigos da ONU sobre Responsabilidade Internacional. A íntegra está no Anexo 1 desta obra.

> *Art. 30.* ***Cessação ou não-repetição**: O Estado responsável pelo ato internacionalmente ilícito tem a obrigação de: a) cessar aquele ato, se ele continua; b)oferecer segurança e garantias apropriadas de não-repetição, se as circunstâncias o exigirem.*
>
> *Art. 31.* ***Reparação** 1. O Estado responsável tem obrigação de reparar integralmente o prejuízo causado pelo ato internacionalmente ilícito. 2. O prejuízo compreende qualquer dano, material ou moral, causado pelo ato internacionalmente ilícito de um Estado.*
>
> *Art. 34. Formas de reparação. A reparação integral do prejuízo causado pelo ato internacionalmente ilícito deverá ser em forma de restituição, indenização e satisfação, individualmente ou em combinação, de acordo com as previsões deste Capítulo.*
>
> *Art. 35.* ***Restituição.** Um Estado responsável por um ato internacionalmente ilícito tem a obrigação de restituir, ou seja, de reestabelecer a situação que existia antes que o ato ilícito fosse cometido, desde que e na medida que a restituição: a) não seja materialmente impossível; b)não acarrete um ônus totalmente desproporcional com relação ao benefício que derivaria de restituição em vez dada indenização.*
>
> *Art.36.* ***Indenização** 1. O Estado responsável por um ato internacionalmente ilícito tem obrigação de indenizar pelo dano causado por este, desde que tal dano não seja reparado pela restituição. 2. A indenização deverá cobrir qualquer dano susceptível de mensuração financeira, incluindo lucros cessantes, na medida de sua comprovação.*
>
> *Art. 37.* ***Satisfação** 1. O Estado responsável por um ato internacionalmente ilícito tem a obrigação de dar satisfação pelo prejuízo causado por aquele ato desde que ele não possa ser reparado pela restituição ou indenização. 2. A satisfação pode consistir em um reconhecimento da violação, uma expressão de arrependimento, uma desculpa formal ou outra modalidade apropriada. 3. A satisfação não deverá ser desproporcional ao prejuízo e não pode ser humilhante para o Estado responsável.*

8.5. As formas de excludente de ilicitude

Os arts. 20 e seguintes do *Esboço* trazem as seguintes formas de **excludente de ilicitude:**

a) **Consentimento:** "um consentimento válido de um Estado à comissão de um determinado ato por outro Estado exclui a ilicitude daquele ato em relação ao primeiro na medida em que o ato permanece dentro dos limites do mencionado consentimento".

b) **Legítima defesa:** "a ilicitude de um ato de um Estado é excluída se o ato constitui uma medida lícita de legítima defesa tomada em conformidade com a Carta das Nações Unidas".

c) **Contramedidas em relação a um ato internacionalmente ilícito:** a ilicitude de um ato de um Estado em desacordo com uma obrigação internacional em relação a um outro Estado será excluída se e na medida em que o ato constitua uma contramedida tomada contra o último Estado em conformidade com o Capítulo II da Parte Três.

d) **Força maior**: 1. A ilicitude de um ato de um Estado em desacordo com uma obrigação internacional daquele Estado será excluída se o ato se der em razão de força maior, entendida como a ocorrência de uma força irresistível ou de um acontecimento imprevisível, além do controle do Estado, tornando materialmente impossível, nesta circunstância, a realização da obrigação. 2. O parágrafo 1º não se aplica se: a)a situação de força maior é devida, por si só ou em combinação com outros fatores, à conduta do Estado que a invoca; ou b)o Estado assumiu o risco daquela situação ocorrida.

e) **Perigo extremo**: 1. A ilicitude de um ato de um Estado em desacordo com uma obrigação internacional daquele Estado se extingue se o autor do ato em questão não tem nenhuma alternativa razoável, em uma situação de perigo extremo, de salvar a vida do autor ou vidas de outras pessoas confiadas aos cuidados do autor. 2. O parágrafo 1º não se aplica se: a) a situação de perigo extremo é devida unicamente, ou em combinação com outros fatores, à conduta do Estado que a invoque; ou b)for provável que o ato em questão crie um perigo comparável ou maior.

f) **Estado de necessidade**: 1. Nenhum Estado pode invocar o estado de necessidade como causa de exclusão de ilicitude de um ato em desacordo com uma obrigação internacional daquele Estado, a menos que o ato: a)seja o único modo para o Estado preservar um interesse essencial contra um perigo grave e iminente; e b)não afete gravemente a um interesse essencial do Estado ou Estados em relação aos quais exista a obrigação, ou da comunidade internacional como um todo. 2. Em nenhum caso pode o Estado invocar o estado de necessidade como causa de exclusão de ilicitude se: a)a obrigação internacional em questão exclui a possibilidade de invocar a necessidade, ou b)o Estado contribuiu para a ocorrência do estado de necessidade.

g) **Cumprimento de normas imperativas**: Nada neste Capítulo exclui a ilicitude de qualquer ato de um Estado que não esteja em conformidade com uma obrigação que surja de uma norma imperativa de Direito Internacional geral.

Uma questão que tem sido cobrada em provas de concursos é: Um Estado pode **alegar uma norma interna para descumprir uma norma de Direito Internacional**? E a resposta é: segundo a Convenção de Viena sobre Direitos dos Tratados, **"uma parte não pode invocar as disposições de seu direito interno para justificar o inadimplemento de um tratado"**.

8.6. Quadro sinótico

Memorização e Revisão	
Responsabilidade Internacional	Trata-se da **Responsabilidade Civil do Estado** no Direito Internacional Público (DIP). Discute-se a **reparação de prejuízos** diante de uma **violação de uma norma de DIP**.
Requisitos para responsabilidade internacional	**d) Ato ilícito** (se adotada a teoria subjetivista ou mista, no caso de ato comissivo); **e) Imputabilidade**; **f) Dano** (material ou moral).
Teorias da responsabilidade	**d) Teoria subjetivista**: avalia-se o dolo e a culpa; **e) Teoria objetivista** (ou **teoria do risco**): basta a comprovação do nexo causal entre o ato ilícito e a lesão **f) Teoria mista (Strupp)**: "quando houver omissão do Estado ou da organização internacional, deve ser verificada a existência de culpa (...); nos atos comissivos (...) basta haver um liame entre a conduta e o prejuízo"[6].

6 PORTELA, Paulo Henrique Gonçalves. Direito Internacional Público e Privado: Incluindo Noções de Direitos Humanos e Direito Comparado – 11ª ed., rev., atual. e ampl. – Salvador: JusPODIVM, 2020, p. 469.

Formas de reparação internacional	***Cessação ou não-repetição****: O Estado responsável pelo ato internacionalmente ilícito tem a obrigação de: a) cessar aquele ato, se ele continua; b)oferecer segurança e garantias apropriadas de não-repetição, se as circunstâncias o exigirem.* ***Restituição.*** *Um Estado responsável por um ato internacionalmente ilícito tem a obrigação de restituir, ou seja, de reestabelecer a situação que existia antes que o ato ilícito fosse cometido, desde que e na medida que a restituição: a) não seja materialmente impossível; b)não acarrete um ônus totalmente desproporcional com relação ao benefício que derivaria de restituição em vez dada indenização.* ***Indenização*** *1. O Estado responsável por um ato internacionalmente ilícito tem obrigação de indenizar pelo dano causado por este, desde que tal dano não seja reparado pela restituição. 2. A indenização deverá cobrir qualquer dano susceptível de mensuração financeira, incluindo lucros cessantes, na medida de sua comprovação.* ***Satisfação*** *1. O Estado responsável por um ato internacionalmente ilícito tem a obrigação de dar satisfação pelo prejuízo causado por aquele ato desde que ele não possa ser reparado pela restituição ou indenização. 2. A satisfação pode consistir em um reconhecimento da violação, uma expressão de arrependimento, uma desculpa formal ou outra modalidade apropriada. 3. A satisfação não deverá ser desproporcional ao prejuízo e não pode ser humilhante para o Estado responsável.*
Formas de excludente de ilicitude	**a) Consentimento;** **b) Legítima defesa;** **c) Contramedidas em relação a um ato internacionalmente ilícito;** **d) Força maior;** **e) Perigo extremo;** **f) Estado de necessidade;** **g) Cumprimento de normas imperativas.**

8.7. Questões de concursos

1. **(DPE-PE – Defensor Público – CESPE / CEBRASPE – 2018)** A respeito da responsabilização internacional do Estado, julgue os itens a seguir.

   I. Para que a responsabilidade internacional do Estado seja arguida, basta a presença de fato considerado ilícito, sendo despicienda a verificação do nexo causal.

   I. O Estado não será responsabilizado internacionalmente por ato abusivo ou arbitrário praticado exclusivamente por seus agentes ou funcionários.

   III. O Estado poderá ser responsabilizado pela conduta de particulares se falhar em prevenir ou em responder adequadamente pelo desaparecimento de pessoas.

   Assinale a opção correta.

   A) Apenas o item I está certo.

   B) Apenas o item II está certo.

   C) Apenas o item III está certo.

   D) Apenas os itens I e II estão certos.

   E) Apenas os itens II e III estão certos.

Gabarito: C.

2. **(TRF – 1ª REGIÃO – Juiz Federal – CESPE / CEBRASPE – 2013)** Considere que o Estado A tenha adentrado o espaço aéreo do Estado B sem a sua autorização e que, após tratativas diplomáticas, ele tenha reconhecido que cometera uma violação ao direito do Estado B, tendo apresentado pedido formal de desculpa pelo ocorrido. Nessa situação, de acordo com os artigos da Comissão de Direito Internacional da ONU sobre Responsabilidade Internacional

dos Estados, o reconhecimento da violação e o pedido de desculpas realizado pelo Estado A caracterizam a forma de reparação denominada

A) danos morais.

B) garantia de não repetição.

C) restituição.

D) compensação.

E) satisfação.

Gabarito: E.

3. **(ABIN - Oficial de Inteligência - CESPE / CEBRASPE - 2018)** Guardadas as devidas proporções, a responsabilidade internacional do Estado sofreu a influência de acontecimentos que de certo modo a aproximaram das mudanças verificadas no plano interno. O seu pressuposto é a consideração de que o Estado é sujeito de direitos e obrigações, apto, por isso, a responder pelos efeitos dos comportamentos que adota.

Alberto do Amaral Junior. Curso de direito internacional público. 4.ª ed. São Paulo: Atlas, 2013, p. 328.

Considerando o assunto do texto precedente, julgue o item subsequente.

Tendo em vista a soberania e a supremacia constitucional, um Estado pode se eximir de eventual responsabilidade internacional perante outro Estado sob o argumento de defesa de suas normas constitucionais.

C) Certo

E) Errado

Gabarito: Errado.

4. **(ABIN - Oficial de Inteligência - CESPE / CEBRASPE - 2018)** Guardadas as devidas proporções, a responsabilidade internacional do Estado sofreu a influência de acontecimentos que de certo modo a aproximaram das mudanças verificadas no plano interno. O seu pressuposto é a consideração de que o Estado é sujeito de direitos e obrigações, apto, por isso, a responder pelos efeitos dos comportamentos que adota.

Alberto do Amaral Junior. Curso de direito internacional público. 4.ª ed. São Paulo: Atlas, 2013, p. 328.

Na hipótese de um agente estatal, durante procedimento de investigação, exorbitar de suas funções, praticando atos que configurem tanto ilícitos internacionais quanto nacionais, admite-se a responsabilidade internacional do Estado.

C) Certo

E) Errado

Gabarito: Certo.

5. **(AGU - Advogado da União - CESPE / CEBRASPE - 2012)** No que se refere à responsabilidade internacional dos Estados e às fontes do direito internacional e sua relação com o direito interno brasileiro, julgue os itens a seguir.

De acordo com o projeto da Comissão de Direito Internacional da ONU sobre responsabilidade internacional dos Estados, as garantias de não repetição são consequências possíveis de um ilícito internacional.

C) Certo

E) Errado

Gabarito: Certo.

CAPÍTULO 9
BLOCOS REGIONAIS

9.1. Noções de Integração Econômica e formação de blocos econômicos

Veremos, neste capítulo, **organizações internacionais de vocação regional**[1] com viés de integração jurídica e, especialmente, **econômica**. As mais relevantes para fins de provas de concurso público.

Inicialmente, é oportuno mencionar que, "da mesma forma que aquelas (organizações) de caráter global, **também são formadas por tratados constitutivos** e têm **atribuições especificadas pela respectiva carta instituidora**"[2].

A formação de **blocos econômicos** em uma região ocorre em razão de "afinidade geográfica, econômica, histórica e cultural e que decidem oferecer uns aos outros determinadas vantagens, mormente no campo econômico-comercial"[3]. A ideia é a **intensificação dos fluxos de comércio, de investimentos, e de pessoas e pela formação de áreas que se "sobrepõem às fronteiras nacionais"**[4].

Em outras palavras: a regionalização é uma forma de intensificação das relações entre Estados, na linha do que a globalização promove entre as nações.

PORTELA[5] menciona a existência de **cinco etapas** no processo de integração regional:

a) Área de livre comércio;

b) União aduaneira;

c) Mercado comum;

d) União econômica e monetária;

e) União política.

Referidas etapas não são obrigatórias, isto é, dependerá dos interesses dos Estados envolvidos.

1 A terminologia é de ACCIOLY, CASELLA e SILVA. ACCIOLY, Hildebrando; CASELLA, Paulo Borba; SILVA, G.E. do Nascimento e. *Manual de Direito Internacional Público*, 22ª ed. – São Paulo: Saraiva, 2016 p. 459.

2 MAZZUOLI, Valerio de Oliveira. *Curso de Direito Internacional*. 14ª ed., Rio de Janeiro: Forense, 2021, p. 579.

3 PORTELA, Paulo Henrique Gonçalves. *Direito Internacional Público e Privado*: Incluindo Noções de Direitos Humanos e Direito Comparado – 11ª ed., rev., atual. e ampl. – Salvador: JusPODIVM, p. 1222.

4 AMARAL JÚNIOR, Alberto. *Manual do candidato*: Direito Internacional, p. 257-261 *apud* PORTELA, p. 1222.

5 P. 1223.

9.1.1. Área de livre comércio

Também chamada de **zona de livre comércio**, consiste na facilitação da circulação de bens no bloco regional, a exemplo da redução ou retirada de barreiras alfandegárias (alíquotas de tributos, *v.g.*).

O art. 1º do Tratado de Assunção, que instituiu o MERCOSUL, assim estabelece:

> *"A livre circulação de bens, serviços e fatores produtivos entre os países, através, entre outros, da eliminação dos direitos alfandegários e restrições não tarifárias à circulação de mercadorias e de qualquer outra medida de efeito equivalente.";*

É importante saber que "a passagem para uma etapa subsequente não significa o abandono da anterior"[6], e sim a sua incorporação.

9.1.2. União aduaneira

A **união aduaneira** tem como principal característica, a adoção de uma **tarifa externa comum (TEC)** para as importações para países que não compõem o bloco regional econômico. O **MERCOSUL** encontra-se nesta etapa.

Com efeito, o art. 1º do Tratado de Assunção dá prosseguimento ao propósito de integração econômica, estabelecendo:

> *"O estabelecimento de uma tarifa externa comum e a adoção de uma política comercial comum em relação a terceiros Estados ou agrupamentos de Estados e a coordenação de posições em foros econômico-comerciais regionais e internacionais";*

9.1.3. União econômica e monetária

Como o próprio nome indica, é estabelecida **uma só moeda** para o Bloco Regional. Isso implica um só Banco Central e **políticas econômicas e cambiais unificadas**[7].

A **União Europeia** encontra-se nesta fase.

9.1.4. União política

É o nível mais avançado de integração. Possui cunho mais teórico, pois, como aponta PORTELA, "a união política pode levar à formação de uma confederação"[8], o que pode não ser interessante para os Estados que, em tese, teriam que renunciar à sua soberania. No entanto, em termos de globalização, pode ser uma opção para temas de segurança e integração econômica ainda mais intensificados

---

6 PORTELA, Paulo Henrique Gonçalves. *Direito Internacional Público e Privado*: Incluindo Noções de Direitos Humanos e Direito Comparado – 11ª ed., rev., atual. e ampl. – Salvador: JusPODIVM, p. 1223.

7 PORTELA, Paulo Henrique Gonçalves. *Direito Internacional Público e Privado*: Incluindo Noções de Direitos Humanos e Direito Comparado – 11ª ed., rev., atual. e ampl. – Salvador: JusPODIVM, p. 1224.

8 PORTELA, Paulo Henrique Gonçalves. *Direito Internacional Público e Privado*: Incluindo Noções de Direitos Humanos e Direito Comparado – 11ª ed., rev., atual. e ampl. – Salvador: JusPODIVM, p. 1224.

9.2. União Europeia

A **União Europeia** deu origem a um novo ramo das ciências jurídicas: o **Direito Comunitário**.

A característica mais importante do **Direito Comunitário** é a **supranacionalidade**, isto é, a **União Europeia**, enquanto organização regional supranacional, está juridicamente **acima** dos Estados soberanos. Em outros termos: suas "normas prevalecem frente às normas internas dos ordenamentos estatais"[9]. Há uma **ordem jurídica comunitária**.

O berço institucional da União Europeia ocorreu com o **Tratado de Maastricht**[10] (1992), ampliando o espectro de **cooperação intergovernamental**.

Foi com o **tratado de Lisboa**, que entrou em vigor em 2009, que a União Europeia adquiriu **personalidade jurídica internacional** própria, "o que lhe permite assinar tratados ligados aos seus objetivos"[11].

9.2.1. Aplicabilidade imediata

Trata-se de possibilidade de criação, por meio de normas emanadas pela **União Europeia**, de normas que já podem ser executadas pelos Estados soberanos componentes da organização regional, **sem a necessidade de incorporação** ou qualquer outro processo adicional. Como o nome indica, refere-se à "possibilidade de aplicação imediata das normas comunitárias dentro de cada Estado"[12].

9.2.2. Órgãos da União Europeia

Os principais órgãos da União Europeia (UE) são:

a) Conselho Europeu (órgão de cúpula da UE);
b) Conselho da União Europeia (ou "Conselho de Ministros");
c) Parlamento Europeu;
d) Comissão Europeia;
e) Tribunal de Justiça da União Europeia;
f) Tribunal de Contas.

Para fins de concurso público, merece destaque o **Tribunal de Justiça da União Europeia**. Consiste no órgão de última instância com o escopo de **uniformizar a aplicação da lei em qualquer matéria**. Suas **decisões são obrigatórias**. É, assim, o "**principal órgão jurisdicional supranacional de solução de controvérsias da UE**"[13].

---

9 PORTELA, Paulo Henrique Gonçalves. *Direito Internacional Público e Privado*: Incluindo Noções de Direitos Humanos e Direito Comparado – 11ª ed., rev., atual. e ampl. – Salvador: JusPODIVM, p. 1225.

10 MAZZUOLI, Valerio de Oliveira. *Curso de Direito Internacional*. 14ª ed., Rio de Janeiro: Forense, 2021, p. 582.

11 MAZZUOLI, Valerio de Oliveira. *Curso de Direito Internacional*. 14ª ed., Rio de Janeiro: Forense, 2021, p. 583.

12 PORTELA, Paulo Henrique Gonçalves. *Direito Internacional Público e Privado*: Incluindo Noções de Direitos Humanos e Direito Comparado – 11ª ed., rev., atual. e ampl. – Salvador: JusPODIVM, p. 1228.

13 MACHADO, Diego Pereira; DEL'OLMO, Florisbal de Souza. *Direito da Integração, direito comunitário, Mercosul e União Europeia*, p. 159 *apud* PORTELA p. 1261.

Importante para Concursos:

Ao tratar do **Tribunal de Justiça da União Europeia**, a Banca **CESPE / CEBRASPE**, assim expôs: Em prol da preeminência do direito na ordem internacional e da solução pacífica de conflitos, o moderno fenômeno da multiplicidade de tribunais internacionais abrange as mais diversas e sofisticadas áreas. Ao alastrar a jurisdição internacional, o fenômeno pode, no entanto, resultar em conflitos interjurisdicionais, não desejáveis sob o prisma da segurança jurídica. Com base nesse texto, considerou **incorreta** a assertiva na prova de **Diplomata (2015)**: "O Tribunal de Justiça da União Europeia detém o monopólio de aplicação do direito da União Europeia, com jurisdição de efeito direto e de aplicação imediata em todos os Estados comunitários". Com efeito, está **incorreta**, pois o Tribunal de Justiça da União Europeia "não conta com competência no tocante às disposições relativas à política externa e segurança comum"[14], atribuição esta, precipuamente, do **Conselho Europeu**.

9.3. Mercado Comum do Sul (Mercosul)

Em 26 de março de **1991**, ocorreu a assinatura do **Tratado de Assunção**, com vistas a criar o **Mercado Comum do Sul (MERCOSUL)**. O objetivo da **integração econômica** dos Estados-Partes por meio da **livre circulação de bens, serviços e estabelecimento de uma Tarifa Externa Comum (TEC)**, da adoção de uma **política comercial comum**, da coordenação de políticas macroeconômicas e setoriais, e da harmonização de legislações nas áreas pertinentes. Naquela ocasião, foram **signatários originais** deste tratado os seguintes países: **Paraguai, Argentina, Brasil e Uruguai**.

A Venezuela aderiu ao MERCOSUL em 2012, mas está suspensa desde dezembro de 2016, por descumprimento de seu Protocolo de Adesão. Em agosto de 2017, aplicou-se à Venezuela a **Cláusula Democrática do Protocolo de Ushuaia**, que condiciona a participação do bloco ao **respeito da democracia**[15].

O MERCOSUL possui, atualmente, **7 (sete) Estados associados:**

a) Bolívia[16];

b) Chile;

c) Colômbia;

d) Guiana;

e) Equador;

f) Peru;

g) Suriname.

---

14 PORTELA, Paulo Henrique Gonçalves. *Direito Internacional Público e Privado*: Incluindo Noções de Direitos Humanos e Direito Comparado – 11ª ed., rev., atual. e ampl. – Salvador: JusPODIVM, p. 1262.

15 Disponível em: <https://www.gov.br/mre/pt-br/assuntos/mercosul/saiba-mais-sobre-o-mercosul>. Acesso em 27-12-2021.

16 A Bolívia está em **processo de adesão**, segundo site oficial: <https://www.gov.br/mre/pt-br/assuntos/mercosul/saiba-mais-sobre-o-mercosul>.

Os membros associados, acima elencados, podem participar, quando convidados, das reuniões do **MERCOSUL**, porém, **sem direito a voto**[17].

São condições para integrar o **MERCOSUL:**

a) ser membros da Associação Latino-Americana de Integração (ALADI[18]) (art. 20 do Tratado de Assunção);

b) aprovação unânime por parte dos membros (P.A.B.U[19]);

c) celebração de acordos de livre comércio com o bloco;

d) adoção da democracia como regime político.

É por meio do **protocolo de Ushuaia** que os países integrantes do MERCOSUL se comprometem a estabelecer e manter o **regime democrático**. A suspensão da Venezuela decorreu da violação deste protocolo.

Como dito, o atual estágio do MERCOSUL é de **união aduaneira**.

Diferentemente da União Europeia, **não** há a característica da supranacionalidade no MERCOSUL. Isto é: o funcionamento do bloco depende da incorporação das normas ao direito interno dos Estados. Com efeito, segundo o Supremo Tribunal Federal[20], os tratados do MERCOSUL **não possuem efeito direito nem aplicabilidade imediata**, ou seja, "os tratados do MERCOSUL deverão ser submetidos ao mesmo processo de incorporação dos demais tratados ao ordenamento interno brasileiro"[21].

O **Protocolo de Ouro Preto** conferiu **personalidade jurídica de direito internacional** ao MERCOSUL.

Importante para Concursos:

Foi considerada correta a seguinte assertiva na prova de PROCURADOR DO TRABALHO (MPT – 2020): "De acordo com o Protocolo Adicional ao Tratado de Assunção sobre a Estrutura Institucional do MERCOSUL (Protocolo de Ouro Preto) são fontes jurídicas do Mercosul: o Tratado de Assunção, seus protocolos e os instrumentos adicionais ou complementares; os acordos celebrados no âmbito do Tratado de Assunção e seus protocolos; as Decisões do Conselho do Mercado Comum, as Resoluções do Grupo Mercado Comum e as Diretrizes da Comissão do Mercosul, adotadas desde a entrada em vigor do Tratado de Assunção".

17 PORTELA, Paulo Henrique Gonçalves. *Direito Internacional Público e Privado*: Incluindo Noções de Direitos Humanos e Direito Comparado – 11ª ed., rev., atual. e ampl. – Salvador: JusPODIVM, p. 1235.

18 O ALADI possui baixa incidência em provas de concursos. Em síntese, consiste em uma associação que tem como propósito promover o livre comércio na América Latina

19 Mnemônico dos signatários originais: Paraguai, Argentina, Brasil e Uruguai. Iniciais PABU.

20 STF, Tribunal Pleno, CR-AgR 8.279/AT, Relator Min. Celso de Mello.

21 PORTELA, Paulo Henrique Gonçalves. *Direito Internacional Público e Privado*: Incluindo Noções de Direitos Humanos e Direito Comparado – 11ª ed., rev., atual. e ampl. – Salvador: JusPODIVM, 2020, p. 1228.

9.3.1. Órgãos do MERCOSUL

O **Protocolo de Ouro Preto** prevê a **estrutura institucional** do MERCOSUL, com os seguintes órgãos:

a) Conselho do Mercado Comum (CMC);

b) Grupo Mercado Comum (GMC);

c) Comissão de Comércio do Mercosul (CCM);

d) Comissão Parlamentar Conjunta (CPC);

e) Foro Consultivo Econômico-Social (FCES);

f) Secretaria Administrativa do Mercosul.

Para fins de concurso público, os órgãos mais relevantes são: o **Conselho do Mercado Comum**, o **Grupo Mercado Comum** e a **Comissão de Comércio** do MERCOSUL.

Importante para Concursos:

Na Prova de Procurador da República (2017 – adaptada), a Banca Examinadora (PGR) considerou correta a seguinte assertiva: "de acordo com o protocolo de Ouro Preto, a estrutura do MERCOSUL contará com os órgãos: Conselho do Mercado Comum, Grupo Mercado Comum, Comissão de Comércio do Mercosul, Comissão Parlamentar Conjunta, Foro Consultivo Econômico-Social, Secretaria Administrativa do MERCOSUL.

9.3.1.1. Conselho do Mercado Comum

Nos termos do art. 3º do Protocolo de Ouro Preto, o **Conselho do Mercado Comum** é o **órgão superior do MERCOSUL** ao qual incumbe a "condução política do processo de integração e a tomada de decisões para assegurar o cumprimento dos objetivos estabelecidos pelo Tratado de Assunção e para lograr a constituição final do mercado comum".

O Conselho do Mercado Comum será integrado pelos Ministros das Relações Exteriores e pelos Ministros da Economia, ou seus equivalentes, dos Estados Partes.

São funções a atribuições do Conselho do Mercado Comum (art. 8º do Protocolo de Ouro Preto):

I – velar pelo cumprimento do Tratado de Assunção, de seus Protocolos e dos acordos firmados em seu âmbito;

II – formular políticas e promover as ações necessárias à conformação do mercado comum;

III – exercer a titularidade da personalidade jurídica do Mercosul.

IV – negociar e firmar acordos em nome do Mercosul com terceiros países, grupos de países e organizações internacionais. Estas funções podem ser delegadas ao Grupo Mercado Comum por mandato expresso, nas condições estipuladas no inciso VII do art. 14;

V – manifestar-se sobre as propostas que lhe sejam elevadas pelo Grupo Mercado Comum;

VI – criar reuniões de ministros e pronunciar-se sobre os acordos que lhe sejam remetidos pela mesmas;
VII – criar órgãos que estime pertinentes, assim como odifica-los ou extingui-los;
VIII – esclarecer, quando estime necessário, o conteúdo e o alcance de suas Decisões;
IX – designar o Diretor da Secretaria Administrativa do Mercosul;
X – adotar Decisões em matéria financeira e orçamentária;
XI – homologar o Regimento Interno do Grupo Mercado Comum.

O Conselho do Mercado Comum se manifesta mediante Decisões por votação unânime (consenso) e são obrigatórias para os Estados do MERCOSUL[22].

9.3.1.2. *Grupo Mercado Comum*

O **Grupo Mercado Comum** é o **órgão executivo** do MERCOSUL.

O Grupo Mercado Comum será integrado por quatro membros titulares e quatro membros alternos por país, designados pelos respectivos Governos, dentre os quais deve constar necessariamente representantes dos Ministérios das Relações Exteriores, dos Ministérios da Economia (ou equivalentes) e dos Bancos Centrais. O Grupo Mercado comum será coordenado pelos Ministérios das Relações Exteriores (art. 11 do Protocolo de Ouro Preto).

São funções e atribuições do Grupo Mercado Comum (art. 14 do Protocolo de Ouro Preto):

I – velar, nos limites de suas competências, pelo cumprimento do Tratado de Assunção, de seus Protocolos e dos Acordos firmados em seu âmbito;
II – propor projetos de Decisão ao Conselho do Mercado Comum;
III – tomar as medidas necessárias ao cumprimento das Decisões adotadas pelo Conselho do Mercado Comum;
IV – fixar programas de trabalho que assegurem avanços para o estabelecimento do mercado comum;
V – criar, modificar ou extinguir órgãos tais como subgrupos de trabalho e reuniões especializadas, para o cumprimento de seus objetivos;
VI – manifestar-se sobre as propostas ou recomendações que lhe forem submetidas pelos demais órgãos do Mercosul no âmbito de suas competências;
VII – negociar com a participação de representantes de todos os Estados Partes, por delegação expressa do Conselho do Mercado Comum e dentro dos limites estabelecidos em mandatos específicos concedidos para este fim, acordos em nome do Mercosul com terceiros países, grupos de países e organismos internacionais. O Grupo Mercado Comum, quando dispuser de mandato para tal fim, procederá à assinatura dos mencionados acordos. O Grupo Mercado Comum, quando autorizado pelo Conselho do Mercado Comum, poderá delegar os referidos poderes à Comissão de Comércio do Mercosul.

22 PORTELA, Paulo Henrique Gonçalves. *Direito Internacional Público e Privado*: Incluindo Noções de Direitos Humanos e Direito Comparado – 11ª ed., rev., atual. e ampl. – Salvador: JusPODIVM, 2020, p. 1241.

VIII – aprovar o orçamento e a prestação de contas anual apresentada pela Secretaria Administrativa do Mercosul;

IX – adotar resoluções em matéria financeira e orçamentária, com base nas orientações emanadas do Conselho do Mercado Comum;

X – Submeter ao Conselho do Mercado Comum seu Regimento Interno;

XI – organizar as reuniões do Conselho do Mercado Comum e preparar os relatórios e estudos que este lhe solicitar;

XII – eleger o Diretor da Secretaria Administrativa do Mercosul;

XIII – supervisionar as atividades da Secretaria Administrativa do Mercosul;

XIV – homologar os Regimentos Internos da Comissão de Comércio e do Foro Consultivo Econômico-Social;

O Grupo Mercado Comum manifesta-se mediante **Resoluções**, as quais serão obrigatórias para os Estados Partes.

Atenção:

Uma relevante função do **Grupo Mercado Comum** é participar da solução de controvérsias, conforme será estudado no item a respeito do Protocolo de Olivos.

Assim, não confunda:

CONSELHO DO MERCADO COMUM	GRUPO DE MERCADO COMUM
Órgão superior	Órgão executivo
INTEGRADO POR: **MINISTRO DAS RELAÇÕES EXTERIORES E MINISTRO DA ECONOMIA**	INTEGRADO POR: **MINISTRO DAS RELAÇÕES EXTERIORES, MINISTRO DA ECONOMIA E DOS BANCOS CENTRAIS**
Manifesta-se por meio de **Decisões**	Manifesta-se por meio de **Resoluções.**

9.3.1.3. Comissão de Comércio do Mercosul

À Comissão de Comércio do Mercosul, órgão encarregado de assistir o Grupo Mercado Comum, compete velar pela aplicação dos instrumentos de política comercial comum acordados pelos Estados Partes para o funcionamento da união aduaneira, bem como acompanhar e revisar os temas e matérias relacionados com as políticas comerciais comuns, com o comércio infra-Mercosul e com terceiros países (art. 16 do Protocolo de Ouro Preto).

São funções e atribuições da Comissão de Comércio do Mercosul:

I - velar pela aplicação dos instrumentos comuns de política comercial infra-Mercosul e com terceiros países, organizações intencionais e acordos de comércio;

II – considerar e pronunciar-se sobre as solicitações apresentadas pelos Estados Partes com respeito à aplicação e ao cumprimento da tarifa externa comum e dos demais instrumentos de política comercial comum;

III – acompanhar a aplicação dos instrumentos de política comercial comum nos Estados Partes;

IV – analisar a evolução dos instrumentos de políticas comercial comum para o funcionamento da união aduaneira e formular propostas a respeito ao Grupo Mercado Comum;

V – tomar as decisões vinculadas à administração e à aplicação de tarifa externa comum e dos instrumentos de política comercial comum acordados pelos Estados Partes:

VI - informar ao Grupo Mercado Comum sobre a evolução e a aplicação dos instrumentos de política comercial comum, sobre o trâmite das solicitações recebidas e sobre as decisões adotadas a respeito delas;

VII – propor ao Grupo Mercado Comum novas normas ou modificações às normas existentes referentes à matéria comercial e aduaneira do Mercosul;

VIII – propor a revisão das alíquotas tarifárias de itens específicos da tarifa comum, inclusive para contemplar casos referentes a novas atividades produtivas no âmbito do Mercosul.;

IX – estabelecer os comitês técnicos necessários ao adequado cumprimento de suas funções, bem como dirigir e supervisionar as atividades dos mesmos;

X – desempenhar as tarefas vinculadas à política comercial comum que lhe solicite o Grupo Mercado Comum;

XI – adotar o Regimento Interno, que submeterá ao Grupo Mercado Comum para sua homologação.

A Comissão de Comércio do Mercosul manifestar-se-á mediante **Diretrizes** ou **Propostas**. As Diretrizes serão obrigatórias para os Estados Partes.

9.3.1.4. Parlamento do MERCOSUL (PARLASUL)

O Protocolo Constitutivo do Parlamento do Mercosul (2005) criou o **Parlamento do MERCOSUL (PARLASUL)**.

O PARLASUL veio a "substituir a Comissão Parlamentar Conjunta"[23]. É o "órgão de representação dos interesses dos cidadãos dos Estados-partes"[24].

O Parlamento é um órgão unicameral e seus princípios, competências e integração se regem de acordo com o disposto neste Protocolo.

As funções do PARLASUL estão previstas no art. 4º do Protocolo Constitutivo (Decreto nº 6.105/2017), dentre as quais, destacam-se:

- *Velar pela **preservação do regime democrático** nos Estados Partes, de acordo com as normas do MERCOSUL, e em particular com o **Protocolo de Ushuaia sobre Compromisso Democrático no MERCOSUL**, na República da Bolívia e República do Chile.*
- *Elaborar e publicar anualmente um relatório sobre a **situação dos direitos humanos** nos Estados Partes, levando em conta os princípios e as normas do MERCOSUL.*
- *Fomentar o desenvolvimento de instrumentos de **democracia representativa e participativa** no MERCOSUL.*

23 PORTELA, Paulo Henrique Gonçalves. *Direito Internacional Público e Privado*: Incluindo Noções de Direitos Humanos e Direito Comparado – 11ª ed., rev., atual. e ampl. – Salvador: JusPODIVM, 2020, p. 1243.

24 PORTELA, Paulo Henrique Gonçalves. *Direito Internacional Público e Privado*: Incluindo Noções de Direitos Humanos e Direito Comparado – 11ª ed., rev., atual. e ampl. – Salvador: JusPODIVM, 2020, p. 1243.

9.3.2. O Protocolo de Olivos e a Solução de Controvérsias

O Protocolo de Brasília manteve-se vigente para a solução de controvérsias dentro do MERCOSUL.

Em 2002, o **Protocolo de Olivos** derrogou, a partir de sua entrada em vigência, o Protocolo de Brasília para a Solução de Controvérsias (art. 55, § 1º, do Protocolo de Olivos[25]).

Não obstante, enquanto as controvérsias iniciadas sob o regime do Protocolo de Brasília não estejam concluídas totalmente e até se completarem os procedimentos previstos no art. 49, continuará sendo aplicado, no que corresponda, o Protocolo de Brasília e seu Regulamento (art. 55, § 2º, do Protocolo de Olivos).

A estrutura fundamental da solução de controvérsias no MERCOSUL abrange três etapas:

a) Negociações diplomáticas;

b) Arbitragem;

c) Tribunal Permanente de Revisão.

Os Estados Partes numa controvérsia procurarão resolvê-la, antes de tudo, mediante negociações diretas (art. 4º do Protocolo de Olivos). Trata-se, assim, da **primeira etapa**.

Assim, aplica-se, no âmbito do MERCOSUL, nos termos do Protocolo de Olivos, a **primazia da solução consensual dos conflitos**.

As negociações diretas não poderão, salvo acordo entre as partes na controvérsia, exceder um prazo de quinze (15) dias a partir da data em que uma delas comunicou à outra a decisão de iniciar a controvérsia (art. 5º do Protocolo de Olivos).

Se mediante as negociações diretas não se alcançar um acordo ou se a controvérsia for solucionada apenas parcialmente, qualquer dos Estados partes na controvérsia poderá iniciar o procedimento arbitral junto ao Grupo Mercado Comum.

Em seguida, a **segunda etapa** ocorre por meio de tribunais arbitrais *ad hoc* (art. 10 do Protocolo de Olivos).

O Tribunal Arbitral Ad Hoc emitirá o laudo num prazo de sessenta (60) dias, prorrogáveis por decisão do Tribunal por um prazo máximo de trinta (30) dias, contado a partir da comunicação efetuada pela Secretaria Administrativa do MERCOSUL às partes e aos demais árbitros, informando a aceitação pelo árbitro Presidente de sua designação (art. 16 do Protocolo de Olivos).

Por derradeiro, a **terceira etapa** é o eventual recurso, em face das decisões dos tribunais arbitrais ad hoc ao Tribunal Permanente de Revisão. Trata-se do chamado recurso de revisão (arts. 17 a 24 do Protocolo de Olivos). O prazo para o recurso é de 15 (quinze) dias.

Como vimos ao estudar o Direito dos Tratados[26], prevalece, como regra, no Direito Internacional a **"cláusula facultativa de jurisdição contenciosa"**. Ou seja, é comum haver um

25 O Protocolo de Olivos foi incorporado ao ordenamento jurídico brasileiro por meio do Decreto nº 4.982/2004.

26 Capítulo 4 desta obra.

Protocolo adicional, que prevê o Tribunal (outro tratado) em que o Estado precisa anuir a aceitação da jurisdição da Corte. Esta é a regra.

Atenção, pois há uma **exceção**. Isso porque os arts. 33 e 54 do Protocolo de Olivos estabelecem:

- *"Os Estados Partes declaram reconhecer como **obrigatória, ipso facto e sem necessidade de acordo especial, a jurisdição dos Tribunais Arbitrais Ad Hoc** que em cada caso se constituam para conhecer e resolver as controvérsias a que se refere o presente Protocolo, bem como a jurisdição do Tribunal Permanente de Revisão para conhecer e resolver as controvérsias conforme as competências que lhe confere o presente Protocolo" (art. 33 do Protocolo de Olivos);*
- *"A adesão ao Tratado de Assunção significará ipso jure a adesão ao presente Protocolo" (art. 54 do Protocolo de Olivos).*

Em outras palavras: o Estado-parte, ao aderir ao MERCOSUL, por meio da subscrição do Tratado de Assunção, adere, como decorrência jurídica, ao Protocolo de Olivos, sendo desnecessária nova adesão.

Não só. Nos termos do art. 33, acima transcrito, sequer é necessário um acordo especial para reconhecimento da obrigatoriedade da decisão do tribunal arbitral *ad hoc*. A decisão é **obrigatória** pela adesão ao MERCOSUL, por meio da subscrição do Tratado de Assunção.

Como é comum com relação a outros tribunais internacionais, o **Tribunal Permanente de Revisão** possui atribuição para a emissão de **opiniões consultivas** (art. 3º do Protocolo de Olivos), as quais não possuem caráter vinculante[27].

Em arremate, o **Protocolo de Olivos** prevê que o **Tribunal Arbitral *Ad Hoc*** poderá, por solicitação da parte interessada, e na medida em que existam presunções fundamentadas de que a manutenção da situação poderá ocasionar **danos graves e irreparáveis** a uma das partes na controvérsia, ditar as **medidas provisórias** que considere apropriadas para prevenir tais danos.

9.3.3. O Protocolo de Las Leñas e a Cooperação jurídica no MERCOSUL

É oportuno observar que o MERCOSUL vai além de uma integração econômica. Exemplo disso é o **Protocolo de Las Leñas** (1992), que consiste em um Protocolo de Cooperação e Assistência Jurisdicional em Matéria Civil, Comercial, Trabalhista e Administrativa.

Importante para Concursos:

Foi considerada **correta**, na prova de **Juiz Federal do Tribunal Regional Federal da 3ª Região (2016)**, a seguinte assertiva: "O Acordo de Cooperação e Assistência Jurisdicional,

27 PORTELA, Paulo Henrique Gonçalves. *Direito Internacional Público e Privado*: Incluindo Noções de Direitos Humanos e Direito Comparado – 11ª ed., rev., atual. e ampl. – Salvador: JusPODIVM, p. 1251.

denominado Protocolo de Las Lenãs, promulgado pelo Decreto nº 6.891, de 2.7.2009, busca facilitar o sistema de reconhecimento de sentenças estrangeiras proferidas por tribunais domésticos dos Estados do MERCOSUL, porém não modifica em nada a competência do Superior Tribunal de Justiça para homologá-las".

Sobre a questão acima, a prova do TRF cobrou tema de Direito Internacional Privado - homologação de sentença estrangeira de competência do STJ e o conhecimento de que o Protocolo de Las Leñas versa sobre tema também de Direito Internacional Privado, qual seja, a cooperação internacional.

9.3.4. Fontes jurídicas do MERCOSUL

São **fontes jurídicas do Mercosul** (art. 41 do **Protocolo de Ouro Preto**):

a) o Tratado de Assunção, seus protocolos e os instrumentos adicionais ou complementares;

b) os acordos celebrados no âmbito do Tratado de Assunção e seus protocolos;

c) as Decisões do Conselho do Mercado Comum, as Resoluções do Grupo Mercado Comum e as Diretrizes da Comissão do Mercosul, adotadas deste a entrada em vigor do Tratado de Assunção.

9.4. Quadro sinótico

Memorização e Revisão	
Blocos Regionais e integração regional	Há **cinco etapas** no processo de integração regional: a) Área de livre comércio; b) União aduaneira; c) Mercado comum; d) União econômica e monetária; e) União política.
Área de livre comércio	A livre circulação de bens, serviços e fatores produtivos entre os países, através, entre outros, da eliminação dos direitos alfandegários e restrições não tarifárias à circulação de mercadorias e de qualquer outra medida de efeito equivalente.
União aduaneira	A **união aduaneira** tem como principal característica, a adoção de uma **tarifa externa comum (TEC)** para as importações para países que não compõem o bloco regional econômico. O **MERCOSUL** encontra-se nesta etapa.
União econômica e monetária	Como o próprio nome indica, é estabelecida **uma só moeda** para o Bloco Regional. Isso implica um só Banco Central e **políticas econômicas e cambiais unificadas**. A **União Europeia** encontra-se nesta fase.
União política	É o nível mais avançado de integração.
União Europeia	A **União Europeia** deu origem a um novo ramo das ciências jurídicas: o **Direito Comunitário**. O berço institucional da União Europeia ocorreu com o **Tratado de Maastricht.** Foi com o **tratado de Lisboa**, que entrou em vigor em 2009, que a União Europeia adquiriu **personalidade jurídica internacional** própria

Órgãos da União Europeia	a) Conselho Europeu (órgão de cúpula da UE); b) Conselho da União Europeia (ou "Conselho de Ministros"); c) Parlamento Europeu; d) Comissão Europeia; e) Tribunal de Justiça da União Europeia; f) Tribunal de Contas.
MERCOSUL	O **Tratado de Assunção** criou o **Mercado Comum do Sul (MERCOSUL).** São signatários originais deste tratado os seguintes países: **Paraguai, Argentina, Brasil e Uruguai.** **7 (sete) Estados associados:** a) Bolívia[28]; b) Chile; c) Colômbia; d) Guiana; e) Equador; f) Peru; g) Suriname. O **Protocolo de Ouro Preto** conferiu **personalidade jurídica de direito internacional** ao MERCOSUL.
Órgãos do MERCOSUL	O **Protocolo de Ouro Preto** prevê a **estrutura institucional** do MERCOSUL, com os seguintes órgãos: a) Conselho do Mercado Comum (CMC); b) Grupo Mercado Comum (GMC); c) Comissão de Comércio do Mercosul (CCM); d) Comissão Parlamentar Conjunta (CPC); e) Foro Consultivo Econômico-Social (FCES); f) Secretaria Administrativa do Mercosul.
O Protocolo de Olivos e a Solução de Controvérsias no MERCOSUL	A estrutura fundamental da **solução de controvérsias no MERCOSUL** abrange três etapas: a) Negociações diplomáticas; b) Arbitragem; c) Tribunal Permanente de Revisão.

9.5. Questões

1. **(TRF – 3ª REGIÃO – Juiz Federal – 2018)** Sobre o MERCOSUL e sua disciplina jurídica, reflita sobre as seguintes assertivas:

   I. Derrogando o Protocolo de Brasília, o Protocolo de Olivos, assinado aos 18.02.2002, aprovado pelo Decreto Legislativo 712, de 2003, e promulgado no Brasil pelo Dec. 4.982/2004, estabelece mecanismos para solução de controvérsias entre os Estados Partes; e o procedimento arbitral "ad hoc" será utilizado, caso o conflito não tenha sido solucionado por negociação direta, nem por intervenção do Grupo Mercado Comum.

   II. São órgãos componentes da estrutura institucional do Mercosul: (i) Conselho do Mercado Comum (CMC); (ii) Grupo Mercado Comum (GMC); (iii) Comissão de Comércio do Mercosul (CMC); (iv) Comissão Parlamentar Conjunta (CPC); (v) Foro Consultivo Econômico-Social (FCES); (vi) Secretaria Administrativa do Mercosul (SAM); (vii) Conselho de Segurança (CS).

   III. São fontes jurídicas do MERCOSUL: (i) o Tratado de Assunção, seus protocolos e os instrumentos adicionais ou complementares; (ii) os acordos celebrados no âmbito do Tratado de Assunção e seus protocolos; (iii) as decisões do Conselho Mercado Comum, as Resoluções

28 A Bolívia está em **processo de adesão**, segundo site oficial: <https://www.gov.br/mre/pt-br/assuntos/mercosul/saiba-mais-sobre-o-mercosul>.

do Grupo Mercado Comum e as Diretrizes da Comissão de Comércio do Mercosul, adotadas desde a entrada em vigor do Tratado de Assunção.

IV. As normas produzidas pelo Conselho Mercado Comum, pelo Grupo Mercado Comum e pela Comissão de Comércio do Mercosul, além de possuírem caráter obrigatório, deverão, quando necessário, ser incorporadas aos ordenamentos jurídicos nacionais mediante os procedimentos previstos pela legislação de cada país.

A) Apenas as assertivas I e III são incorretas.

B) A assertiva II é a única incorreta.

C) Apenas as assertivas II e IV são incorretas.

D) A assertiva IV é a única incorreta.

Gabarito: B.

2. **(PGR - Procurador da República - 2017)** ACERCA DO MERCOSUL, ASSINALE A ALTERNATIVA CORRETA:

A) De acordo com o protocolo de Ouro Preto, a estrutura do MERCOSUL contará com os órgãos: Conselho do Mercado Comum, Grupo Mercado Comum, Comissão de Comércio do Mercosul, Comissão Parlamentar Conjunta, Foro Consultivo Econômico-Social, Secretaria Administrativa do MERCOSUL.

B) Fazem parte do tratado de extradição de estrangeiros, entre os Estados parte do MERCOSUL, os seguintes países: República Federativa do Brasil, a República do Paraguai, a República da Argentina, a República Federativa do Uruguai e República do Chile.

C) Ainda não há formalização de cooperação entre qualquer dos países do MERCOSUL, mormente quanto à igualdade de tratamento processual a cidadãos e os residentes permanentes.

D) São países fundadores do MERCOSUL o Brasil, a Bolívia, a Argentina, o Paraguai, o Uruguai, e o Peru.

Gabarito: a.

3. **(INSTITUTO RIO BRANCO - Diplomata - CESPE / CEBRASPE 2017)** No que se refere à solução pacífica das controvérsias, incluindo-se os tribunais internacionais, julgue (C ou E) o item que se segue.

No Protocolo de Olivos para a Solução de Controvérsias no MERCOSUL, não há previsão de adoção de medidas provisórias por tribunal ad hoc constituído no âmbito do referido tratado.

C) Certo

E) Errado

Gabarito: Errado.

4. **(TRANSPETRO - Advogado Júnior - CESGRANRIO - 2018)** Nos termos do Tratado de Assunção, as controvérsias serão resolvidas mediante negociações diretas.

Caso não logrem uma solução, os Estados Partes submeterão a controvérsia à consideração do Grupo

A) Arbitral Coletivo

B) Diplomático Comercial

C) Especial de Julgamento

D) Integrante do Tratado

E) Mercado Comum

Gabarito: E.

5. **(TRF – 3ª REGIÃO – Juiz Federal – 2016 – ADAPTADA)** Julgue certo ou errado o item. O Acordo de Cooperação e Assistência Jurisdicional, denominado Protocolo de Las Leñas, promulgado pelo Decreto nº 6.891, de 2.7.2009, busca facilitar o sistema de reconhecimento de sentenças estrangeiras proferidas por tribunais domésticos dos Estados do MERCOSUL, porém não modifica em nada a competência do Superior Tribunal de Justiça para homologá-las.

C) Certo

E) Errado

Gabarito: Certo.

6. **(AGU – Advogado da União – CESPE / CEBRASPE – 2015)** Com referência aos mecanismos para a solução de controvérsias internacionais, julgue o item que se segue.

Compete ao Tribunal Permanente de Revisão do MERCOSUL, instituído por meio do Protocolo de Olivos, julgar, em última instância, os recursos interpostos contra decisões de tribunais *ad hoc* prolatadas em procedimentos de arbitragem instaurados para a solução de controvérsias entre os Estados-partes do MERCOSUL relativas à interpretação, à aplicação ou ao não cumprimento das normas desse bloco econômico.

C) Certo

E) Errado

Gabarito: Certo.

7. **(TRF – 1ª REGIÃO – Juiz Federal Substituto – CESPE / CEBRASPE – 2015)** O instrumento que regula atualmente a solução de controvérsias no âmbito do MERCOSUL é o

A) Protocolo de Ouro Preto.

B) Protocolo de Brasília.

C) Protocolo de Assunção.

D) Protocolo de Las Leñas.

E) Protocolo de Olivos.

Gabarito: E.

8. **(DPU – Defensor Público Federal – CESPE / CEBRASPE – 2015)** No que se refere ao direito internacional, julgue o item seguinte.

A Carta das Nações Unidas não se refere explicitamente à personalidade jurídica da Organização das Nações Unidas, ao passo que o Protocolo de Ouro Preto prevê que o MERCOSUL tenha personalidade jurídica de direito internacional.

C) Certo

E) Errado

Gabarito: Certo.

9. **(INSTITUTO RIO BRANCO – Diplomata – CESPE / CEBRASPE – 2014).** Acerca dos tribunais internacionais e dos mecanismos de solução de controvérsias, julgue (C ou E) os itens a seguir.

O Tribunal Permanente do MERCOSUL dispõe apenas de competência contenciosa.

C) Certo

E) Errado

Gabarito: Errado.

10. **(TRF - 3ª REGIÃO - Juiz Federal - 2013).** Os Estados-Parte do MERCOSUL, no âmbito do Conselho Mercado Comum, deliberam:

A) Por maioria absoluta;

B) Por maioria simples, cabendo ao Secretário do Mercosul dar voto de minerva, havendo empate;

C) Por unanimidade;

D) Por unanimidade, sendo essa a explicação para a natureza supranacional do Mercosul;

E) Por maioria simples, não passando a proposição em caso de empate.

Gabarito: C.

11. **(AGU - Advogado da União - CESPE / CEBRASPE - 2012)** Julgue os itens a seguir, relativos ao MERCOSUL.

Cabe ao Conselho do MERCOSUL, órgão superior composto pelos ministros das Relações Exteriores e os da Economia dos Estados-partes, conduzir a política do processo de integração e tomar decisões destinadas a assegurar o cumprimento dos objetivos e prazos estabelecidos para a constituição definitiva do MERCOSUL.

C) Certo

E) Errado

Gabarito: Certo.

12. **(AGU - Advogado da União - CESPE / CEBRASPE - 2012)** Julgue os itens a seguir, relativos ao MERCOSUL.

O MERCOSUL não é uma organização supranacional, razão pela qual as normas emanadas dos seus órgãos não têm caráter obrigatório nem aplicação direta; para ter eficácia, elas devem ser incorporadas formalmente no ordenamento jurídico dos Estados-membros.

C) Certo

E) Errado

Gabarito: certo.

13. **(CAIXA - Advogado - CESGRANRIO - 2012)** Julgue os itens a seguir, relativos ao MERCOSUL.

Uma controvérsia entre Brasil e Argentina teve início por conta de restrições impostas pelo governo brasileiro à entrada de certos produtos argentinos no mercado nacional. Concluída a etapa de negociação sem que se chegasse a um acordo, o governo argentino iniciou o procedimento arbitral ad hoc e teve ganho de causa.

Se o Brasil pretender recorrer da decisão, deverá ajuizar o recurso perante a(o)

A) Corte Internacional de Justiça

B) Corte Permanente de Justiça Internacional

C) Organização Mundial do Comércio (OMC)

D) Centro de Solução de Disputas (ICSID) do Banco Mundial

E) Tribunal Permanente de Revisão do Mercosul (TPR)

Gabarito: E.

CAPÍTULO 10
DIREITO DO MAR

O **Direito do Mar** é o ramo do **Direito Internacional** que analisa o **domínio marítimo**[1] e diversos assuntos, como:

a) Alto mar;

b) Águas interiores;

c) Mar territorial;

d) Zona contígua;

e) Zona econômica exclusiva;

f) Plataforma continental;

g) Direito de passagem inocente;

h) Proteção e preservação do meio marinho;

i) Entre outros assuntos previstos na Convenção de Montego Bay.

Em razão de o escopo desta obra ser o **foco no que é relevante para concursos públicos,** abordaremos apenas os assuntos com incidência em provas[2].

O principal tratado sobre o assunto é a **Convenção de Montego Bay – Convenção das Nações Unidas sobre o Direito do Ma**r (1982).

No Brasil, o marco legal é a **Lei nº 8.617/1993**.

Inicialmente, o **Direito do Mar** se desenvolveu em torno da temática da **soberania**. Em outras palavras: qual espaço geográfico, envolvendo as águas marítimas, pertence à soberania estatal? Discussão relevante, especialmente quando se trata de definição de fronteiras para defesa territorial ou exploração econômica.

Atualmente, além de **direitos**, o Direito Internacional evoluiu para enfatizar os **deveres** dos Estados, especialmente à luz do **Direito Internacional do Meio Ambiente**[3] (arts. 192 e seguintes da Convenção de Montego Bay).

Dentre os assuntos **relevantes para concursos**, destaca-se a criação do **Tribunal Internacional do Direito do Mar**, com sede em Hamburgo (Alemanha) (anexo VI da Convenção de Montego Bay).

---

1 ACCIOLY, Hildebrando; CASELLA, Paulo Borba; SILVA, G.E. do Nascimento e. *Manual de Direito Internacional Público*, 22ª edição – São Paulo: Saraiva, 2016, p. 606.

2 De fato, a Convenção de Montego Bay, por exemplo, possui 320 artigos repleto de parágrafos. Daí a importância de um **estudo dirigido**.

3 PORTELA, Paulo Henrique Gonçalves. *Direito Internacional Público e Privado*: Incluindo Noções de Direitos Humanos e Direito Comparado – 11ª ed., rev., atual. e ampl. – Salvador: JusPODIVM, p. 693.

10.1. Mar territorial e passagem inocente

Para o exercício de sua **soberania**, todo Estado tem o direito de fixar a largura do seu **mar territorial** até um limite que **não ultrapasse 12 (doze) milhas marítimas**, medidas a partir de linhas de base determinadas em conformidade com a Convenção de Montego Bay (art. 3º).

Com redação semelhante – e que pode cair na sua prova de concurso – o art. 1º da Lei nº 8.617/1993 – prevê:

> *"Art. 1º O mar territorial brasileiro compreende uma faixa de* ***doze milhas marítima de largura, medidas a partir da linha de baixa-mar do litoral continental e insular, tal como indicada nas cartas náuticas de grande escala****, reconhecidas oficialmente no Brasil".*

Segundo ACCIOLY, CASELLA e SILVA, "a soberania do Estado costeiro estende-se ao espaço atmosférico situado sobre o seu mar territorial, bem como ao solo recoberto por essas águas e respectivo subsolo"[4]. É o que dispõe o art. 2º da Convenção de Montego Bay.

Atenção:

PORTELA[5] enfatiza que a Convenção Montego Bay **fixa limites à soberania estatal** no âmbito do mar territorial, uma vez que estabelece normas em prol do **"direito de passagem inocente"** (arts. 16 a 17).

No mesmo sentido, a Lei nº 8.617/1993 reconhece "aos navios de todas as nacionalidades o **direito de passagem** inocente no mar territorial brasileiro" (art. 3º).

Nos termos da Convenção de Montego Bay (art. 18), "Passagem inocente" significa a navegação pelo mar territorial com o fim de:

> *a) atravessar esse mar* ***sem penetrar nas águas interiores***[6] *nem fazer escala num ancoradouro ou instalação portuária situada fora das águas interiores;*
>
> *b) dirigir-se para as águas interiores ou delas sair ou fazer escala num desses ancoradouros ou instalações portuárias.*

A passagem será considerada **inocente** desde que **não seja prejudicial à paz, à boa ordem ou à segurança do Brasil**, devendo ser **contínua e rápida** (art. 3º, § 1º, da Lei nº 8.617/1993).

4 ACCIOLY, Hildebrando; CASELLA, Paulo Borba; SILVA, G.E. do Nascimento e. *Manual de Direito Internacional Público*, 22ª ed. – São Paulo: Saraiva, 2016, p. 610.

5 PORTELA, Paulo Henrique Gonçalves. *Direito Internacional Público e Privado*: Incluindo Noções de Direitos Humanos e Direito Comparado – 11ª ed., rev., atual. e ampl. – Salvador: JusPODIVM, p. 624.

6 Como veremos à frente, no caso de águas interiores, é necessária autorização da autoridade competente.

Importante para Concursos:

A CESPE / CEBRASPE, em 2018, considerou correta a seguinte assertiva na prova de Delegado de Polícia Federal: "A soberania de Estado costeiro sobre o seu mar territorial abrange não apenas as águas, mas também o leito do mar, seu subsolo e o espaço aéreo correspondente, devendo tal Estado, contudo, admitir o direito de passagem inocente de navios mercantes ou de guerra de qualquer outro Estado". Note que mesmo se tratando de navios de guerra é garantido o direito de passagem inocente "enquanto não inicie nenhuma prática considerada ameaçadora à segurança do Estado costeiro, nos termos do art. 19 da Convenção"[7].

Contudo, a passagem inocente poderá compreender o parar e o fundear, mas apenas na medida em que tais procedimentos constituam incidentes comuns de navegação ou sejam impostos por motivos de força ou por dificuldade grave, ou tenham por fim prestar auxílio a pessoas a navios ou aeronaves em perigo ou em dificuldade grave (art. 3º, § 2º, da Lei nº 8.617/1993).

Ainda sobre o direito de passagem inocente, a jurisdição penal do Estado costeiro não será exercida a bordo de navio estrangeiro que passe pelo mar territorial com o fim de deter qualquer pessoa ou de realizar qualquer investigação, com relação à infração criminal cometida a bordo desse navio durante a sua passagem, salvo nos seguintes casos[8]:

a) se a infração criminal tiver consequências para o Estado costeiro;

b) se a infração criminal for de tal natureza que possa perturbar a paz do país ou a ordem no mar territorial;

c) se a assistência das autoridades locais tiver sido solicitada pelo capitão do navio ou pelo representante diplomático ou funcionário consular do Estado de bandeira; ou

d) se essas medidas forem necessárias para a repressão do tráfico ilícito de estupefacientes ou de substâncias psicotrópicas.

10.2. Zona contígua

A **zona contígua brasileira** compreende uma faixa que se estende das **doze às vinte e quatro milhas marítimas, contadas a partir das linhas de base que servem para medir a largura do mar territorial** (art. 4º da Lei nº 8.617/1993).

Na zona contígua[9], o Brasil poderá tomar as medidas de fiscalização necessárias para:

7 ACCIOLY, Hildebrando; CASELLA, Paulo Borba; SILVA, Geraldo Eulálio do Nascimento e. *Manual de direito internacional público*, p,613.
8 Art. 27 da Convenção de Montego Bay.
9 Art. 5º da Lei nº 8.167/1993.

> *I – evitar as infrações às leis e aos regulamentos aduaneiros, fiscais, de imigração ou sanitários, no seu territórios, ou no seu mar territorial;*
>
> *II – reprimir as infrações às leis e aos regulamentos, no seu território ou no seu mar territorial.*

10.3. Zona econômica exclusiva (ZEE)

A **zona econômica exclusiva (ZEE)** brasileira compreende uma faixa que se estende das **doze às duzentas milhas marítimas, contadas a partir das linhas de base que servem para medir a largura do mar territorial** (art. 6º da Lei nº 8.167/1993).

Na ZEE, o Brasil tem direitos de soberania para fins de exploração e aproveitamento, conservação e gestão dos recursos naturais, vivos ou não-vivos, das águas sobrejacentes ao leito do mar, do leito do mar e seu subsolo, e no que se refere a outras atividades com vistas à exploração e ao aproveitamento da zona para fins econômicos (art. 7º da Lei nº 8.167/1993).

O Brasil, na ZEE, no exercício de sua jurisdição, tem o direito exclusivo de regulamentar a investigação científica marinha, a proteção e preservação do meio marítimo, bem como a construção, operação e uso de todos os tipos de ilhas artificiais, instalações e estruturas (art. 8º da Lei nº 8.167/1993).

10.4. Alto-mar

O **alto-mar** – ou *mare liberum* -, compreende todas as partes marítimas "não incluídas na zona econômica exclusiva, no mar territorial ou nas águas interiores de um Estado, nem nas águas arquipelágicas de um Estado Arquipélago" (art. 86 da Convenção de Montego Bay).

Segundo ensina MAZZUOLI, "por ser área de mar livre por natureza, pautada pelo critério de comum utilização, não faz o alto-mar parte do território particular de nenhum Estado e não se sujeita a nenhum domínio.[10]"

Assim, o conceito de alto-mar é compreendido por exclusão, justamente na área em que "não incide o poder soberano de qualquer Estado"[11].

Vejamos alguns direitos do **regime jurídico de alto-mar:**

a) "Liberdade de navegação e sobrevoo;

b) Liberdade de pesca;

c) Direito de efetuar instalações de cabos submarinos e oleodutos;

d) Direito (limitado) de aproveitamento dos recursos existentes no fundo do mar e no subsolo correspondente"[12].

---

10 MAZZUOLI, Valerio de Oliveira. *Curso de Direito Internacional*. 14ª ed., Rio de Janeiro: Forense, 2021, p. 742.
11 BREGALDA, Gustavo. *Direito Internacional Público e Direito Internacional Privado*, p. 132 *apud* PORTELA, p. 697.
12 MAZZUOLI, Valerio de Oliveira. *Curso de Direito Internacional*. 14ª ed., Rio de Janeiro: Forense, 2021, p. 742-743.

A limitação do aproveitamento dos recursos existentes no fundo do mar tem relação com o atual estágio do **Direito Internacional Ambiental**[13], que impõe limites para a devida preservação do meio ambiente para as presentes e futuras gerações.

10.5. Plataforma continental e fundos marinhos

A **plataforma continental** do Brasil compreende o leito e o subsolo das áreas submarinas que se estendem além do seu mar territorial, em toda a extensão do prolongamento natural de seu território terrestre, até o bordo exterior da margem continental, ou **até uma distância de duzentas milhas marítimas das linhas de base, a partir das quais se mede a largura do mar territorial**, nos casos em que o bordo exterior da margem continental não atinja essa distância.

O Brasil exerce direitos de soberania sobre a **plataforma continental**, para efeitos de **exploração dos recursos naturais** (art. 12 da Lei nº 8.617/1993).

Na plataforma continental, o Brasil, no exercício de sua jurisdição, tem o direito exclusivo de regulamentar a investigação científica marinha, a proteção e preservação do meio marinho, bem como a construção, operação e o uso de todos os tipos de ilhas artificiais, instalações e estruturas (art. 13 da Lei nº 8.617/1993).

A investigação científica marinha, na plataforma continental, só poderá ser conduzida por outros Estados com o consentimento prévio do Governo brasileiro, nos termos da legislação em vigor que regula a matéria (art. 13, § 1º, da Lei nº 8.617/1993).

Nos termos da Convenção de Montego Bay, o conceito de fundos marinhos integra o termo "Área".

Em outros termos, "Área", para a Convenção, significa o leito do mar, os fundos marinhos, e o seu subsolo além dos limites da jurisdição nacional (art. 1º, 1).

Foi criada, para administrar a Área, a Autoridade Internacional dos Fundos Marinhos, bem como a Câmara de Controvérsias dos Fundos Marinhos do Tribunal Internacional do Direito do Mar[14], órgão de solução de controvérsias.

10.6. Águas interiores

A soberania do Estado costeiro estende-se além do seu território e das suas águas interiores e, no caso de Estado arquipélago, das suas águas arquipelágicas, a uma zona de mar adjacente designada pelo nome de mar territorial (art. 2º, § 1º, da Convenção de Montego Bay).

Assim, o Estado exerce soberania sobre suas águas interiores.

As águas situadas no interior da linha de base do mar territorial fazem parte das águas interiores do Estado (art. 8º, 1, da Convenção de Montego Bay), tal como as baías, reentrâncias, fiordes, portos, entre outros[15].

13 Sobre o Direito Internacional Ambiental, confira o Capítulo 13 (item 13.2) desta obra.

14 Arts. 156 a 191 da Convenção de Montego Bay.

15 PORTELA, Paulo Henrique Gonçalves. *Direito Internacional Público e Privado*: Incluindo Noções de Direitos Humanos e Direito Comparado – 11ª ed., rev., atual. e ampl. – Salvador: JusPODIVM, p. 699.

Segundo PORTELA, não há direito de passagem inocente nas águas interiores, exceto "quando o mar territorial passar a incluir águas interiores que anteriormente não eram consideradas como tais, em razão de novo traçado de uma linha de base reta"[16]. Assim, o ingresso de embarcações estrangeiras depende de autorização do Estado que exerce sua soberania sobre as águas interiores.

10.7. Quadro Sinótico

Memorização e Revisão	
Direito do Mar	O **Direito do Mar** é o ramo do **Direito Internacional** que analisa o **domínio marítimo** e diversos assuntos, como alto- mar, águas interiores, mar territorial, zona contígua, zona econômica exclusiva, plataforma continental, direito de passagem inocente, proteção e preservação do meio marinho, entre outros assuntos previstos na **Convenção de Montego Bay**, o principal tratado sobre o assunto.
Mar territorial	*O mar territorial brasileiro compreende uma faixa de doze milhas marítimas de largura, medidas a partir da linha de baixa-mar do litoral continental e insular, tal como indicada nas cartas náuticas de grande escala, reconhecidas oficialmente no Brasil* (art. 1º da Lei nº 8.617/1993).
Direito de passagem inocente	Nos termos da Convenção de Montego Bay (art. 18), "Passagem inocente" significa a navegação pelo mar territorial com o fim de: a) atravessar esse mar sem penetrar nas águas interiores[17] nem fazer escala num ancoradouro ou instalação portuária situada fora das águas interiores; b) dirigir-se para as águas interiores ou delas sair ou fazer escala num desses ancoradouros ou instalações portuárias. A **passagem** será considerada **inocente** desde que **não seja prejudicial à paz, à boa ordem ou à segurança do Brasil, devendo ser contínua e rápida** (art. 3º, § 1º, da Lei nº 8.617/1993). É reconhecido "aos navios de todas as nacionalidades o direito de passagem inocente no mar territorial brasileiro" (art. 3º da Lei nº 8.617/1993).
Zona contígua	A zona contígua brasileira compreende uma faixa que se estende das doze às vinte e quatro milhas marítimas, contadas a partir das linhas de base que servem para medir a largura do mar territorial (art. 4º da Lei nº 8.617/1993). Na zona contígua[18], o Brasil poderá tomar as medidas de fiscalização necessárias para: I – evitar as infrações às leis e aos regulamentos aduaneiros, fiscais, de imigração ou sanitários, no seu territórios, ou no seu mar territorial; II – reprimir as infrações às leis e aos regulamentos, no seu território ou no seu mar territorial.

16 PORTELA, Paulo Henrique Gonçalves. *Direito Internacional Público e Privado*: Incluindo Noções de Direitos Humanos e Direito Comparado – 11ª ed., rev., atual. e ampl. – Salvador: JusPODIVM, p. 699.

17 Segundo MAZZUOLI, águas interiores, no sentido jurídico, significa as águas que se encontram "do lado de cá" da linha base ou de partida do mar territorial. Correspondem aos portos, golfos, baías, enseadas, entre outros. MAZZUOLI, Valerio de Oliveira. *Curso de Direito Internacional*. 14ª ed., Rio de Janeiro: Forense, 2021, p .717,

18 Art. 5º da Lei nº 8.167/1993.

Zona econômica exclusiva	A **zona econômica exclusiva (ZEE)** brasileira compreende uma faixa que se estende das **doze às duzentas milhas marítimas**, contadas a partir das linhas de base que servem para medir a largura do mar territorial (art. 6 da Lei nº 8.167/1993). A sua finalidade está relacionada à **exploração e aproveitamento**, conservação e gestão dos **recursos naturais**, vivos ou não-vivos, das **águas sobrejacentes ao leito do mar**, do **leito do mar e seu subsolo**, e no que se refere a outras atividades com vistas à **exploração e ao aproveitamento da zona para fins econômicos** (art. 7 da Lei nº 8.167/1993).
Alto-mar	O conceito de alto-mar é compreendido por exclusão, justamente na área em que "não incide o poder soberano de qualquer Estado"[19]. Vejamos alguns direitos do **regime jurídico de alto-mar:** e) "Liberdade de navegação e sobrevoo; f) Liberdade de pesca; g) Direito de efetuar instalações de cabos submarinos e oleodutos; h) Direito (limitado) de aproveitamento dos recursos existentes no fundo o mar e no subsolo correspondente"[20].
Plataforma continental	A plataforma continental do Brasil compreende o **leito e o subsolo** das **áreas submarinas** que se estendem **além do seu mar territorial**, em toda a extensão do prolongamento natural de seu território terrestre, **até o bordo exterior da margem continental, ou até uma distância de duzentas milhas marítimas das linhas de base**, a partir das quais se mede a largura do mar territorial, nos casos em que o bordo exterior da margem continental não atinja essa distância. O Brasil exerce direitos de soberania sobre a plataforma continental, para efeitos de **exploração dos recursos naturais** (art. 12 da Lei nº 8.617/1993). Tem o direito exclusivo de **regulamentar a investigação científica marinha**, a **proteção e preservação do meio marinho**, bem como a construção, operação e o uso de todos os tipos de ilhas artificiais, instalações e estruturas (art. 13 da Lei nº 8.617/1993).
Águas interiores	As águas situadas no **interior da linha de base do mar territorial** fazem parte das **águas interiores** do Estado (art. 8º, § 1º, da Convenção de Montego Bay), tal como as baías, reentrâncias, fiordes, portos, entre outros. Assim, o Estado exerce **soberania** sobre suas **águas interiores**.

10.8. Questões de concurso

1. **(POLÍCIA FEDERAL – Delegado de Polícia Federal – CESPE / CEBRASPE – 2018)** Julgue o item a seguir, relativos a atos internacionais, personalidade internacional, cortes internacionais e domínio público internacional.

A soberania de Estado costeiro sobre o seu mar territorial abrange não apenas as águas, mas também o leito do mar, seu subsolo e o espaço aéreo correspondente, devendo tal Estado, contudo, admitir o direito de passagem inocente de navios mercantes ou de guerra de qualquer outro Estado.

Gabarito: Certo.

2. **(TRF – 3ª REGIÃO – Juiz Federal – 2016)** Considerados os termos da Lei nº 8.617, de 4-1-1993, denominada a Lei do Mar, assinale a alternativa **incorreta**:

A) O Brasil exerce na plataforma continental direitos de soberania para efeitos de exploração dos recursos naturais, no leito e no subsolo das áreas submarinas que se estendem além do

19 BREGALDA, Gustavo. *Direito Internacional Público e Direito Internacional Privado*, p. 132 *apud* PORTELA, p. 697.
20 MAZZUOLI, Valerio de Oliveira. *Curso de Direito Internacional*. 14ª ed., Rio de Janeiro: Forense, 2021, p. 742-743.

seu mar territorial, em toda a extensão do prolongamento natural de seu território terrestre, até o bordo exterior da margem continental, ou até uma distância de 200 (duzentas) milhas marítimas das linhas de base.

B) No mar territorial o Brasil exerce soberania e tem direito de inspeção e apresamento dos navios que trafegam nessa zona de mar por infração ao seu direito interno, especialmente às regras que proíbam o alijamento de substâncias nocivas.

C) Na zona econômica exclusiva (ZEE) o Brasil tem o direito exclusivo de regulamentar a investigação científica marinha, a proteção e preservação do meio marítimo, bem como a construção, a operação e o uso de todos os tipos de ilhas artificiais, instalações e estruturas.

D) Quando os navios-cassino estrangeiros navegarem pelo mar territorial brasileiro, no exercício do direito de passagem inocente, rápida e contínua, que não seja prejudicial à paz, à boa ordem ou à segurança do Brasil, não será exercida a jurisdição penal brasileira a bordo, mesmo na hipótese de ocorrência de infração criminal com consequências para o Estado brasileiro.

Gabarito: D.

3. **(INSTITUTO RIO BRANCO – Diplomata – IADES – 2021)** Considerando o atual quadro regulatório-institucional do Direito Internacional do Mar, bem como os direitos e as obrigações dos Estados, previstos na Convenção das Nações Unidas sobre o Direito do Mar (CNUDM), julgue (C ou E) o item a seguir.

Segundo a CNUDM, todo Estado tem o dever de fixar a largura do seu mar territorial em 12 milhas marítimas, medidas a partir de linhas de base determinadas em conformidade com a CNUDM.

C) Certo

E) Errado

Gabarito: Errado.

4. **(PGR- Procurador da República – 2015 – adaptada)** Julgue (C ou E) o item a seguir.

De acordo com a Convenção das Nações Unidas sobre Direito do Mar, o Brasil não pode exercer jurisdição penal em navio mercantil estrangeiro que realize passagem inocente pelo mar territorial, mesmo que seja para fim de repressão do tráfico ilícito de estupefacientes.

C) Certo

E) Errado

Gabarito: Errado.

5. **(PGR- Procurador da República – 2014)** SEGUNDO A CONVENÇÃO DA ONU SOBRE O DIREITO DO MAR (UNCLOS OU CONVENÇÃO DE MONTEGO BAY) DE 1982:

A) as ilhas e os Estados arquipelágicos dispõem de zona econômica exclusiva de, no máximo, 12 milhas;

B) a zona econômica exclusiva coincide com a plataforma continental, ambas com limite extremo de 200 milhas;

C) Estados podem reivindicar soberania parcial sobre recursos do alto-mar, dependendo de acordo multilateral;

D) a chamada zona contígua, de 12 milhas adjacentes ao mar territorial, coincide parcialmente com a zona econômica exclusiva que tem extensão de até 200 milhas a partir do limite do mar territorial.

Gabarito: D.

6. **(INSTITUTO RIO BRANCO – Diplomata – IADES – 2019)** Segundo o entendimento do Direito Internacional do Mar e da jurisprudência do Tribunal Internacional do Direito do Mar (TIDM), tribunal este onde exerceu a jurisdição internacional o professor e juiz brasileiro Vicente Marotta Rangel, julgue o item a seguir.

O Tribunal Internacional do Direito do Mar, além de ter jurisdição sobre qualquer controvérsia relativa à interpretação ou à aplicação da Convenção das Nações Unidas sobre o Direito do Mar, também tem jurisdição sobre qualquer controvérsia relativa à interpretação ou à aplicação de um acordo internacional relacionado aos objetivos da referida convenção, que lhe seja submetida em conformidade com esse acordo.

C) Certo

E) Errado

Gabarito: Certo.

CAPÍTULO 11 DIREITO INTERNACIONAL PENAL: O TRIBUNAL PENAL INTERNACIONAL

11.1. A humanização do Direito Internacional

Os Estados Partes do Estatuto de Roma do Tribunal Penal Internacional, conscientes de que todos os povos estão unidos por laços comuns e de que as "suas culturas foram construídas sobre uma herança que partilham, e preocupados com o fato de este delicado mosaico possa vir a quebrar-se a qualquer instante"[1], uniram-se para o "respeito duradouro pela efetivação da justiça internacional".[2]

O Estatuto do Tribunal Penal Internacional consiste em uma resposta da comunidade internacional contra a impunidade dos crimes nos quais figuram como vítima a própria humanidade.

A Emenda Constitucional n° 45, aprovada no ano de 2004, reafirmou a urgência desse mecanismo internacional, acrescentando ao art. 5º da Constituição Federal o parágrafo quarto, com o seguinte teor: *"O Brasil se submete à jurisdição de Tribunal Penal Internacional a cuja criação tenha manifestado adesão".*

Não obstante, verifica-se um **conflito aparente de normas**, vez que há normas do Estatuto de Roma que, em tese, esbarram na literalidade de dispositivos constitucionais brasileiros, de maneira que faz-se necessária a análise de sua compatibilidade.

Rodrigo Arnoni SCALQUETTE em sua obra *Elementos de Soberania e o Tribunal Penal Internacional*, questiona: "(...) como devemos agir quando, na Constituição de 1988 há proibição de entrega de brasileiro nato e, no Estatuto de Roma, há o instituto da entrega? Qual norma deve prevalecer?".[3]

Há, ainda, a previsão do Estatuto de Roma da prisão perpétua, contrariando, destarte, o dispositivo constitucional brasileiro que prescreve a inadmissibilidade deste tipo de pena. Não só: segundo previsão expressa do Estatuto do Tribunal Penal Internacional, os crimes de sua competência são imprescritíveis; todavia, com exceção de duas hipóteses (art. 5º, XLII e XLIV), a regra no direito brasileiro é a da prescritibilidade dos crimes[4]. Como solucionar tais conflitos?

---

1 Fonte: <http://untreaty.un.org/cod/icc/statute/romefra.htm>. Tradução livre.
2 Fonte: <http://untreaty.un.org/cod/icc/statute/romefra.htm>. Tradução livre.
3 SCALQUETTE, Rodrigo Arnoni. *Elementos de Soberania e o Tribunal Penal Internacional*, p. 12.
4 SCALQUETTE, Rodrigo Arnoni. *Elementos de Soberania e o Tribunal Penal Internacional*, p. 12.

Apontada a problemática, é oportuno enfatizar a humanização do Direito Internacional, isto é, a **dignidade humana** como **fundamento da República brasileira**; na verdade, tal princípio consiste no ponto de partida e de chegada da hermenêutica constitucional contemporânea, consagrando-se como verdadeiro superprincípio, a orientar tanto o Direito Internacional como o direito interno.[5]

11.2. Antecessores do TPI: os tribunais *ad hoc*

Os antecessores do Tribunal Penal Internacional (TPI) foram os **tribunais militares internacionais**, criados após a II Guerra Mundial: o Tribunal Militar Internacional – **Tribunal de Nuremberg** – e o Tribunal Internacional para o Extremo Oriente – o **Tribunal de Tóquio**[6].

Em um contexto mais recente,"onde as aspirações de liberdade e respeito aos Direitos Humanos elevaram-se pretensamente como princípios ordenadores das próprias relações globais",[7] a ONU organizou a criação e o estabelecimento do **Tribunal Penal Internacional para ex-Iugoslávia**, em 1993, e em novembro de 1994, criou o **Tribunal Penal Internacional para Ruanda**.

O principal réu no Tribunal Internacional Criminal para ex-Iugoslávia foi o líder sérvio Slobodan Milosevic, indiciado pelos crimes ocorridos durante a guerra na Bósnia e Kosovo.

Cumpre observar que é a "primeira vez desde o Tribunal de Nuremberg que um governante europeu sentou no banco dos réus sob a acusação de crimes contra a humanidade".[8]

O **Tribunal Penal Internacional para Ruanda**, por sua vez, foi adotado pelo Conselho de Segurança das Nações Unidas em novembro de 1994 e alterado pela resolução do Conselho de Segurança 1.329/2000.

Tal como ocorreu com o Tribunal para a antiga Iugoslávia, o Tribunal de Guerra para Ruanda foi criado "ao abrigo do disposto no Capítulo VII da Carta das Nações Unidas, com vistas a julgar pessoas responsáveis por genocídio e outras violações graves do direito internacional humanitário".[9]

Todavia, referidos tribunais são conhecidos como *Tribunais ad hoc*, criados por força de um fato específico e, da mesma forma, com o propósito de julgar ações determinadas[10].

Em todos os tribunais internacionais mencionados, destaca-se, como ponto convergente, a responsabilização do sujeito (indivíduo), ou seja, o princípio da responsabilidade individual[11] e, principalmente, o fim da impunidade dos responsáveis pelas maiores atrocidades contra a humanidade.

5 PIOVESAN, Flávia. *Direitos Humanos e o Direito Constitucional Internacional*, 7ª ed, p. 219.
6 PORTELA, Paulo Henrique Gonçalves. *Direito Internacional Público e Privado*: Incluindo Noções de Direitos Humanos e Direito Comparado – 11ª ed., rev., atual. e ampl. – Salvador: JusPODIVM, 2020, p. 615.
7 PIOVESAN, Flávia. *Direitos Humanos e o Direito Constitucional Internacional*, p. 233.
8 PIOVESAN, Flávia. *Direitos Humanos e o Direito Constitucional Internacional*, p. 233.
9 PIOVESAN, Flávia. *Direitos Humanos e o Direito Constitucional Internacional*, p. 220.
10 PIOVESAN, Flávia. *Direitos Humanos e o Direito Constitucional Internacional*, p. 221.
11 PORTELA, p. 616.

11.3. A criação do primeiro tribunal penal permanente

A criação do Tribunal Penal Internacional é fruto da evolução do Direto Penal Internacional[12], e tem como objetivo processar e julgar os acusados da prática de crimes que colocam em risco a paz e a sobrevivência da própria humanidade.[13]

O Tribunal Penal Internacional foi criado pelo Estatuto de Roma, assinado em julho de 1998. O Estatuto de Roma entrou em vigor em 1° de julho de 2002, após o depósito do 60° instrumento da ratificação.[14]

Segundo prescreve o art. 1º do Estatuto de Roma, o Tribunal Penal Internacional é o primeiro tribunal de caráter permanente. Além disso, tem jurisdição sobre os crimes de maior gravidade para a comunidade internacional, os chamados ***crimes de lesa humanidade***.

Composto de 13 capítulos, o Estatuto de Roma é organizado da seguinte forma:

> Capítulo I: Criação do Tribunal (arts. 1º ao 4º);
>
> Capítulo II: Competência, admissibilidade e direito aplicável (arts. 5º a 21);
>
> Capítulo III: Princípios gerais de direito penal (arts. 22 a 33);
>
> Capítulo IV: Composição e administração do Tribunal (arts. 34 a 52);
>
> Capítulo V: Inquérito e Procedimento Criminal (arts. 53 a 61);
>
> Capítulo VI: O julgamento (arts. 62 a 76);
>
> Capítulo VII: As penas (arts. 77 a 80);
>
> Capítulo VIII: Recurso e Revisão (arts. 81 a 85);
>
> Capítulo IX: Cooperação internacional e auxílio judiciário (arts. 86 a 102);
>
> Capítulo X: Execução da pena (arts. 103 a 111);
>
> Capítulo XI: Assembleia dos Estados partes (art. 112);
>
> Capítulo XII: Financiamento (arts. 113 a 118);
>
> Capítulo XIII: Cláusulas finais (arts. 119 a 128).

Outrossim, o Estatuto de Roma é complementado por dois anexos: o de Elementos Constitutivos dos Crimes; e o de Regulamento Processual. No primeiro, são especificadas as circunstâncias e elementos de cada um dos crimes descritos nos arts. 6º a 8º do Estatuto,

12 Enquanto Direito Internacional Penal "é o conjunto de normas e princípios que regem e disciplinam as ações/omissões que violam o DIP", e consiste em ramo de especialização do DIP, o Direito Penal Internacional é ramo do Direito Público interno, sendo o "conjunto de princípios e normas que determinam a competência internacional dos Estados para a repressão de crimes e delitos". FERREIRA JÚNIOR, Lier Pires. *Direito Internacional e seus Tribunais*, 2000, p. 234-235.

13 PIOVESAN, Flávia (coord. Geral). *Código de Direito Internacional de Direitos Humanos Anotado*, São Paulo: Dpj, 2008, p. 1043.

14 PIOVESAN, Flávia (coord. Geral). *Código de Direito Internacional de Direitos Humanos Anotado*, São Paulo: Dpj, 2008, p. 1043

que devem ser considerados na interpretação de cada uma das condutas penais. No segundo, foram estabelecidas as regras procedimentais.[15]

Atenção:

Atenção para a exceção: em regra, nos tratados multilaterais, são permitidas reservas. Porém, o **Estatuto de Roma, que fundou o TPI, não admite reservas** (art. 120).

11.3.1. Órgãos do TPI

O Tribunal Penal Internacional (TPI) será composto pelos seguintes órgãos (art. 34 do Estatuto de Roma):

a) A Presidência;

b) Uma Seção de Recursos, uma Seção de Julgamento em Primeira Instância e uma Seção de Instrução;

c) O Gabinete do Procurador;

d) A Secretaria.

Importante para Concursos:

Caiu na prova de **Juiz Federal** (1ª Região – CESPE / CEBRASPE – 2015): "Entre os órgãos do TPI, inclui-se o **gabinete do Procurador**".

Além disso, o TPI é composto de **18 (dezoito) juízes**. Os juízes serão eleitos dentre pessoas de elevada idoneidade moral, imparcialidade e integridade, que reúnam os requisitos para o exercício das mais altas funções judiciais nos seus respectivos países.

11.3.2. O princípio da complementaridade

A jurisdição do TPI é **complementar à jurisdição interna dos Estados**. Assim sendo, o Tribunal só poderá exercer sua jurisdição nas hipóteses previstas especialmente no art. 17 do Estatuto de Roma (ER). Trata-se do chamado princípio da complementaridade.

COMPARATO afirma que é indispensável que se demonstre que o Estado com jurisdição direta sobre o fato ilícito "não a exerceu, ou que, ao exercê-la, demonstrou (...) que o fez tão-só para proteger o acusado, ou dar uma aparência de seriedade à investigação ou ao processo criminal".[16]

Deve-se, pois, haver o esgotamento dos procedimentos internos, como condição de procedibilidade do Tribunal Penal Internacional. Prevalece, pois, a **primazia das jurisdições penais nacionais.**

15 PIOVESAN, Flávia (coord. Geral); STEINER, Sylvia Helena F. (coord. temática). Código de Direito Internacional dos Direitos Humanos Anotado, 2008, p. 1043

16 COMPARATO, Fábio Konder. *A afirmação histórica dos Direitos Humanos*, 2007, p. 449.

Importante para Concursos:

na prova de **diplomata** (IADES), no ano de 2021, foi considerada **correta** a assertiva: "A atuação do Tribunal Penal Internacional baseia-se, como regra geral, na observância do princípio da complementaridade, que assegura a primazia das jurisdições penais nacionais no exercício da jurisdição".

Entretanto, se houver **demora injustificada**, também poderá ser justificado o exercício da jurisdição do Tribunal Penal Internacional. Nesse sentido, foi considerada correta a assertiva na prova de Juiz Federal da 3ª Região (VUNESP – adaptada), aplicada dia 21 de agosto de 2022: "A delonga injustificada em investigação penal ou processo criminal nacional pode justificar o exercício da jurisdição internacional pelo Tribunal Internacional Penal (TPI)".

11.3.3. Competência *ratione materiae*

No que tange à competência, cabe ao Tribunal Penal Internacional julgar "os crimes mais graves que afetam a comunidade internacional em seu conjunto".[17]

Nos termos do presente Estatuto, o Tribunal terá competência para julgar os seguintes crimes (art. 5º):

a) O crime de genocídio;

b) Crimes contra a humanidade;

c) Crimes de guerra;

d) O crime de agressão.

a) Crime de genocídio

Para os efeitos do Estatuto de Roma, entende-se por "genocídio", qualquer um dos atos que a seguir se enumeram, praticado com intenção de destruir, no todo ou em parte, um grupo nacional, étnico, racial ou religioso, enquanto tal[18]:

a) Homicídio de membros do grupo;

b) Ofensas graves à integridade física ou mental de membros do grupo;

c) Sujeição intencional do grupo a condições de vida com vista a provocar a sua destruição física, total ou parcial;

d) Imposição de medidas destinadas a impedir nascimentos no seio do grupo;

e) Transferência, à força, de crianças do grupo para outro grupo.

b) Crimes contra a humanidade

Nos termos do Estatuto de Roma, entende-se por "crime contra a humanidade", qualquer um dos atos seguintes, quando cometido no quadro de um ataque, generalizado ou sistemático, contra qualquer população civil, havendo conhecimento desse ataque[19]:

---

17 PIOVESAN, Flávia (coord. Geral); STEINER, Sylvia Helena F. (coord. temática). *Código de Direito Internacional dos Direitos Humanos Anotado*, p. 1046

18 Trata-se de transcrição do art. 6º do Estatuto de Roma. Como já mencionado, a Banca Examinadora, muitas vezes, cobra na prova de concurso a transcrição literal do dispositivo convencional.

19 Os crimes contra a humanidade estão previstos no art. 7º do Estatuto de Roma.

a) Homicídio;

b) Extermínio;

c) Escravidão;

d) Deportação ou transferência forçada de uma população;

e) Prisão ou outra forma de privação da liberdade física grave, em violação das normas fundamentais de direito internacional;

f) Tortura;

g) Agressão sexual, escravatura sexual, prostituição forçada, gravidez forçada, esterilização forçada ou qualquer outra forma de violência no campo sexual de gravidade comparável;

h) Perseguição de um grupo ou coletividade que possa ser identificado, por motivos políticos, raciais, nacionais, étnicos, culturais, religiosos ou de gênero, tal como definido no § 3º, ou em função de outros critérios universalmente reconhecidos como inaceitáveis no direito internacional, relacionados com qualquer ato referido neste parágrafo ou com qualquer crime da competência do Tribunal;

i) Desaparecimento forçado de pessoas;

j) Crime de apartheid;

k) Outros atos desumanos de caráter semelhante, que causem intencionalmente grande sofrimento, ou afetem gravemente a integridade física ou a saúde física ou mental.

E o § 2º do art. 7º dispõe:

a) Por "ataque contra uma população civil" entende-se qualquer conduta que envolva a prática múltipla de atos referidos no § 1º contra uma população civil, de acordo com a política de um Estado ou de uma organização de praticar esses atos ou tendo em vista a prossecução dessa política;

b) O "extermínio" compreende a sujeição intencional a condições de vida, tais como a privação do acesso a alimentos ou medicamentos, com vista a causar a destruição de uma parte da população;

c) Por "escravidão" entende-se o exercício, relativamente a uma pessoa, de um poder ou de um conjunto de poderes que traduzam um direito de propriedade sobre uma pessoa, incluindo o exercício desse poder no âmbito do tráfico de pessoas, em particular mulheres e crianças;

d) Por "deportação ou transferência à força de uma população" entende-se o deslocamento forçado de pessoas, através da expulsão ou outro ato coercivo, da zona em que se encontram legalmente, sem qualquer motivo reconhecido no direito internacional;

e) Por "tortura" entende-se o ato por meio do qual uma dor ou sofrimentos agudos, físicos ou mentais, são intencionalmente causados a uma pessoa que esteja sob a custódia ou o controle do acusado; este termo não compreende a dor ou os sofrimentos resultantes unicamente de sanções legais, inerentes a essas sanções ou por elas ocasionadas;

f) Por "gravidez à força" entende-se a privação ilegal de liberdade de uma mulher que foi engravidada à força, com o propósito de alterar a composição étnica de uma população ou de cometer outras violações graves do direito internacional. Esta definição não pode, de modo algum, ser interpretada como afetando as disposições de direito interno relativas à gravidez;

g) Por "perseguição" entende-se a privação intencional e grave de direitos fundamentais em violação do direito internacional, por motivos relacionados com a identidade do grupo ou da coletividade em causa;

h) Por "crime de apartheid" entende-se qualquer ato desumano análogo aos referidos no parágrafo 1°, praticado no contexto de um regime institucionalizado de opressão e domínio sistemático de um grupo racial sobre um ou outros grupos nacionais e com a intenção de manter esse regime;

i) Por "desaparecimento forçado de pessoas" entende-se a detenção, a prisão ou o sequestro de pessoas por um Estado ou uma organização política ou com a autorização, o apoio ou a concordância destes, seguidos de recusa a reconhecer tal estado de privação de liberdade ou a prestar qualquer informação sobre a situação ou localização dessas pessoas, com o propósito de lhes negar a proteção da lei por um prolongado período de tempo.

c) Crimes de guerra

O Tribunal terá competência para julgar os crimes de guerra, em particular quando cometidos como parte integrante de um plano ou de uma política ou como parte de uma prática em larga escala desse tipo de crimes[20]. Para os efeitos do Estatuto de Roma, entende-se por "crimes de guerra" (art. 8, 2, do Estatuto de Roma):

a) As violações graves às Convenções de Genebra, de 12 de Agosto de 1949, a saber, qualquer um dos seguintes atos, dirigidos contra pessoas ou bens protegidos nos termos da Convenção de Genebra que for pertinente:

i) Homicídio doloso;

ii) Tortura ou outros tratamentos desumanos, incluindo as experiências biológicas;

iii) O ato de causar intencionalmente grande sofrimento ou ofensas graves à integridade física ou à saúde;

iv) Destruição ou a apropriação de bens em larga escala, quando não justificadas por quaisquer necessidades militares e executadas de forma ilegal e arbitrária;

v) O ato de compelir um prisioneiro de guerra ou outra pessoa sob proteção a servir nas forças armadas de uma potência inimiga;

vi) Privação intencional de um prisioneiro de guerra ou de outra pessoa sob proteção do seu direito a um julgamento justo e imparcial;

vii) Deportação ou transferência ilegais, ou a privação ilegal de liberdade;

viii) Tomada de reféns;

b) Outras violações graves das leis e costumes aplicáveis em conflitos armados internacionais no âmbito do direito internacional, a saber, qualquer um dos seguintes atos:

20 Art. 8º do Estatuto de Roma.

i) Dirigir intencionalmente ataques à população civil em geral ou civis que não participem diretamente nas hostilidades;

ii) Dirigir intencionalmente ataques a bens civis, ou seja bens que não sejam objetivos militares;

iii) Dirigir intencionalmente ataques ao pessoal, instalações, material, unidades ou veículos que participem numa missão de manutenção da paz ou de assistência humanitária, de acordo com a Carta das Nações Unidas, sempre que estes tenham direito à proteção conferida aos civis ou aos bens civis pelo direito internacional aplicável aos conflitos armados;

iv) Lançar intencionalmente um ataque, sabendo que o mesmo causará perdas acidentais de vidas humanas ou ferimentos na população civil, danos em bens de caráter civil ou prejuízos extensos, duradouros e graves no meio ambiente que se revelem claramente excessivos em relação à vantagem militar global concreta e direta que se previa;

v) Atacar ou bombardear, por qualquer meio, cidades, vilarejos, habitações ou edifícios que não estejam defendidos e que não sejam objetivos militares;

vi) Matar ou ferir um combatente que tenha deposto armas ou que, não tendo mais meios para se defender, se tenha incondicionalmente rendido;

vii) Utilizar indevidamente uma bandeira de trégua, a bandeira nacional, as insígnias militares ou o uniforme do inimigo ou das Nações Unidas, assim como os emblemas distintivos das Convenções de Genebra, causando deste modo a morte ou ferimentos graves;

viii) A transferência, direta ou indireta, por uma potência ocupante de parte da sua população civil para o território que ocupa ou a deportação ou transferência da totalidade ou de parte da população do território ocupado, dentro ou para fora desse território;

ix) Dirigir intencionalmente ataques a edifícios consagrados ao culto religioso, à educação, às artes, às ciências ou à beneficência, monumentos históricos, hospitais e lugares onde se agrupem doentes e feridos, sempre que não se trate de objetivos militares;

x) Submeter pessoas que se encontrem sob o domínio de uma parte beligerante a mutilações físicas ou a qualquer tipo de experiências médicas ou científicas que não sejam motivadas por um tratamento médico, dentário ou hospitalar, nem sejam efetuadas no interesse dessas pessoas, e que causem a morte ou coloquem seriamente em perigo a sua saúde;

xi) Matar ou ferir à traição pessoas pertencentes à nação ou ao exército inimigo;

xii) Declarar que não será dado quartel;

xiii) Destruir ou apreender bens do inimigo, a menos que tais destruições ou apreensões sejam imperativamente determinadas pelas necessidades da guerra;

xiv) Declarar abolidos, suspensos ou não admissíveis em tribunal os direitos e ações dos nacionais da parte inimiga;

xv) Obrigar os nacionais da parte inimiga a participar em operações bélicas dirigidas contra o seu próprio país, ainda que eles tenham estado ao serviço daquela parte beligerante antes do início da guerra;

xvi) Saquear uma cidade ou uma localidade, mesmo quando tomada de assalto;

xvii) Utilizar veneno ou armas envenenadas;

xviii) Utilizar gases asfixiantes, tóxicos ou outros gases ou qualquer líquido, material ou dispositivo análogo;

xix) Utilizar balas que se expandem ou achatam facilmente no interior do corpo humano, tais como balas de revestimento duro que não cobre totalmente o interior ou possui incisões;

xx) Utilizar armas, projéteis; materiais e métodos de combate que, pela sua própria natureza, causem ferimentos supérfluos ou sofrimentos desnecessários ou que surtam efeitos indiscriminados, em violação do direito internacional aplicável aos conflitos armados, na medida em que tais armas, projéteis, materiais e métodos de combate sejam objeto de uma proibição geral e estejam incluídos em um anexo ao presente Estatuto, em virtude de uma alteração aprovada em conformidade com o disposto nos arts. 121 e 123;

xxi) Ultrajar a dignidade da pessoa, em particular por meio de tratamentos humilhantes e degradantes;

xxii) Cometer atos de violação, escravidão sexual, prostituição forçada, gravidez à força, tal como definida na alínea f) do parágrafo 2º do art. 7º, esterilização à força e qualquer outra forma de violência sexual que constitua também um desrespeito grave às Convenções de Genebra;

xxiii) Utilizar a presença de civis ou de outras pessoas protegidas para evitar que determinados pontos, zonas ou forças militares sejam alvo de operações militares;

xxiv) Dirigir intencionalmente ataques a edifícios, material, unidades e veículos sanitários, assim como o pessoal que esteja usando os emblemas distintivos das Convenções de Genebra, em conformidade com o direito internacional;

xxv) Provocar deliberadamente a inanição da população civil como método de guerra, privando-a dos bens indispensáveis à sua sobrevivência, impedindo, inclusive, o envio de socorros, tal como previsto nas Convenções de Genebra;

xxvi) Recrutar ou alistar menores de 15 anos nas forças armadas nacionais ou utilizá-los para participar ativamente nas hostilidades;

c) Em caso de conflito armado que não seja de índole internacional, as violações graves do art. 3º comum às quatro Convenções de Genebra, de 12 de Agosto de 1949, a saber, qualquer um dos atos que a seguir se indicam, cometidos contra pessoas que não participem diretamente nas hostilidades, incluindo os membros das forças armadas que tenham deposto armas e os que tenham ficado impedidos de continuar a combater devido a doença, lesões, prisão ou qualquer outro motivo:

i) Atos de violência contra a vida e contra a pessoa, em particular o homicídio sob todas as suas formas, as mutilações, os tratamentos cruéis e a tortura;

ii) Ultrajes à dignidade da pessoa, em particular por meio de tratamentos humilhantes e degradantes;

iii) A tomada de reféns;

iv) As condenações proferidas e as execuções efetuadas sem julgamento prévio por um tribunal regularmente constituído e que ofereça todas as garantias judiciais geralmente reconhecidas como indispensáveis.

d) A alínea c) do § 2º do presente artigo aplica-se aos conflitos armados que não tenham caráter internacional e, por conseguinte, não se aplica a situações de distúrbio e de tensão internas, tais como motins, atos de violência esporádicos ou isolados ou outros de caráter semelhante;

e) As outras violações graves das leis e costumes aplicáveis aos conflitos armados que não têm caráter internacional, no quadro do direito internacional, a saber qualquer um dos seguintes atos:

i) Dirigir intencionalmente ataques à população civil em geral ou civis que não participem diretamente nas hostilidades;

ii) Dirigir intencionalmente ataques a edifícios, material, unidades e veículos sanitários, bem como ao pessoal que esteja usando os emblemas distintivos das Convenções de Genebra, em conformidade com o direito internacional;

iii) Dirigir intencionalmente ataques ao pessoal, instalações, material, unidades ou veículos que participem numa missão de manutenção da paz ou de assistência humanitária, de acordo com a Carta das Nações Unidas, sempre que estes tenham direito à proteção conferida pelo direito internacional dos conflitos armados aos civis e aos bens civis;

iv) Atacar intencionalmente edifícios consagrados ao culto religioso, à educação, às artes, às ciências ou à beneficência, monumentos históricos, hospitais e lugares onde se agrupem doentes e feridos, sempre que não se trate de objetivos militares;

v) Saquear um aglomerado populacional ou um local, mesmo quando tomado de assalto;

vi) Cometer atos de agressão sexual, escravidão sexual, prostituição forçada, gravidez à força, tal como definida na alínea f do parágrafo 2º do art. 7º; esterilização à força ou qualquer outra forma de violência sexual que constitua uma violação grave do art. 3º comum às quatro Convenções de Genebra;

vii) Recrutar ou alistar menores de 15 anos nas forças armadas nacionais ou em grupos, ou utilizá-los para participar ativamente nas hostilidades;

viii) Ordenar a deslocação da população civil por razões relacionadas com o conflito, salvo se assim o exigirem a segurança dos civis em questão ou razões militares imperiosas;

ix) Matar ou ferir à traição um combatente de uma parte beligerante;

x) Declarar que não será dado quartel;

xi) Submeter pessoas que se encontrem sob o domínio de outra parte beligerante a mutilações físicas ou a qualquer tipo de experiências médicas ou científicas que não sejam motivadas por um tratamento médico, dentário ou hospitalar nem sejam efetuadas no interesse dessa pessoa, e que causem a morte ou ponham seriamente a sua saúde em perigo;

xii) Destruir ou apreender bens do inimigo, a menos que as necessidades da guerra assim o exijam.

d) Crimes de agressão

O crime de agressão não estava definido na origem do Estatuto de Roma.

Assim, em 2010 houve uma **Conferência de Revisão do Estatuto de Roma**, realizada em Campala (distrito de Uganda). Houve, neste evento, a **definição do crime de agressão (Resolução RC 6, de 11/06/2010)**. Trata-se da **emenda de Campala.**

Nos termos da emenda, "o bloqueio de portos ou costa marítima de um estado por forças armadas de outro estado, assim como a invasão ou ataque por forças de um estado contra o território de outro estado são considerados como sendo atos de agressão"[21].

Porém, **o Brasil ainda não ratificou a emenda de Campala.**

e) Limitação da competência material

A competência material do Tribunal sofre duas limitações: i) em relação aos crimes contra a humanidade, que só se configuram quando cometidos como parte de um **ataque generalizado ou sistemático contra a população civil**; ii) em relação aos crimes de guerra, só considerados quando cometidos como parte de um plano ou de uma política ou como parte de uma **prática em larga escala desse tipo de crime**, nos termos do Estatuto de Roma.

11.3.4. Competência *ratione temporis*

No que concerne à competência temporal, o critério determinante é o da **irretroatividade**. Desta feita, o Tribunal não tem jurisdição sobre crimes praticados antes da entrada em vigor do Estatuto de Roma.

Ademais, se um Estado se tornar Parte no presente Estatuto depois da sua entrada em vigor, o Tribunal só poderá exercer a sua competência em relação a crimes cometidos depois da entrada em vigor do presente Estatuto relativamente a esse Estado[22].

11.4. O Estatuto de Roma à luz da Constituição Federal de 1988

11.4.1. O instituto da entrega

A Constituição do Brasil de 1988, no art. 5°, inciso LI, estabelece que nenhum brasileiro nato será extraditado.

21 Disponível em: <https://news.un.org/pt/story/2010/06/1346421-tpi-define-crime-de-agressao>. Acesso em 1º-1-2022.
22 Art. 12, 2, do Estatuto de Roma.

Porém, "as regras constitucionais em questão (que impedem a extradição de cidadão nato) deveriam ser aplicadas no máximo às relações entre Estados soberanos, e não às relações entre um Estado e uma jurisdição internacional"[23].

Segundo a doutrina especializada, "as relações entre Estados são baseadas no princípio de igualdade formal; já entre um Estado e uma jurisdição internacional inspiram-se, ao contrário, no princípio hierárquico"[24]. Trata-se, ademais, da concretização da **justiça universal**.

Entrega	Extradição
Trata-se pedido fundado na **justiça universal** pela qual um Tribunal Internacional requer a entrega de nacional que cometeu **crime de lesa humanidade**.	Trata-se de um pedido de um Estado para outro Estado.
Não se aplicam as vedações da extradição.	Não se admite a extradição de brasileiro nato.

11.4.2. Pena de prisão perpétua

O art. 77, 1, *b*, do Estatuto de Roma prevê "pena de prisão perpétua, se o elevado grau de ilicitude do fato e as condições pessoais do condenado o justificarem".

De outro lado, descreve o art. 5º, inciso XLVII, alínea b, da Constituição Federal do Brasil, "não haverá penas de caráter perpétuo". Assim, pergunta-se: há incompatibilidade entre o ordenamento brasileiro e o Estatuto do Tribunal Penal Internacional?

A questão se agrava no momento em que se visualiza o conflito entre uma "cláusula pétrea" e uma norma supralegal[25].

Todavia, segundo Fábio Konder COMPARATO,

> *(...) a proibição de penas de caráter perpétuo, constante do art. 5º, XLVII, b, deve ser interpretada em seus justos termos. O seu âmbito de aplicação, como é manifesto, circunscreve-se ao ordenamento jurídico nacional. (...) Seria obviamente um contrassenso supor-se a transnacionalidade, de pleno direito, de uma norma do ordenamento jurídico nacional.*[26]

No mesmo sentido, Rodrigo Arnoni SCALQUETTE, defende que: "essa situação não ofende a soberania brasileira, pois (...) o Estatuto de Roma foi incorporado ao nosso direito interno e o TPI tem a sua esfera de competência delimitada e sua aplicação restrita a esses casos".[27]

---

23 CASSESE, Antonio. Existe um conflito insuperável entre soberania dos Estados e justiça penal internacional? *Crimes internacionais e Jurisdições internacionais*, p. 4.

24 CASSESE, Antonio. Existe um conflito insuperável entre soberania dos Estados e justiça penal internacional? *Crimes internacionais e Jurisdições internacionais*, p. 4.

25 Por se tratar de tratado de direitos humanos, na linha da jurisprudência do STF, possui *status* supralegal.

26 COMPARATO, *A Afirmação Histórica dos Direitos Humanos*, 2007, p. 470.

27 SCALQUETTE, Rodrigo Arnoni. *Elementos da Soberania e do Tribunal Penal Internacional*, p. 98.

Assim, no que tange à previsão de prisão perpétua pelo Estatuto do Tribunal Penal Internacional, não há incompatibilidade com relação à Constituição do Brasil, vez que, segundo preconiza COMPARATO, seria contrassenso supor a transnacionalidade do Texto Constitucional brasileiro, devendo a proibição da pena de caráter perpétuo ser aplicada em âmbito nacional.

Atenção:

Não há previsão de pena de morte no Estatuto de Roma.

11.4.3. A questão da imprescritibilidade dos crimes

A Constituição do Brasil prevê no art. 5º, incisos XLII e XLIV, a imprescritibilidade dos crimes de racismo e de ação de grupos armados, civis ou militares contra a ordem constitucional e o Estado Democrático[28], de maneira que, para todos os outros crimes segue-se a regra da prescritibilidade, tendo como base o art. 109 do Código Penal.

O Estatuto de Roma, por sua vez, prevê em seu art. 29 que os crimes da competência do Tribunal Penal Internacional **não prescrevem**.

Desta feita, segundo o magistério de Rodrigo Arnoni Scalquette, o legislador constituinte previu a imprescritibilidade dos crimes acima mencionados tendo em vista a gravidade das condutas[29], de maneira que, nas palavras de Fábio Konder Comparato, não faz sentido que os crimes definidos no Estatuto sejam considerados menos graves, e, por conseguinte, prescritíveis.[30]

Ademais, há que se considerar o fato do princípio da primazia da dignidade humana elevado a fundamento da República Federativa do Brasil, nos termos do art. 1º, III, da Constituição brasileira.

Destarte, deve-se primar pela "interpretação sistemática de todo o nosso ordenamento jurídico",[31] com fundamento na "proteção total dos direitos humanos e a sua prevalência no âmbito internacional".[32]

Assim, o aumento do rol de crimes imprescritíveis pelo Estatuto do Tribunal Penal Internacional significa notadamente o "total respeito e proteção à dignidade humana".[33]

Cumpre lembrar que as Cortes Internacionais consideram o Direito interno como **mero fato**[34], que expressa a vontade do Estado.

28 BRASIL. *Constituição (1988)*. Constituição da República Federativa do Brasil, de 5 de outubro de 1988. 25. ed. São Paulo: Atlas, 2005, p. 36.
29 SCALQUETTE, Rodrigo Arnoni. *Elementos da Soberania e do Tribunal Penal Internacional*, 2008, p. 105.
30 COMPARATO, *A Afirmação Histórica dos Direitos Humanos*, 2007, p. 469.
31 SCALQUETTE, Rodrigo Arnoni. *Elementos da Soberania e do Tribunal Penal Internacional*, p. 106.
32 SCALQUETTE, Rodrigo Arnoni. *Elementos da Soberania e do Tribunal Penal Internacional*, p. 106.
33 SCALQUETTE, Rodrigo Arnoni. *Elementos da Soberania e do Tribunal Penal Internacional*, p. 106.
34 RAMOS, André de Carvalho. Teoria Geral dos Direitos Humanos na Ordem Internacional, 5ª edição, 2015, p. 294.

Como fundamento normativo para esta corrente, o art. 27 da Convenção de Viena sobre Direito dos Tratados assim dispõe: "*uma parte não pode invocar as disposições de seu direito interno para justificar o inadimplemento de um tratado (...)*".

Em arremate, deve o Brasil zelar pela **cooperação** e **cumprimento das obrigações internacionais** assumidas.

11.5. Condições prévias ao exercício da jurisdição e inquérito

O Tribunal poderá exercer a sua jurisdição em relação a qualquer um dos crimes a que se refere o art. 5º do Estatuto de Roma, de acordo com o disposto no presente Estatuto, se[35]:

a) Um Estado Parte denunciar ao Procurador, nos termos do art. 14, qualquer situação em que haja indícios de ter ocorrido a prática de um ou vários desses crimes;

b) O Conselho de Segurança, agindo nos termos do Capítulo VII da Carta das Nações Unidas, denunciar ao Procurador qualquer situação em que haja indícios de ter ocorrido a prática de um ou vários desses crimes; ou

c) O Procurador tiver dado início a um inquérito sobre tal crime, nos termos do disposto no artigo[15].

Além disso, qualquer Estado Parte poderá denunciar ao Procurador uma situação em que haja indícios de ter ocorrido a prática de um ou vários crimes da competência do Tribunal e solicitar ao Procurador que a investigue, com vista a determinar se uma ou mais pessoas identificadas deverão ser acusadas da prática desses crimes.

O Estado que proceder à denúncia deverá, tanto quanto possível, especificar as circunstâncias relevantes do caso e anexar toda a documentação de que disponha.

O Procurador poderá, por sua própria iniciativa, abrir um inquérito com base em informações sobre a prática de crimes da competência do Tribunal. Além disso, apreciará a seriedade da informação recebida. Para tal, poderá recolher informações suplementares junto aos Estados, aos órgãos da Organização das Nações Unidas, às Organizações Intergovernamentais ou Não Governamentais ou outras fontes fidedignas que considere apropriadas, bem como recolher depoimentos escritos ou orais na sede do Tribunal.

Se o Procurador concluir que existe fundamento suficiente para abrir um inquérito, apresentará um pedido de autorização nesse sentido ao Juízo de Instrução, acompanhado da documentação de apoio que tiver reunido. As vítimas poderão apresentar representações no Juízo de Instrução, de acordo com o Regulamento Processual.

Se, após examinar o pedido e a documentação que o acompanha, o Juízo de Instrução considerar que há fundamento suficiente para abrir um Inquérito e que o caso

35 O procedimento descrito corresponde à transcrição dos arts. 13 e seguintes do Estatuto de Roma.

parece caber na jurisdição do Tribunal, autorizará a abertura do inquérito, sem prejuízo das decisões que o Tribunal vier a tomar posteriormente em matéria de competência e de admissibilidade.

A recusa do Juízo de Instrução em autorizar a abertura do inquérito não impedirá o Procurador de formular ulteriormente outro pedido com base em novos fatos ou provas respeitantes à mesma situação.

Entretanto, se, depois da análise preliminar, o Procurador concluir que a informação apresentada não constitui fundamento suficiente para um inquérito, o Procurador informará quem a tiver apresentado de tal entendimento. Tal não impede que o Procurador examine, à luz de novos fatos ou provas, qualquer outra informação que lhe venha a ser comunicada sobre o mesmo caso.

Importante para Concursos:

grande parte das questões de concursos públicos são meras transcrições do tratado. Assim, recomenda-se a **leitura integral do Estatuto de Roma**.

11.6. Quadro sinótico

Memorização e Revisão	
Contexto histórico da criação do Tribunal Penal Internacional	O Estatuto do Tribunal Penal Internacional consiste em uma resposta da comunidade internacional contra a impunidade dos crimes nos quais figuram como vítima a própria humanidade, especialmente durante as **Guerras Mundiais**.
Antecessores do TPI	Os antecessores do Tribunal Penal Internacional (TPI) foram os **tribunais militares internacionais**, criados após a II Guerra Mundial: o Tribunal Militar Internacional – **Tribunal de Nuremberg** – e o Tribunal Internacional para o Extremo Oriente – o **Tribunal de Tóquio**[36]. Em um contexto mais recente, "onde as aspirações de liberdade e respeito aos Direitos Humanos elevaram-se pretensamente como princípios ordenadores das próprias relações globais",[37] a ONU organizou a criação e o estabelecimento do **Tribunal Penal Internacional para ex-Iugoslávia**, em 1993, e em novembro de 1994, criou o **Tribunal Penal Internacional para Ruanda**.
TPI	O Tribunal Penal Internacional foi criado pelo **Estatuto de Roma**, assinado em julho de 1998. O Estatuto de Roma entrou em vigor em 1° de julho de 2002, após o depósito do 60° instrumento da ratificação.[38] Segundo prescreve o art. 1º do Estatuto de Roma, o Tribunal Penal Internacional é o primeiro tribunal de caráter permanente. Além disso, tem jurisdição sobre os crimes de maior gravidade para a comunidade internacional, os chamados ***crimes de lesa humanidade***.

36 PORTELA, p. 615.
37 PIOVESAN, Flávia. *Direitos Humanos e o Direito Constitucional Internacional*, p. 233.
38 Ibidem, p. 1043

Estrutura do Estatuto de Roma	Composto de 13 capítulos, o Estatuto de Roma é organizado da seguinte forma: Capítulo I: Criação do Tribunal (arts. 1º ao 4º); Capítulo II: Competência, admissibilidade e direito aplicável (arts. 5º a 21); Capítulo III: Princípios gerais de direito penal (arts. 22 a 33); Capítulo IV: Composição e administração do Tribunal (arts. 34 a 52); Capítulo V: Inquérito e Procedimento Criminal (arts. 53 a 61); Capítulo VI: O julgamento (arts. 62 a 76); Capítulo VII: As penas (arts. 77 a 80); Capítulo VIII: Recurso e Revisão (arts. 81 a 85); Capítulo IX: Cooperação internacional e auxílio judiciário (arts. 86 a 102); Capítulo X: Execução da pena (arts. 103 a 111); Capítulo XI: Assembleia dos Estados partes (art. 112); Capítulo XII: Financiamento (arts. 113 a 118); Capítulo XIII: Cláusulas finais (arts. 119 a 128). Há, ainda, dois anexos: o de Elementos Constitutivos dos Crimes; e o de Regulamento Processual. No primeiro, são especificadas as circunstâncias e elementos de cada um dos crimes descritos nos arts. 6º a 8º do Estatuto, que devem ser considerados na interpretação de cada uma das condutas penais. No segundo, foram estabelecidas as regras procedimentais.[39]
Órgãos do TPI	a) A Presidência; b) Uma Seção de Recursos, uma Seção de Julgamento em Primeira Instância e uma Seção de Instrução; c) O Gabinete do Procurador; d) A Secretaria.
Princípio da complementaridade	A jurisdição do TPI é **complementar** à jurisdição interna dos Estados. É indispensável que se demonstre que o Estado com jurisdição direta sobre o fato ilícito não a exerceu, ou que, ao exercê-la, demonstrou que o fez tão-só para proteger o acusado, ou dar uma aparência de seriedade à investigação ou ao processo criminal. Deve-se, pois, haver o esgotamento dos procedimentos internos, como condição de procedibilidade do Tribunal Penal Internacional.
Competência *ratione materiae*	O Tribunal terá competência para julgar os seguintes crimes (art. 5º): a) O crime de genocídio; b) Crimes contra a humanidade; c) Crimes de guerra; d) O crime de agressão.
Competência *ratione temporis*	No que concerne à competência temporal, o critério determinante é o da irretroatividade.[40] Desta feita, o Tribunal não tem jurisdição sobre crimes praticados antes da entrada em vigor do Estatuto de Roma. Ademais, se um Estado se tornar Parte no presente Estatuto depois da sua entrada em vigor, o Tribunal só poderá exercer a sua competência em relação a crimes cometidos depois da entrada em vigor do presente Estatuto relativamente a esse Estado[41].

39 PIOVESAN, Flávia (coord. Geral); STEINER, Sylvia Helena F. (coord. temática). *Código de Direito Internacional dos Direitos Humanos Anotado*, 2008, p. 1043

40 Ibidem, p. 1047.

41 Art. 12, 2, do Estatuto de Roma.

Prisão perpétua	O art. 77, § 1º, *b*, do Estatuto de Roma prevê "pena de prisão perpétua, se o elevado grau de ilicitude do fato e as condições pessoais do condenado o justificarem". **Não confundir com "pena de morte", pois o Estatuto de Roma não prevê a pena de morte.**

11.7. Questões

1. **(POLÍCIA FEDERAL - Delegado de Polícia Federal - CESPE / CEBRASPE - 2018)** Julgue o item a seguir, relativos a atos internacionais, personalidade internacional, cortes internacionais e domínio público internacional.

   Por não admitir extradição de brasileiros para que sejam julgados em corte internacional que admita pena de caráter perpétuo, o Brasil não manifestou adesão ao Tratado de Roma, que criou o Tribunal Penal Internacional.

   C) Certo

   E) Errado

Gabarito: Errado.

2. **(TRF - 1ª REGIÃO - Juiz Federal - CESPE / CEBRASPE - 2015)** Entre os órgãos do TPI, inclui-se o(a)

   A) sala para crimes contra a humanidade.

   B) gabinete do procurador.

   C) sala ad hoc para a ex-Iugoslávia.

   D) sala do júri.

   E) gabinete do diretor-geral.

Gabarito: B.

3. **(INSTITUTO RIO BRANCO - Diplomata - IADES - 2021)** Acerca do Tribunal Penal Internacional e de sua importante relação com as Nações Unidas, em particular com o Conselho de Segurança, julgue (C ou E) o item a seguir.

   A Conferência de Revisão do Estatuto de Roma, realizada em Campala em 2010, logrou definir o crime de agressão e estabelecer as condições para o exercício de jurisdição pelo Tribunal Penal Internacional. As emendas ao Estatuto dela resultantes foram assinadas e ratificadas pelo Brasil.

   C) Certo

   E) Errado

Gabarito: Errado.

4. **(INSTITUTO RIO BRANCO - Diplomata - IADES - 2021)** Acerca do Tribunal Penal Internacional e de sua importante relação com as Nações Unidas, em particular com o Conselho de Segurança, julgue (C ou E) o item a seguir.

   A atuação do Tribunal Penal Internacional baseia-se, como regra geral, na observância do princípio da complementaridade, que assegura a primazia das jurisdições penais nacionais no exercício da jurisdição.

   C) Certo

   E) Errado

Gabarito: Certo.

5. **(INSTITUTO RIO BRANCO – Diplomata – IADES – 2021)** Em relação ao Direito dos Tratados e ao ordenamento jurídico brasileiro, julgue (C ou E) o item a seguir.

A formulação de reservas é, via de regra, facultada ao Estado que assina, ratifica, aceita, aprova ou adere a um tratado, mas o próprio tratado pode proibi-las. Exemplifica tal vedação o Estatuto de Roma, que criou o Tribunal Penal Internacional.

C) Certo

E) Errado

Gabarito: Certo.

6. **(AGU – Advogado da União – CESPE / CEBRASPE – 2009)** No Direito Internacional, há necessidade de previsões normativas para os períodos pacíficos e para os períodos turbulentos de conflitos e litígios. A Carta das Nações Unidas e outras convenções internacionais procuram tratar dos mecanismos de resolução de conflitos, bem como disciplinam a ética dos conflitos bélicos e a efetiva proteção dos direitos humanos em ocasiões de conflitos externos ou internos.

Acerca desse assunto, julgue os itens a seguir, relativos à jurisdição internacional, aos conflitos internacionais e ao direito penal internacional.

No Direito Internacional, há muito tempo, existem as cortes que atuam para a solução de conflitos entre os Estados, como é o caso da Corte Internacional de Justiça. Entretanto, há fato inédito, no Direito Internacional, quanto à criminalização supranacional de determinadas condutas, com a criação do TPI, tribunal ad hoc destinado à punição de pessoas que pratiquem, em período de paz ou de guerra, qualquer crime contra indivíduos.

C) Certo

E) Errado

Gabarito: Errado.

11.8. Jurisprudência

A seguir, o Despacho do Ministro Celso de Mello[42], verdadeira aula sobre o Estatuto de Roma e os conflitos aparentes com a Constituição da República. Entre vários pontos, destaca-se o **dever de cooperação** do Brasil perante a comunidade internacional.

> "**DESPACHO DO SENHOR MINISTRO CELSO DE MELLO**: **Este** despacho é por mim proferido **em face** da ausência eventual, nesta Suprema Corte, do eminente Ministro-Presidente e de seu substituto regimental (fls. 106), **justificando-se**, em conseqüência, **a aplicação** da norma **inscrita** no art. 37, I, do RISTF.
>
> **Submete-se**, ao Supremo Tribunal Federal, **o exame** de pedido de cooperação judiciária **que objetiva a detenção** – **para ulterior *entrega*** ao Tribunal Penal Internacional – **de determinado** Chefe de Estado estrangeiro, **em pleno exercício** de suas funções **como Presidente da República** de um país africano.

42 Pet. 4.625. Disponível em: <https://portal.stf.jus.br/processos/detalhe.asp?incidente=2691069>. Acesso em 7-1-2022.

Trata-se de pedido de "*cooperação internacional e auxílio judiciário*" formulado pelo Tribunal Penal Internacional, **instituído** pelo Estatuto de Roma, **cujo art. 89** confere, a esse Tribunal (com sede em Haia), **legitimação para dirigir**, "*a qualquer Estado*", **pedido de detenção e entrega** de uma pessoa **a quem se haja imputado** a suposta prática **dos delitos** incluídos **na esfera de competência** de referido Tribunal, **que são aqueles** "*de maior gravidade com alcance internacional*", **expressamente referidos** no art. 5º dessa **mesma** convenção multilateral: (**a**) o crime de genocídio, (**b**) os crimes contra a humanidade, (**c**) os crimes de guerra **e** (**d**) o crime de agressão.

A matéria veiculada **nesta** sede processual **suscita reflexões** em torno do Tribunal Penal Internacional **e** do Estatuto de Roma, **ainda mais** em face **das diversas objeções** que têm sido expostas por eminentes doutrinadores **e que assim foram resumidas** por MARCOS ALEXANDRE COELHO ZILLI, MARIA THEREZA ROCHA DE ASSIS MOURA **e** CLEUNICE VALENTIM BASTOS PITOMBO ("**Anotações sobre o Seminário Internacional: a implementação do Estatuto de Roma no direito interno e outras questões de direito penal internacional**", "*in*" Boletim IBCCRIM, Ano 12, nº 139/2-3, jun./2004):

> "***No Brasil***, *que assinou* ***e*** *ratificou o Estatuto,* ***as indagações têm se voltado para eventual inconstitucionalidade das regras*** *que dizem respeito principalmente:* ***i***) ***às exceções*** *ao princípio da coisa julgada;* ***ii***) ***à desconsideração*** *das imunidades e prerrogativas previstas pelo direito interno;* ***iii***) ***à imprescritibilidade*** *dos crimes internacionais;* ***iv***) ***à possibilidade*** *de entrega de nacionais para julgamento* ***perante*** *o Tribunal Penal Internacional;* ***v***) ***à previsão*** *de prisão perpétua;* ***vi***) ***à ausência*** *de fixação de sanções penais para os crimes internacionais.*" (**grifei**)

Cabe registrar, preliminarmente, **que o Estatuto de Roma**, **celebrado** em 17/07/1998, **que instituiu** o Tribunal Penal Internacional, **acha-se formalmente incorporado** ao ordenamento positivo interno do Estado brasileiro **desde** a sua promulgação **pelo Decreto** nº 4.388, de 25-9-2002.

O Estatuto de Roma, buscando **viabilizar** a sua integral aplicação **no âmbito interno** dos Estados nacionais **que hajam** subscrito **ou** aderido a essa convenção multilateral, **estabelece**, **em seu art. 88**, que os Estados Partes **deverão instituir**, no plano doméstico, "*procedimentos aplicáveis a todas as formas de cooperação* ***especificadas***" em **referido** Estatuto.

Em consequência dessa cláusula convencional, **o Senhor Presidente da República**, **por meio** da Mensagem nº 700, de 17-9-2008, **encaminhou**, ao Congresso Nacional, **Projeto de Lei** que "***Dispõe*** *sobre o crime de genocídio,* ***define*** *os crimes contra a humanidade, os crimes de guerra* ***e*** *os crimes contra a administração da justiça do Tribunal Penal Internacional,* ***institui*** *normas processuais específicas,* ***dispõe*** *sobre a cooperação com o Tribunal Penal Internacional,* ***e dá*** *outras providências*", **proposição legislativa** essa que presentemente **tramita**, na Câmara dos Deputados, **como PL nº 4.038/2008**.

O projeto de lei em questão foi assim justificado na *Exposição de Motivos Interministerial* nº 18 SEDH-PR/MJ/MRE/AGU:

> "***O Brasil assinou*** *(...)* ***o Estatuto de Roma que cria o Tribunal Penal Internacional*** *(****TPI****), instituição permanente* ***e*** *complementar às jurisdições penais nacionais,* ***com competência*** *para julgar indivíduos* ***responsáveis*** *pelos crimes de genocídio, guerra e contra a humanidade.*

*2. **Após a aprovação** de seu texto pelo Congresso Nacional, **por meio** do Decreto Legislativo nº 112, de 6 de junho de 2002, **o referido ato internacional** passou a vigorar, **para o Brasil**, em 1º de setembro de 2002. **Desde então, faz-se necessária a regulamentação** dos tipos penais **criados** pelo Estatuto de Roma **e ainda não previstos** em nosso ordenamento jurídico interno.*

*3. **Com exceção** do crime de genocídio, **já tipificado** em lei própria, os crimes de guerra **e os** crimes contra a humanidade **ainda não são previstos** em nossa legislação **e demandam** regulamentação legal.*

*4. **Desse modo**, com o intuito **de incorporar** o Estatuto de Roma ao ordenamento jurídico nacional, **e assim dar cumprimento** ao compromisso internacional **assumido** pelo Estado brasileiro, a Secretaria Especial dos Direitos Humanos da Presidência da República **instituiu**, sob sua coordenação, **Grupo de Trabalho** (GT) **de que resultou** a elaboração do Projeto de Lei **que** '**dispõe** sobre o crime de genocídio, **define** os crimes contra a humanidade, crimes de guerra e crimes contra a administração da justiça do Tribunal Penal Internacional, **institui** normas processuais específicas, **dispõe** sobre a cooperação com o Tribunal Penal Internacional **e dá** outras providências'.*

*5. **Após quase quatro anos** de dedicação e afinco, **os membros do Grupo**, **composto** por renomados juristas **representantes** do Ministério Público Militar, do Ministério das Relações Exteriores, Ministério Público Federal, da Advocacia Geral da União, da Casa Civil, do Senado Federal e do Instituto Brasileiro de Ciências Criminais (IBCCrim), **apresentam** como resultado **o referido** Projeto de Lei, **acompanhado** de uma exaustiva justificativa **que fazemos questão de incluir** como anexo **desta** Exposição de Motivos, **pelo seu valor** não só jurídico, **mas também acadêmico**.*

*6. O **presente** Projeto de Lei **tem como propósito** possibilitar o exercício **da jurisdição primária** pelo Estado brasileiro **e viabilizar a cooperação** com o Tribunal Penal Internacional. **Assegura-se**, assim, que, **em nenhuma hipótese**, uma pessoa **ou** um crime internacional **sujeito** à jurisdição penal brasileira **renda ensejo** à atuação da jurisdição do Tribunal Penal Internacional, **pois se dota o País** dos instrumentos jurídicos **necessários** ao cumprimento de suas obrigações internacionais.*

*7. **Por fim**, ressaltamos **a valiosa contribuição** recebida do Comitê Internacional da Cruz Vermelha (CICV), **especialmente** no que diz respeito ao art. 39 e ao parágrafo único do art. 58, **permitindo** que o texto do Projeto de Lei **contemplasse**, de maneira mais abrangente, **dispositivos** previstos no direito humanitário internacional." (**grifei**)*

O Tribunal Penal Internacional constitui organismo judiciário de caráter permanente, **investido** de jurisdição penal **que lhe confere** poder para processar **e** julgar aqueles **que hajam** praticado (**ou tentado** praticar) delitos **impregnados** de extrema gravidade, com repercussão **e** transcendência internacionais, **como o são** os crimes de genocídio, de guerra, de agressão **e** contra a humanidade. Essa Alta Corte judiciária, **dotada** de independência **e** de personalidade jurídica internacional (**o que lhe permite** celebrar acordos **e** assumir direitos e obrigações com **quaisquer** outros sujeitos de direito internacional público, **mesmo** com aqueles **que não sejam** partes do Estatuto de Roma), **qualifica-se** como tribunal **revestido** de caráter supra-estatal (NELSON NERY JUNIOR e ROSA MARIA DE ANDRADE NERY, "**Constituição Federal Comentada e Legislação Constitucional**", p. 141, item nº 85, 2006, RT, **v.g.**), **cuja competência penal** – vinculada, **materialmente**, aos crimes **referidos** no art. 5º desse **mesmo** Estatuto – **só pode** ser legitimamente exercida, **considerada** a jurisdição doméstica dos Estados nacionais, **com estrita observância** do postulado da complementaridade (**ou** da subsidiariedade).

Daí a observação de FLÁVIA PIOVESAN ("Direitos Humanos e o Direito Constitucional Internacional", p. 223/224, 9ª ed., 2008, Saraiva), que, **após acentuar** a responsabilidade **primária** dos Estados nacionais **quanto ao julgamento** de transgressões aos direitos humanos, **assinala** as condições **em que se legitima** o exercício, **sempre em caráter subsidiário**, da jurisdição **pelo Tribunal Penal Internacional**:

> "***Surge*** *o Tribunal Penal Internacional* ***como aparato complementar*** *às cortes nacionais,* ***com o objetivo de assegurar*** *o fim da impunidade* ***para os mais graves crimes internacionais, considerando que****, por vezes,* ***na ocorrência*** *de tais crimes,* ***as instituições nacionais*** *se mostram falhas* ***ou*** *omissas* ***na realização*** *da justiça.* ***Afirma-se****, desse modo,* ***a responsabilidade primária*** *do Estado* ***com relação*** *ao julgamento de violações de direitos humanos,* ***tendo a comunidade internacional*** *a responsabilidade* ***subsidiária****.* ***Vale dizer****, a jurisdição do Tribunal Internacional* ***é adicional e complementar*** *à do Estado,* ***ficando****, pois,* ***condicionada à incapacidade ou à omissão*** *do sistema judicial interno.* ***O Estado tem****, assim,* ***o dever*** *de exercer sua jurisdição penal* ***contra*** *os responsáveis por crimes internacionais,* ***tendo a comunidade internacional*** *a responsabilidade* ***subsidiária****. Como enuncia* ***o art. 1º*** *do Estatuto de Roma,* ***a jurisdição do Tribunal é adicional e complementar à do Estado****, ficando* ***condicionada*** *à incapacidade* ***ou*** *à omissão do sistema judicial interno.* ***Dessa forma****, o Estatuto* ***busca equacionar*** *a garantia do direito à justiça, o fim da impunidade* ***e*** *a soberania do Estado,* ***à luz*** *do princípio da complementaridade* ***e*** *do princípio da cooperação."* (**grifei**)

Impende acentuar, ainda, **tendo-se presente** a perspectiva **da autoria** dos crimes **submetidos** à competência jurisdicional do Tribunal Penal Internacional, **que o Estatuto de Roma submete**, à jurisdição dessa Alta Corte judiciária, **qualquer** pessoa **que haja incidido** na prática de crimes de genocídio, de guerra, contra a humanidade **ou** de agressão, **independentemente** de sua qualidade oficial (**art.** 27).

Na realidade, o Estatuto de Roma, **ao assim dispor**, **proclama a absoluta irrelevância** da qualidade oficial **do autor** dos crimes **submetidos**, por referida convenção multilateral, à esfera de jurisdição **e** competência do Tribunal Penal Internacional.

Isso significa, portanto, **em face** do que estabelece o Estatuto de Roma **em seu art. 27**, **que a condição política** de Chefe de Estado, **como sucede** no caso em exame, **não se qualifica** como causa **excludente** da responsabilidade penal do agente **nem** fator que legitime a redução da pena **cominada** aos crimes de genocídio, contra a humanidade, de guerra **e** de agressão.

É de observar, neste ponto, **que a cláusula** de "*irrelevância da qualidade oficial*" do autor de referidos delitos, **inscrita** no art. 27 do Estatuto de Roma, **põe em destaque** questão **das mais** expressivas, **considerado** o aspecto pertinente **à denominada** *imunidade soberana* **dos dignitários** dos Estados nacionais (**como** os Chefes de Estado **e** de Governo, os Ministros de Estado **e** os membros do Congresso Nacional).

Vale relembrar, quanto a essa matéria, **que a Corte Internacional de Justiça** – **principal** organismo judiciário do sistema das Nações Unidas (JOSÉ CRETELLA NETO, "**Teoria Geral das Organizações Internacionais**", p. 188/189, item IV.1.6.2, 2ª ed., 2007, Saraiva; MARCELO PUPE BRAGA, "**Direito Internacional Público e Privado**", p. 137, item nº 7.9, 2009, Método; HILDEBRANDO ACCIOLY, GERALDO EULÁLIO DO NASCIMENTO E SILVA e PAULO BORBA CASELLA, "**Manual de Direito Internacional Público**", p. 401/402, item nº 3.1.1.3, 17ª ed., 2009, Saraiva, **v.g.**) -, **em julgamento** realizado em 14-2-2002, **concernente à decretação**, por um magistrado belga, **da prisão** do Ministro das Relações Exteriores congolês, **então** no pleno exercício de suas funções, **reafirmando velho dogma** do direito internacional consuetudinário, **decidiu** que essa ordem de prisão **e** a sua correspondente *"circulação internacional"* **constituíam violação** ao direito internacional, **por implicarem** desrespeito à inviolabilidade pessoal **e** à imunidade de jurisdição penal **de que dispunha** aquela autoridade estrangeira, **em face** da jurisdição **doméstica** do Judiciário do Reino da Bélgica.

Ocorre, no entanto, como **precedentemente** assinalado, que, **de acordo** com o Estatuto de Roma, **mostra-se irrelevante**, **para fins** de *"persecutio criminis"*, **a condição política** do agente, **que não poderá opor**, ao Tribunal Penal Internacional, **ainda que se cuide** de Chefe de Estado **ou** de Governo, **a denominada** *"sovereign immunity"* **ou** *"crown immunity"*, **tal como estipula**, expressamente, **o art. 27** dessa convenção multilateral, **que assim dispõe**:

> *"**Irrelevância da Qualidade Oficial***
>
> ***1. O presente** Estatuto **será aplicável de forma igual a todas as pessoas sem distinção alguma baseada na qualidade oficial**. Em particular, **a qualidade oficial de Chefe de Estado ou de Governo**, de membro de Governo **ou** do Parlamento, de representante eleito ou de funcionário público, **em caso algum eximirá a pessoa em causa de responsabilidade criminal** nos termos do presente Estatuto, **nem constituirá** de 'per se' **motivo** de redução da pena.*
>
> ***2. As imunidades ou normas** de procedimento especiais **decorrentes** da qualidade oficial de uma pessoa, **nos termos** do direito interno ou do direito internacional, **não deverão obstar** a que o Tribunal exerça a sua jurisdição sobre essa pessoa."* (**grifei**)

Não é por outro motivo **que o art. 27** do Estatuto de Roma **tem ensejado** controvérsia, **notadamente** porque há aqueles que, **invocando** o *modelo de Westphalia*, **implementado** a partir de 1648, **sustentam** a tese **do caráter absoluto** da soberania estatal (**o que inviabilizaria** o exercício, pelo Tribunal Penal Internacional, de sua jurisdição), **em oposição** aos que **não só conferem** dimensão relativa **à noção** de soberania do Estado, **mas sobretudo justificam** referida cláusula convencional (**art.** 27) **a partir da idéia**, hoje **positivada** no art. 4º, **inciso** II, de nossa Constituição, da *"prevalência dos direitos humanos"*, **valendo mencionar**, no ponto, **as observações** de CARLOS EDUARDO ADRIANO JAPIASSÚ ("**O Direito Penal Internacional**", p. 115/116, item n. 4.3, 2009, Del Rey):

> *'**Note-se que os crimes de competência do Tribunal Penal Internacional**, de maneira geral, **são cometidos por indivíduos que exercem** determinada função estatal. **Desta forma, a regra do art. 27** do Estatuto de Roma **busca evitar** que aqueles se utilizem dos privilégios **e** das imunidades **que lhes são conferidos** pelos ordenamentos internos*

> ***como escudo para impedir a responsabilização*** *em face dos crimes internacionais.* ***Por fim****, entende-se* ***que o princípio da prevalência dos direitos humanos****, insculpido no art. 4º, II, da Constituição Federal, '****permite implicitamente que haja restrições às imunidades*** *usualmente concedidas a funcionários no exercício de sua atividade funcional em casos de violações a direitos humanos,* ***não colidindo****, por conseguinte,* ***com o art. 27*** *do Estatuto de Roma'.'* (**grifei**)

Cabe registrar, de outro lado, **que este** pedido de cooperação e auxílio judiciário **não se confunde** com a demanda extradicional, **consideradas** as notas **que distinguem** o instituto da *entrega* ("*surrender*") ao Tribunal Penal Internacional **daquele referente** à extradição.

Com efeito, o próprio Estatuto de Roma **estabelece**, em seu texto, **clara distinção** entre os referidos institutos – **o da entrega** ("*surrender*" **/** "*remise*") **e o da extradição** –, **fazendo-o**, de modo preciso, **nos seguintes termos**:

> "**Art. 102**
>
> ***Termos Usados***
>
> ***Para os fins do presente Estatuto****:*
>
> ***a) Por 'entrega'****, entende-se a entrega de uma pessoa* ***por um Estado ao Tribunal****, nos termos* ***do presente*** *Estatuto.*
>
> ***b) Por 'extradição'****, entende-se a entrega de uma pessoa* ***por um Estado a outro Estado****, conforme* ***previsto*** *em um tratado, em uma convenção* ***ou*** *no direito interno.*" (**grifei**)

Vê-se, daí, que, **embora a entrega** de determinada pessoa **constitua** resultado comum **a ambos** os institutos, **considerado o contexto** da cooperação internacional **na repressão** aos delitos, **há**, dentre outros, um elemento de relevo **que os diferencia** no plano conceitual, **eis** que a extradição **somente** pode ter por autor um Estado soberano, **e não** organismos internacionais, **ainda** que revestidos de personalidade jurídica de direito internacional público, **como** o Tribunal Penal Internacional (**Estatuto de Roma**, art. 4º, nº 1).

Não custa ressaltar, neste ponto, **na linha** da diretriz jurisprudencial **firmada** por **esta** Corte, **que o processo de extradição faz instaurar** uma relação de caráter **necessariamente** intergovernamental, **o que afasta** a possibilidade de terceiros, **desvestidos de estatalidade**, formularem pleitos de natureza extradicional (**RTJ 99/1003**, Rel. Min. LEITÃO DE ABREU – **Ext 313/Argentina**, Rel. Min. LUIZ GALLOTTI – **PPE 607/República Italiana**, Rel. Min. CELSO DE MELLO):

> "***Extradição. Pressuposto. Competência.***
>
> 1. ***É pressuposto essencial*** *da extradição* ***que seja ela requerida por Governo de país estrangeiro****.*
>
> 2. *Pedido* ***não*** *conhecido, visto que formulado* ***por autoridade judiciária*** *estrangeira.*" (**RTJ 64/22**, Rel. Min. BILAC PINTO – **grifei**)
>
> "***Extradição****:* ***inadmissibilidade*** *da formulação do pedido por carta rogatória* ***de juiz estrangeiro*** *(...).*

> ***O processo*** *de extradição passiva* ***só se instaura*** *mediante pedido* ***de governo do Estado estrangeiro****. (...).*"
> (**RTJ 184/674**, Rel. Min. SEPÚLVEDA PERTENCE, **Pleno** – **grifei**)

> "- ***O Supremo Tribunal Federal****, no sistema constitucional brasileiro,* ***somente dispõe*** *de competência originária para processar e julgar as extradições* ***passivas****,* ***requeridas****, ao Governo do Brasil,* ***por Estados*** *estrangeiros. (...).*
> *-* ***Os pedidos*** *de extradição,* ***por envolverem*** *uma relação de caráter* ***necessariamente*** *intergovernamental,* ***somente*** *podem ser formulados por Estados soberanos,* ***falecendo*** *legitimação, para tanto, a meros particulares.* ***Doutrina. Precedentes****.*"
> (**Ext 955-Tutela Antecipada/DF**, Rel. Min. CELSO DE MELLO)

Não constitui demasia enfatizar que esse entendimento – o de que as extradições somente podem ser requeridas por Estados estrangeiros – **reflete-se** no magistério de autorizados doutrinadores, **como resulta claro** das lições de CAROLINA CARDOSO GUIMARÃES LISBOA ("**A Relação Extradicional no Direito Brasileiro**", p. 130/131, item nº 2.2.1, 2001, Del Rey), ALEXANDRE DE MORAES ("**Constituição do Brasil Interpretada**", p. 299, item nº 5.91, 7ª ed., 2007, Atlas), UADI LAMMÊGO BULOS ("**Constituição Federal Anotada**", p. 277, 7ª ed., 2007, Saraiva), GILDA MACIEL CORRÊA MEYER RUSSOMANO ("**A Extradição no Direito Internacional e no Direito Brasileiro**", p. 136, item nº 4, 3ª ed., 1981, RT), YUSSEF SAID CAHALI ("**Estatuto do Estrangeiro**", p. 363, item nº 27, 1983, Saraiva), ÁLVARO MAYRINK DA COSTA ("**Direito Penal – Parte Geral**", vol. 1/514-515, item nº 6, 7ª ed., 2005, Forense), **e** FRANCISCO REZEK ("**Direito Internacional Público – Curso Elementar**", p. 197, item nº 117, 10ª ed./3ª tir., 2007, Saraiva), **dentre outros**.

A cláusula constitucional pertinente ao reconhecimento **do direito de agir em sede extradicional**, mediante formulação **do concernente** pedido de extradição (**CF**, art. 5º, inciso **LI**), **confere legitimação**, **tão-somente**, **aos Estados soberanos**, que poderão, **na condição** de sujeitos de Direito Internacional Público, **deduzir** os respectivos pleitos extradicionais.

O aspecto que venho de ressaltar, **fundado** na identificação do sujeito de direito internacional público **legitimado para requerer extradição** (**apenas** Estados soberanos) **ou para solicitar**, com apoio no Estatuto de Roma, ***a entrega*** ou "*surrender*" (**somente** o Tribunal Penal Internacional), **não só encontra suporte** no próprio Estatuto de Roma (**art.** 102, *a* **e** *b*), **como**, ainda, **tem o beneplácito** da doutrina (ANDRÉ DE CARVALHO RAMOS, "**O Estatuto do Tribunal Penal Internacional e a Constituição Brasileira**", "*in*" "Tribunal Penal Internacional", **organizado** por Fauzi Hassan Choukr e Kai Ambos, p. 270, item nº 5.2, 2000, RT; CARLOS EDUARDO ADRIANO JAPIASSÚ, "**O Tribunal Penal Internacional – A Internacionalização do Direito Penal**", p. 209/215, item nº 5, 2004, Lumen Juris; DAVID AUGUSTO FERNANDES, "**Tribunal Penal Internacional: a concretização de um sonho**", p. 314/319, item nº 6.3, 2006, Renovar), **valendo referir**, a esse respeito, **a precisa lição** de VALERIO DE OLIVEIRA MAZZUOLI ("**Curso de Direito Internacional Público**", p. 848/849, item nº 6, 3ª ed., 2008, RT):

> "***A 'entrega'*** *de uma pessoa (****qualquer*** *que seja a sua nacionalidade e em qualquer lugar que esteja)* ***ao Tribunal Penal Internacional é um instituto jurídico 'sui generis'*** *nas relações internacionais contemporâneas,* ***em todos os seus termos distinto do instituto*** *já conhecido* ***da 'extradição', que tem lugar*** *entre duas potências estrangeiras* ***visando*** *a repressão internacional de delitos. (...).*

....

> ***Por este motivo é que o Estatuto de Roma**, levando em consideração disposições semelhantes de vários textos constitucionais modernos, **distingue**, claramente, **o que entende por 'entrega' e por 'extradição'. Nos termos** do seu art. 102, **alíneas** 'a' e 'b', **para os fins** do Estatuto **entende-se por 'entrega'**, o ato de o Estado entregar uma pessoa **ao Tribunal** 'nos termos do presente Estatuto', **e por 'extradição'**, entende-se a entrega de uma pessoa por um Estado **a outro Estado** 'conforme previsto em um tratado, em uma convenção ou no direito interno' de determinado Estado. **Portanto, se a entrega** de uma pessoa, **feita** pelo Estado ao Tribunal, **se der** 'nos termos do Estatuto de Roma', **tal ato caracteriza-se como 'entrega', mas,** caso o ato seja concluído, por um Estado **em relação a outro**, com base no previsto 'em tratado ou convenção ou no direito interno de determinado Estado', **neste caso trata-se de 'extradição'**."* **(grifei)**

Esse entendimento – **que identifica** a *entrega* (*"surrender"*) **como forma autônoma** de cooperação judiciária internacional **no contexto** do Estatuto de Roma, **distinguindo-a**, por isso mesmo, do instituto da extradição – **é exposto** em precisa análise **desenvolvida** por PEDRO CAEIRO, ilustre Assistente da Faculdade de Direito da Universidade de Coimbra (**"O procedimento de entrega previsto no Estatuto de Roma e a sua incorporação no Direito Português"**, *"in" "O Tribunal Penal Internacional e a Ordem Jurídica Portuguesa"*, p. 69/157, 2004, Coimbra Editora), **que discorreu** sobre o instituto da *"entrega"* **em face** das limitações constitucionais que, **em Portugal** (**tanto quanto** no Brasil), **são impostas à extradição**.

Por serem institutos distintos (**o da extradição e o da entrega ou *"surrender"***), **inconfundíveis** até mesmo **em face** do próprio Estatuto de Roma (**art. 102**, *a* **e** *b*), **inviável** seria a autuação, **na espécie**, como *Extradição*, **deste** pedido de *cooperação internacional e auxílio judiciário*, **justificando-se**, em conseqüência, **a classificação processual** como *Petição*, **prevista**, em caráter residual, **no art. 55**, **inciso** XVIII, **c/c** o art. 56, **inciso** IX, **ambos do RISTF**.

Feitas as considerações que me parecem relevantes, **passo a examinar** o pedido transmitido, ao Supremo Tribunal Federal, pelo Poder Executivo da União.

Mediante solicitação **dirigida** ao Governo brasileiro, **o Tribunal Penal Internacional pretende que o Brasil adote** medidas **destinadas** a viabilizar **a detenção e ulterior entrega** de Omar Hassan Ahmad Al Bashir **ou** Omar Al Bashir **ou** Omar Al-Bashir **ou** Omer Hassan Ahmed El Bashire **ou** Omar Al-Beshir **ou** Omar El-Bashir **ou** Omer Albasheer **ou** Omar Elbashir **ou** Omar Hassan Ahmad El-Béshir, **Presidente** da República do Sudão, **em razão** da **suposta** prática, **por referido Chefe de Estado**, de crimes de guerra **e** de crimes contra a humanidade **tipificados** nos arts. 7º **e** 8º do Estatuto de Roma.

O Tribunal Penal Internacional, **na fase preliminar** do procedimento penal **instaurado** contra o Presidente da República do Sudão, **por vislumbrar satisfeitos** os requisitos **e** as condições **a que se refere** o art. 58 do Estatuto de Roma, **fez expedir** ordem de detenção **e** entrega **de mencionado** Chefe de Estado, **encaminhando-a** a todos os *"Estados Partes do Estatuto de Roma"* (fls. 07) **e dirigindo-se**, para tal fim, ao Senhor Embaixador do Brasil no Reino dos Países Baixos (fls. 06), **para solicitar**, ao Estado brasileiro, **a execução** do pedido de cooperação em causa.

É de assinalar – **considerado** o que dispõe o art. 13, ***b***, do Estatuto de Roma – que os atos de persecução penal **referentes ao conflito em Darfur/Sudão**, **objeto** do procedimento **instaurado**

perante o Tribunal Penal Internacional, **resultaram de deliberação** do Conselho de Segurança da Organização das Nações Unidas, **consubstanciada** na Resolução nº 1.593, de 31-3-2005.

O fato de a pessoa ora reclamada **ostentar**, presentemente, a condição institucional **de Chefe de um Estado soberano não constituiria**, na perspectiva do Estatuto de Roma, **obstáculo** à execução, **pelo Governo do Brasil**, da detenção **e** ulterior entrega de referido Chefe de Estado ao Tribunal Penal Internacional, **desde** que essa pessoa **esteja ou venha a ingressar** em território brasileiro.

Impende registrar que este é o primeiro pedido de detenção e entrega de Presidente da República **de outro** Estado soberano (a República do Sudão, no caso), **em pleno exercício** de seu mandato, **encaminhado** pelo Tribunal Penal Internacional ao Governo brasileiro, **a demonstrar** a alta relevância do tema **e** a necessidade de discussão, **por esta** Suprema Corte, **de diversas questões** que emanam da análise **concreta** deste pleito, **tais como**:

> - **o reconhecimento**, ou não, **da competência originária** do Supremo Tribunal Federal sobre a matéria em causa;
> - **a possibilidade de entrega** da pessoa reclamada, ao Tribunal Penal Internacional, **pelo Governo do Brasil**, **considerado** o modelo constitucional entre nós vigente (**CF**, art. 5º, XLVII, ***b***), **nos casos em que admissível**, pelo Estatuto de Roma, **a imposição da pena de prisão perpétua** (**art. 77**, nº 1, ***b***);
> - **a imprescritibilidade de todos** os crimes previstos no Estatuto de Roma (art. 29);
> - **a impossibilidade** de invocação, por Chefe de Estado, de sua imunidade de jurisdição **em face** do Tribunal Penal Internacional (**Estatuto de Roma**, art. 27);
> - **a questão pertinente às relações entre** o Estatuto de Roma (**que descreve** os denominados "*core crimes*"), **complementado** pelo Anexo **referente** aos "*Elements of Crimes*", **adotado** em 9-9-2002, **e o postulado constitucional** da reserva de lei formal **em matéria** de definição (**que há de ser prévia**) de tipos penais, **bem assim** das respectivas sanções, **notadamente** em face **da indeterminação** das penas **por parte** do Estatuto de Roma, **eis** que **não foram** por ele cominadas de modo específico **e** correspondente **a cada** tipo penal;
> - **o reconhecimento**, ou não, **da recepção**, em sua integralidade, **do Estatuto de Roma** pela ordem constitucional brasileira, **considerado** o teor **do § 4º** do art. 5º da Constituição, **introduzido** pela EC nº 45/2004.

Quanto a esse último tópico, **cabe assinalar que se registram algumas dúvidas** em torno da **suficiência**, ou não, da cláusula **inscrita no § 4º** do art. 5º da Constituição, **para efeito** de se considerarem **integralmente recebidas**, por nosso sistema constitucional, **todas** as disposições **constantes** do Estatuto de Roma, **especialmente se se examinarem** tais dispositivos convencionais **em face** das cláusulas **que impõem** limitações materiais ao poder reformador do Congresso Nacional (**CF**, art. 60, **§ 4º**).

É importante enfatizar, neste ponto, **que as dúvidas** concernentes **às relações entre** o Estatuto de Roma, de um lado, **e** as regras da Constituição da República **protegidas** pelas cláusulas pétreas, de outro, **são explicitamente reconhecidas e apontadas por diversos autores** (JOSÉ AFONSO DA SILVA, "**Comentário Contextual à Constituição**", p. 181/182, 6ª ed., 2009, Malheiros; ANDRÉ DE CARVALHO RAMOS, "**Estatuto do Tribunal Penal Internacional e a Constituição Brasileira**", "*in*" "Tribunal Penal

Internacional", **organizado** por Fauzi Hassan Choukr e Kai Ambos, p. 267/274, item nº 5.2, 2000, RT; VALERIO DE OLIVEIRA MAZZUOLI, "**Curso de Direito Internacional Público**", p. 847/856, item nº 6, 3ª ed., 2008, RT; ANA LÚCIA SABADELL **e** DIMITRI DIMOULIS, "**Tribunal Penal Internacional e Direitos Fundamentais: Problemas de Constitucionalidade**", "*in*" Cadernos de Direito, vol. 3, nº 5/241-259, 2003, UNIMEP; CEZAR ROBERTO BITENCOURT, "**Pena de Prisão Perpétua**", "*in*" "Revista CEJ/Conselho da Justiça Federal, Centro de Estudos Judiciários", nº 1, vol. 11/41-47, 1997; LUIZ VICENTE CERNICCHIARO, "**Pena de Prisão Perpétua**", "*in*" "Revista CEJ/Conselho da Justiça Federal, Centro de Estudos Judiciários", nº 1, vol. 11/37-40, 1997; SYLVIA HELENA F. STEINER, "**O Estatuto de Roma e o Princípio da Legalidade**", "*in*" Boletim IBCCRIM, Ano 11, Edição Especial, p. 17/19, out/2003; DAVID AUGUSTO FERNANDES, "**Tribunal Penal Internacional: a concretização de um sonho**", p. 303/321, 2006, Renovar; ENEIDA ORBAGE DE BRITTO TAQUARY, "**Tribunal Penal Internacional e a Emenda Constitucional 45/04 - Sistema Normativo Brasileiro**", p. 260/279, itens ns. 4.9 **a** 4.9.13, 2008, Juruá, **v.g.**), **não obstante alguns** desses ilustres doutrinadores **busquem soluções compatibilizadoras que viabilizem** a aplicação, **no plano doméstico**, dessa convenção multilateral, **como sucede**, dentre outros, **com** CARLOS EDUARDO ADRIANO JAPIASSÚ ("**O Direito Penal Internacional**", p. 110/125, itens ns. 4 **a** 5.1.2, 2009, Del Rey), MÁRCIO MEDEIROS FURTADO ("**Algumas Consignações Acerca do Tribunal Penal Internacional: Origem, Fundamento, Características, Competência, Controvérsias e Objetivos**", "*in*" Revista dos Tribunais, vol. 783/469-503) e SAULO JOSÉ CASALI BAHIA ("**O Tribunal Penal Internacional e a Constituição Brasileira**", "*in*" Revista dos Mestrandos em Direito Econômico da UFBA, vol. 9/64-75, 2001).

(...)

Uma observação final: **embora o Estatuto de Roma possibilite** a formulação, pelo Tribunal Penal Internacional, **de pedido** "*de detenção e entrega*" de uma pessoa **contra quem** foi instaurado, perante esse organismo judiciário, **procedimento penal** por qualquer dos crimes **referidos** no art. 5º **de mencionada** convenção multilateral, **impende advertir** que esse pleito de cooperação internacional - **considerado** o que dispõe o art. 89, **nº 1**, desse mesmo Estatuto - **há de ser dirigido** ao Estado "*em cujo território essa pessoa **possa** se encontrar*" (**grifei**).

É fato notório que o Presidente da República do Sudão **não se encontra** em território brasileiro, **nem se registra** a possibilidade **de que venha** a nele ingressar, **o que afastaria** o requisito **tão claramente** enunciado **no art.** 89, **nº 1**, do Estatuto de Roma.

Por tais razões, entendo essencial **a prévia manifestação** da douta Procuradoria-Geral da República **sobre as questões** acima referidas, **além de outras** que o Ministério Público Federal entender pertinentes, **eis que se impõe**, ao Brasil, **em sua condição** de Estado Parte do Estatuto de Roma, **a** "***Obrigação geral de cooperar***" com o Tribunal Penal Internacional (**art.** 86) (...)".

CAPÍTULO 12
DIREITO INTERNACIONAL PRIVADO

Em regra, o direito interno regerá as relações privadas, estando vinculadas ao Estado soberano. Trata-se do **princípio da territorialidade**.

Em algumas relações jurídicas, entretanto, pode haver divergência sobre qual a norma nacional aplicável. PORTELA ensina que "o próprio legislador pátrio, no exercício do poder soberano do Estado, admite a aplicação do Direito estrangeiro em território nacional"[1].

O Direito Internacional Privado é, por conseguinte, o ramo do Direito que regula o conflito de leis, em relações privadas, para que se determine qual a norma nacional aplicável. É uma "lei sobre leis" (norma de sobredireito ou *lex legum*).

São as chamadas **regras de conexão**. Por meio delas, há indicação de qual o ordenamento jurídico aplicável.

Importante para Concursos:

A **CESPE/CEBRASPE** considerou CORRETA a seguinte assertiva no concurso de Advogado da União (AGU): "Regras de conexão são normas que indicam o direito aplicável a situações jurídicas que digam respeito a mais de um ordenamento jurídico." (Advogado da União - CESPE / CEBRASPE - 2015)

Assim, a nacionalidade, o local onde está o bem, o domicílio, entre outros, são possíveis **elementos de conexão** para a incidência do Direito Internacional Privado.

A Lei de Introdução ao Direito Brasileiro (LINDB) é a principal fonte do Direito Internacional Privado no Brasil (arts. 7º a 19).

Outras normas que trazem preceitos de Direito Internacional Privado:

- Lei de Arbitragem (Lei nº 9.307/1996);
- Código de Processo Civil (CPC), que trata de cooperação internacional, competência internacional, homologação de sentenças estrangeiras, entre outros temas;
- Entre outras normas, a serem analisadas no decorrer deste Capítulo.

No intuito de uniformizar as regras de conexão, destaca-se a Convenção de Direito Internacional de 1928, o **Código Bustamante**. Encontra-se, em grande parte, desatualizado e

1 P. 756.

derrogado por normas internacionais mais recentes, como aquelas celebradas no contexto do MERCOSUL e OEA. Referido tratado foi celebrado no âmbito interamericano.

No plano global – e com o mesmo objetivo de unificar as normas de Direito Internacional Privado -, foi realizada a **Conferência da Haia de Direito Internacional Privado**[2].

12.1. Regras de Conexão

Eis alguns **elementos de conexão** previstos na LINDB:

a) domicílio (*lex domicilii*);

b) nacionalidade (*lex patriae*);

c) lugar onde se estabeleceu a relação jurídica (*lex fori*);

d) lugar onde está a coisa (*lex rei sitae*);

e) lugar em que o ato ilícito foi cometido (*lex loci delicti comissi*);

f) lugar de constituição da obrigação (*locus regit actum*).

Vejamos cada um dos **elementos de conexão** e a respectiva **regra de conexão** (a solução dada pelo ordenamento jurídico).

12.1.1. Domicílio (*lex domicilii*)

Prevê o art. 7º da LINDB:

> "Art. 7º A lei do país em que domiciliada a pessoa determina as regras sobre o começo e o fim da personalidade, o nome, a capacidade e os direitos de família".

Pela regra *lex domicilli*, aplica-se a norma do domicílio de uma das partes.

O art. 12 da LINDB, por sua vez, preceitua que "É competente a autoridade judiciária brasileira, quando for o réu domiciliado no Brasil ou aqui tiver de ser cumprida a obrigação".

12.1.2. Nacionalidade (*lex patriae*)

Nos termos do art. 18 da LINDB:

> "Tratando-se de brasileiros, são competentes as autoridades consulares brasileiras para lhes celebrar o casamento e os mais atos de Registro Civil e de tabelionato, inclusive o registro de nascimento e de óbito dos filhos de brasileiro ou brasileira nascido no país da sede do Consulado".

A regra de conexão acima excepciona regra geral, na medida, em que o casamento é regido pela norma do local da celebração[3].

2 O Estatuto Emendado da Conferência de Haia de Direito Internacional Privado de 2005 realizou alterações.
3 PORTELA, p. 771.

Atenção:

Não possuindo nacionalidade – caso dos apátridas -, aplica-se a lei de seu domicílio ou residência (art. 12, item 1, da Convenção sobre o Estatuto dos Apátridas de 1954). A mesma solução é dada no caso de refugiado (art. 12, item 1, da Convenção de 1951).

12.1.3. Lugar onde se estabeleceu a relação jurídica (*lex fori*)

Lex fori diz respeito à regra pela qual se aplica a lei do lugar onde se estabeleceu a relação jurídica.

Assim, por exemplo, em regra, se o contrato foi firmado no Brasil, o Direito brasileiro deve ser aplicado para a solução dos conflitos.

12.1.4. Lugar onde está a coisa (*lex rei sitae*)

Nos termos do art. 8º da LINDB, "Para qualificar os bens e regular as relações a eles concernentes, aplicar-se-á a lei do país em que estiverem situados".

O art. 10, § 1º, da LINDB – repetindo preceito constitucional (art. 5º, XXXI, da CF) -, por sua vez, estabelece: "A sucessão de bens de estrangeiros, situados no País, será regulada pela lei brasileira em benefício do cônjuge ou dos filhos brasileiros, ou de quem os represente, sempre que não lhes seja mais favorável a lei pessoal do de cujus".

Quanto aos bens imóveis, "Só à autoridade judiciária brasileira compete conhecer das ações relativas a imóveis situados no Brasil" (art. 12, § 1º, da LINDB).

No que tange aos bens móveis, "aplicar-se-á a lei do país em que for domiciliado o proprietário (...) que ele trouxer ou se destinarem a transporte para outros lugares" (art. 8º, § 1º, da LINDB).

12.1.5. Lugar em que o ato ilícito foi cometido (*lex loci delicti comissi*)

O descumprimento de uma obrigação pode gerar, em um caso concreto, a responsabilidade civil pela prática de determinado ato ilícito. Aplica-se a lei do lugar em que referido ato ilícito foi cometido (*lex loci delicti comissi*).

12.1.6. Lugar de constituição da obrigação (*locus regit actum*)

Preconiza o art. 9º, da LINDB:

> "Para qualificar e reger as obrigações, aplicar-se-á a lei do país em que se constituírem". O § 2º do art. 9º, por sua vez, preceitua: "A obrigação resultante do contrato reputa-se constituída no lugar em que residir o proponente".

Por conseguinte, também está presente o elemento de conexão residência nesta hipótese.

Atenção:

A lei brasileira não admite o reenvio. Por exemplo, a regra de conexão brasileira determina aplicação do Direito estrangeiro e a norma deste Estado remete para a aplicação de uma norma de um outro Estado. É o que dispõe o art. 16 da LINDB: "Quando, nos termos dos artigos precedentes, se houver de aplicar a lei estrangeira, ter-se-á em vista a disposição desta, sem considerar-se qualquer remissão por ela feita a outra lei".

12.2. Cooperação Internacional

Trata-se de tema de **alta incidência** em provas de concursos.

Um juiz brasileiro não pode citar um réu que se encontre em outro país, pois a jurisdição é regida pelo **princípio da territorialidade.** É uma decorrência do poder soberano.

Por tal razão, seja para solucionar problemas de porte internacional seja para assegurar a efetividade de uma decisão judicial em outro Estado, foram criadas hipóteses de cooperação jurídica internacional. Eis algumas delas:

a) auxílio direto;

b) carta rogatória;

c) cooperação por meio de tratados específicos (ex.: sequestro internacional de crianças);

d) homologação de sentença estrangeira;

e) extradição;

f) citação e intimação, notificação e coleta de provas por meio de carta rogatória;

g) qualquer outra medida judicial ou extrajudicial não proibida pela lei brasileira.

Atenção:

Foi considerada **correta** a seguinte assertiva cobrada na prova de Procurador da Fazenda Nacional (ESAF – 2012 – adaptada): "No Brasil, os instrumentos de cooperação jurídica internacional são o auxílio direto, a homologação de sentença estrangeira, a carta rogatória e a extradição (mesmo que estes não estejam todos previstos na Constituição da República Federativa do Brasil)".

A cooperação internacional é cabível em quaisquer ramos do Direito, a exemplo do Direito Penal (extradição, transferência de presos), cível (atos processuais de comunicação, a exemplo das cartas rogatórias para a realização de citações, intimações, coletas de provas), entre outros.

Importante para Concursos:

Conceito relevante para a compreensão da cooperação jurídica internacional são as **autoridades centrais,** que "atuam como intermediários dos atos de cooperação jurídica entre os entes estatais"[4]. . Nesse sentido, foi considerada **correta** a assertiva na prova de **Juiz Federal** da 3ª Região (VUNESP - adaptada), aplicada dia **21 de agosto de 2022: "**A via de transmissão da cooperação jurídica internacional denominada 'autoridade central' consiste em órgão de comunicação estatal, o qual possui a função de gerenciar o trâmite dos pleitos cooperacionais, recebendo e enviando-os a outro Estado, zelando ainda pela adequação das solicitações enviadas e recebidas aos termos da legislação de regência. Pode ainda, a depender do tratado, a autoridade central exercer funções de execução dos deveres impostos do Estado-Parte".

Art. 26. A cooperação jurídica internacional será regida por tratado de que o Brasil faz parte e observará[5]:

I - o respeito às garantias do devido processo legal no Estado requerente;

II - a igualdade de tratamento entre nacionais e estrangeiros, residentes ou não no Brasil, em relação ao acesso à justiça e à tramitação dos processos, assegurando-se assistência judiciária aos necessitados;

III - a publicidade processual, exceto nas hipóteses de sigilo previstas na legislação brasileira ou na do Estado requerente;

IV - a existência de autoridade central para recepção e transmissão dos pedidos de cooperação;

V - a espontaneidade na transmissão de informações a autoridades estrangeiras.

Na ausência de tratado, a cooperação jurídica internacional poderá realizar-se com base em **reciprocidade**, manifestada por via diplomática (art. 26, § 1º, do CPC).

Atenção:

Não se exigirá reciprocidade para a homologação de sentença estrangeira. Por se tratar de exceção, tem maior probabilidade de incidência nas provas de concursos.

Na cooperação jurídica internacional não será admitida a prática de atos que contrariem ou que produzam resultados incompatíveis com as normas fundamentais que regem o Estado brasileiro (art. 26, § 3º, do CPC). Um exemplo é o pedido de extradição de um país que aplique a pena de morte. A Constituição Federal brasileira não a admite, razão pela qual, no caso de pedido extradicional, o Estado requerente deverá comutar a pena.

Em regra, o **Ministério da Justiça** exercerá as funções de **autoridade central** na ausência de designação específica (art. 26, § 4º, do CPC).

Diversos são os atos normativos que regem a cooperação internacional. Segue quadro esquematizado no intuito de simplificar a matéria (rol exemplificativo):

4 PORTELA, p. 814.
5 O CPC, nos arts. 26 e seguintes, sistematizou disposições gerais sobre a cooperação internacional.

Ato normativo	Destaques	Comentário
CPC	Arts. 26 a 41 e arts. 960 a 965	Disposições gerais e institutos de cooperação internacional, como o auxílio direto, cartas rogatórias, homologação de sentença estrangeira, entre outros.
MERCOSUL	Protocolo de Las Leñas[6] (Protocolo de Cooperação e Assistência Jurisdicional em Matéria Civil, Comercial, Trabalhista e Administrativa de 1992); Protocolo de Ouro Preto sobre Medidas Cautelares de 1994	É oportuno registrar o parágrafo único do art. 4º da Constituição Federal, que dispõe: "A República Federativa do Brasil buscará a integração econômica, política, social e cultural dos povos da América Latina, visando à formação de uma comunidade latino-americana de nações".
Âmbito interamericano	Convenção Interamericana sobre Cartas Rogatórias e seu Protocolo Adicional; Convenção Interamericana sobre Obrigação Alimentar; Convenção Interamericana sobre a Restituição Internacional de Menores; Convenção Interamericana sobre Prova e Informação acerca do Direito Estrangeiro	Há outros tratados no âmbito interamericano. Para concursos, é oportuno o conhecimento de referidos tratados, não sendo necessária, porém, em regra, a leitura integral, diante da baixa incidência destas convenções.
Tratados bilaterais de cooperação internacional	A República Federativa do Brasil possui acordos com países da África, América do Norte, América Latina e Caribe, Ásia e Oriente Médio, e Europa[7].	Mesmo que não haja tratado, é possível a cooperação internacional, aplicando-se, neste caso, a reciprocidade.
Âmbito global	Convenção da Haia (Convenção sobre os Aspectos Civis do Sequestro Internacional de Crianças)	Trata-se de tema de **alta incidência em concursos federais**. *As ações relativas ao sequestro internacional são de **competência federal**.* A Autoridade Central é a Autoridade Central Administrativa Federal (ACAF), órgão do Departamento de Recuperação de Ativos e Cooperação Jurídica Internacional da Secretaria Nacional de Justiça do Ministério da Justiça. "Caso haja dificuldade para o retorno da criança em termos amigáveis, a Autoridade Central brasileira encaminhará o caso à Advocacia-Geral da União (AGU), para que esta tome as medidas cabíveis"[8].
	Convenção para a repressão do Tráfico de Pessoas e do Lenocínio e seu Protocolo Final	Tratado relevante para concursos da magistratura federal, MPF e DPU.

A União é a unidade federativa competente para manter relações com Estados estrangeiros (art. 21, I, da CF). PORTELA ressalta, entretanto, que "a cooperação internacional poderá envolver os órgãos do Poder Judiciário e do Ministério Público"[9].

---

6 Tanto o Protocolo de Las Leñas quanto o Protocolo de Ouro Preto foram estudados no Capítulo referente ao MERCOSUL (Capítulo 9 – Blocos Regionais).

7 Fonte: <https://www.gov.br/abc/pt-br/assuntos/cooperacao-tecnica/acordos-vigentes/acordos-bilaterais>. Acesso em 21-8-2022.

8 PORTELA, p. 936.

9 P. 815.

12.2.1. Cartas Rogatórias

Em um processo judicial, pode ocorrer de ser necessária a citação ou intimação de réu que se encontre em outro país. Pelo princípio da territorialidade da jurisdição, o juiz brasileiro não poderá realizar referido ato processual sem a cooperação jurídica internacional. Outro exemplo diz respeito a um acusado que se encontre em território brasileiro e esteja sendo processado em outro Estado. As cartas rogatórias permitem, assim, a realização de atos processuais em outros países.

As cartas rogatórias poderão ser:

a) Cartas rogatórias ativas: quando enviadas pelo Brasil. Neste caso, a República Federativa do Brasil pede a cooperação de Estado estrangeiro;

b) Cartas rogatórias passivas: são os pedidos de cooperação jurídica enviados ao Brasil pelas autoridades de outro Estado.

Cartas rogatórias ativas	Cartas rogatórias passivas
O requerente é o Estado brasileiro	O Estado estrangeiro requer ao Brasil o pedido de cooperação
São requisitos da carta rogatória (art. 260 do CPC): I - a indicação dos juízes de origem e de cumprimento do ato; II - o inteiro teor da petição, do despacho judicial e do instrumento do mandato conferido ao advogado; III - a menção do ato processual que lhe constitui o objeto; IV - o encerramento com a assinatura do juiz.	Nos termos do art. 961 do CPC, "A decisão estrangeira somente terá eficácia no Brasil após a homologação de sentença estrangeira ou a concessão do exequatur às cartas rogatórias, salvo disposição em sentido contrário de lei ou tratado". A esta autorização que valida a decisão estrangeira dá-se o nome de ***exequatur***. A competência para a concessão de *exequatur* é do **Superior Tribunal de Justiça** (Emenda Constitucional nº 45/2004[10]).
A carta rogatória poderá ser remetida por meio da via diplomática, autoridade central ou por outro meio estabelecido em tratado. A expedição da precatória não suspenderá a instrução criminal (art. 222, § 1, do CPP).	Embora a competência para o *exequatur* seja do STJ, a comunicação com as autoridades estrangeiras ocorre, como regra, por meio da Autoridade Central. O procedimento da carta rogatória perante o Superior Tribunal de Justiça é de jurisdição contenciosa e deve assegurar às partes as garantias do devido processo legal (art. 36 do CPC). O procedimento da carta rogatória está previsto nos arts. 216-O a 216-X do Regimento Interno do STJ.

Método de delibação

O STJ não analisará o mérito da decisão proferida pelo Estado estrangeiro, sob pena de violação de sua soberania. A esta análise das condições de processamento sem a análise do mérito dá-se o nome de **juízo meramente delibatório (princípio da contenciosidade limitada).**

Em outros termos: "Em qualquer hipótese, é vedada a revisão do mérito do pronunciamento judicial estrangeiro pela autoridade judiciária brasileira" (art. 36, § 2º, do CPC). É por esta razão que "A defesa restringir-se-á à discussão quanto ao atendimento dos requisitos para que o pronunciamento judicial estrangeiro produza efeitos no Brasil" (art. 36, § 1º do CPC).

Importante para Concursos:

10 Antes da Emenda Constitucional nº. 45/04, a competência para concessão do *exequatur* era do Supremo Tribunal Federal (STF).

O CEBRASPE cobrou na prova de Promotor de Justiça do Amapá (2021): "O Ministério Público ***terá*** vista dos autos nas cartas rogatórias pelo prazo de 15 (quinze) dias, podendo impugnar o pedido de concessão do exequatur". Está correto (art. 216-S do Regimento Interno do STJ).

Atenção:

Não será concedido exequatur à carta rogatória nos casos de competência exclusiva da autoridade judiciária brasileira (parágrafo único do art. 964 do CPC).

Após a concessão, pelo STJ do *exequatur*, o órgão competente para cumprir a carta rogatória (ex.: oitiva de investigado), é a Justiça Federal de 1ª instância, nos temos do art. 109, X, da CF/1988:

> *Art. 109. Aos juízes federais compete processar e julgar:*
>
> *(...)*
>
> *X - os crimes de ingresso ou permanência irregular de estrangeiro, a execução de carta rogatória, após o "exequatur", e de sentença estrangeira, após a homologação, as causas referentes à nacionalidade, inclusive a respectiva opção, e à naturalização;*

Nesse sentido, foi considerada **correta** a seguinte assertiva na prova de Juiz Federal da 2ª Região (2014): "Concedido o exequatur pelo Superior Tribunal de Justiça, a Carta Rogatória será cumprida por juiz federal de primeiro grau, independentemente da matéria de que cuide".

12.2.2. Auxílio direto

Nos termos do art. 28 do CPC, "Cabe auxílio direto quando a medida não decorrer diretamente de decisão de autoridade jurisdicional estrangeira a ser submetida a juízo de delibação no Brasil".

Assim, a principal diferença, com relação à carta rogatória, é que, no auxílio direto **não** é necessário o *exequatur* do Superior Tribunal de Justiça.

Importante para Concursos:

Foi considerada **correta** a seguinte assertiva na prova da Juiz Federal da 2ª Região (2014): "O auxílio direto é espécie do gênero cooperação jurídica internacional e consiste na assistência que a autoridade nacional presta à autoridade estrangeira requerente por meio de um procedimento nacional. Como regra, deve estar previsto em tratado internacional e prescinde da concessão de exequatur pelo Superior Tribunal de Justiça.

No auxílio direto, a autoridade do Estado estrangeiro encaminha o pedido de cooperação para a Autoridade Central no Brasil. É o que dispõe o art. 29 do CPC: "A solicitação de auxílio direto será encaminhada pelo órgão estrangeiro interessado à autoridade central, cabendo ao Estado requerente assegurar a autenticidade e a clareza do pedido".

Portanto, o auxílio direto é uma forma de cooperação jurídica internacional mais simplificada.

O art. 30 do CPC elenca, além dos casos previstos em tratados de que o Brasil faz parte, outras hipóteses de auxílio direto:

> *"I - obtenção e prestação de informações sobre o ordenamento jurídico e sobre processos administrativos ou jurisdicionais findos ou em curso;*
> *II - colheita de provas, salvo se a medida for adotada em processo, em curso no estrangeiro, de competência exclusiva de autoridade judiciária brasileira;*
> *III - qualquer outra medida judicial ou extrajudicial não proibida pela lei brasileira".*

No caso de auxílio direto para a prática de atos que, segundo a lei brasileira, não necessitem de prestação jurisdicional, a autoridade central adotará as providências necessárias para seu cumprimento (art. 32 do CPC).

Recebido o pedido de auxílio direto pelo Estado estrangeiro, a Autoridade Central o encaminhará à **Advocacia-Geral da União**, que requererá em juízo a medida solicitada (art. 33 do CPC). Compete ao juízo federal do lugar em que deva ser executada a medida apreciar pedido de auxílio direto passivo que demande prestação de atividade jurisdicional (art. 34 do CPC).

O Ministério Público requererá em juízo a medida solicitada quando for Autoridade Central (art. 34 do CPC).

O Professor Márcio CAVALCANTE[11] ensina que a justificativa para a competência federal se baseia em três incisos do art. 109, da CF/1988:

> *"Inciso I: considerando que a União é interessada na condição de autora;*
> *Inciso III: tendo em vista que o auxílio direto é, normalmente, fundado em um tratado internacional;*
> *Inciso X: uma vez que, quando este inciso fala em "execução de carta rogatória", tal expressão deve abranger também o cumprimento de auxílio direto, providência incomum na época da edição da CF/1988".*

Auxílio direto	Carta rogatória
Não existe a necessidade de *exequatur* do STJ.	Necessário o *exequatur* do STJ (juízo de delibação).
O pedido de cooperação é feito mediante Autoridade Central e não há, necessariamente, a participação do Poder Judiciário.	Trata-se de pedido de cooperação judiciária entre a autoridade judiciária de um Estado para uma autoridade judiciária de outro Estado.

Entretanto, caso seja necessária, no auxílio direto, a análise pelo Poder Judiciário – como, por exemplo, para a oitiva de estrangeiro preso no Brasil -, neste caso a **competência para a apreciação do pedido de cooperação será do Supremo Tribunal Federal (STF)**.

11. Disponível em: <https://www.dizerodireito.com.br/2016/09/oitiva-de-estrangeiro-preso-no-brasil.html>. Acesso em: 23-8-2022.

> *"Compete ao STF apreciar o pedido de cooperação jurídica internacional na hipótese em que solicitada, via auxílio direto, a oitiva de estrangeiro custodiado no Brasil por força de decisão exarada em processo de extradição"*[12].
>
> STF. 1ª T. Pet 5946/DF, rel. orig. Min. Marco Aurélio, red. p/ o acórdão Min. Edson Fachin, julgado em 16-8-2016 (Info 835).

12.2.3. Homologação de decisões estrangeiras

Homologação de decisão estrangeira é o ato que concede eficácia jurídica a uma decisão judicial proferida por outro Estado, passando a produzir seus regulares efeitos.

Em razão do princípio da soberania dos Estados, a decisão estrangeira somente terá eficácia no Brasil após a homologação de sentença estrangeira ou a concessão do exequatur às cartas rogatórias, salvo disposição em sentido contrário de lei ou tratado (art. 961 do CPC).

A homologação de decisão estrangeira será requerida por ação de homologação de decisão estrangeira, salvo disposição especial em sentido contrário prevista em tratado (art. 960 do CPC).

A competência para a homologação da decisão judicial é do Superior Tribunal de Justiça (art. 105, I, *i*, da CF).

No caso de decisão interlocutória, o CPC optou pela execução por meio de carta rogatória (art. 961, § 1º, do CPC).

Atenção:

Atenção para a exceção: "A sentença estrangeira de divórcio consensual produz efeitos no Brasil, independentemente de homologação pelo Superior Tribunal de Justiça" (art. 961, § 5º, do CPC).

Constituem requisitos indispensáveis à homologação da decisão (art. 963 do CPC):

> *"I – ser proferida por autoridade competente;*
>
> *II – ser precedida de citação regular, ainda que verificada a revelia;*
>
> *III – ser eficaz no país em que foi proferida;*
>
> *IV – não ofender a coisa julgada brasileira;*
>
> *V – estar acompanhada de tradução oficial, salvo disposição que a dispense prevista em tratado;*
>
> *VI – não conter manifesta ofensa à ordem pública".*

Seguindo a mesma lógica do *exequatur*, o reconhecimento e execução de sentença estrangeira é feito por meio de mero **juízo de delibação**, isto é, sem a análise completa do mérito da decisão, sob pena de violação da soberania do outro Estado.

12 Disponível em: <https://www.dizerodireito.com.br/2016/09/oitiva-de-estrangeiro-preso-no-brasil.html>. Acesso em: 23-8-2022.

Após a homologação da decisão estrangeira pelo Superior Tribunal de Justiça (STJ), o cumprimento de decisão estrangeira far-se-á perante o juízo federal competente, a requerimento da parte, conforme as normas estabelecidas para o cumprimento de decisão nacional (art. 965 do CPC).

Nesse sentido, foi considerada **incorreta** a assertiva na prova de **Juiz Federal** da 3ª Região (VUNESP – adaptada), aplicada dia **21 de agosto de 2022:** "O reconhecimento e execução de sentença estrangeira em um Estado podem ser realizados por meio do modo de controle limitado, também chamado de juízo de delibação, pelo qual o Estado do foro afere determinado aspectos referentes à sentença estrangeira, mas exige, simultaneamente, a análise do mérito completo da decisão".

Atenção:

Atenção para a exceção: *"É possível a homologação de sentença penal estrangeira que determine o perdimento de imóvel situado no Brasil em razão de o bem ser produto do crime de lavagem de dinheiro"* STJ. Corte Especial. SEC 10612-FI, Rel. Min. Laurita Vaz, julgado em 18-5-2016 (Info 586). O Professor Márcio André Lopes CAVALCANTE exemplifica para uma melhor compreensão: "cidadão finlandês foi condenado em seu país pela prática de lavagem de dinheiro. Na sentença, determinou-se o perdimento de imóvel situado no Brasil. Esta sentença estrangeira pode ser homologada pelo STJ. Não há ofensa ao art. 23, I, do CPC/2015, pois a sentença estrangeira não tratou especificamente sobre a situação dos bens imóveis, sobre a sua titularidade, mas sim sobre os efeitos civis de uma condenação penal, determinando o perdimento de bens que foram objeto de crime de lavagem de capitais"[13].

O conteúdo acima foi cobrado pelo CEBRASPE na prova para DELEGADO FEDERAL: "Conforme entendimento do Superior Tribunal de Justiça, não é possível a homologação de sentença penal estrangeira que determine o perdimento de imóvel situado no Brasil por considerar que o bem seja produto de infrações previstas na Convenção de Palermo, como, por exemplo, o crime de lavagem de dinheiro". Trata-se de assertiva **errada**, nos termos do precedente do STJ.

Importante para Concursos:

Não é necessária a homologação das sentenças de tribunais internacionais. Isso porque os tribunais internacionais não estão vinculados a nenhum Estado específico.

12.3. Quadro sinótico

13 Fonte: CAVALCANTE, Márcio André Lopes. *Homologação de sentença estrangeira e confisco de imóvel situado no Brasil.* Buscador Dizer o Direito, Manaus. Disponível em: <https://www.buscadordizerodireito.com.br/jurisprudencia/detalhes/aafd8346a677af9db717afeadf6b62ec>.

Memorização e Revisão	
Direito Internacional Privado	O Direito Internacional Privado é, por conseguinte, o ramo do Direito que regula o conflito de leis, em relações privadas, para que se determine qual a norma nacional aplicável. É uma "lei sobre leis" (norma de sobredireito ou *lex legum*).
Regras de conexão	Por meio das regras de conexão, há indicação de qual o ordenamento jurídico aplicável.
Fontes do Direito Internacional Privado	• A Lei de Introdução ao Direito Brasileiro (LINDB) é a principal fonte do Direito Internacional Privado no Brasil (arts. 7º a 19); • Código de Processo Civil; • Lei de Arbitragem; • Código de Bustamante (encontra-se desatualizado, diante de normas celebradas no âmbito do MERCOSUL e OEA); • Convenção da Haia de Direito Internacional Privado.
Elementos de conexão	Eis alguns **elementos de conexão** previstos na LINDB: a) domicílio (*lex domicilii*); b) nacionalidade (*lex patriae*); c) lugar onde se estabeleceu a relação jurídica (*lex fori*); d) lugar onde está a coisa (*lex rei sitae*); e) lugar em que o ato ilícito foi cometido (*lex loci delicti comissi*); f) lugar de constituição da obrigação (*locus regit actum*).
Cooperação internacional	Seja para solucionar problemas de porte internacional seja para assegurar a efetividade de uma decisão judicial em outro Estado, foram criadas hipóteses de cooperação jurídica internacional. Eis algumas delas: a) auxílio direto; b) carta rogatória; c) cooperação por meio de tratados específicos (ex.: sequestro internacional de crianças); d) homologação de sentença estrangeira; e) extradição; f) citação e intimação, notificação e coleta de provas por meio de carta rogatória; g) qualquer outra medida judicial ou extrajudicial não proibida pela lei brasileira.
Autoridades Centrais	"Atuam como intermediários dos atos de cooperação jurídica entre os entes estatais"[14].

12.4. Questões

1. **(CESPE/CEBRASPE – Advogado da União – AGU – 2015)** Com relação a reenvio, fontes do direito internacional privado e regras de conexão, julgue o item subsecutivo.

No que se refere ao reenvio, a teoria da subsidiariedade estabelece que o Estado, ainda que tenha direito de legislar unilateralmente sobre temas relativos a conflito de leis, deve observar outros sistemas jurídicos, a fim de evitar que obrigações contraditórias sejam atribuídas a uma mesma pessoa.

C) Certo

E) Errado

Gabarito: Errado.

14 PORTELA, p. 814.

2. **(CESPE/CEBRASPE – Advogado da União – AGU – 2015)** Com relação a reenvio, fontes do direito internacional privado e regras de conexão, julgue o item subsecutivo.
Regras de conexão são normas que indicam o direito aplicável a situações jurídicas que digam respeito a mais de um ordenamento jurídico.
C) Certo
E) Errado

Gabarito: Certo.

3. **(CESPE/CEBRASPE – Advogado da União – AGU – 2015)** No que diz respeito à cooperação jurídica internacional e às competências da AGU nessa matéria, julgue o próximo item.
A autoridade judiciária brasileira é competente, com exclusão de qualquer outra autoridade, para conhecer de ações relativas a imóveis situados no Brasil.
C) Certo
E) Errado

Gabarito: Certo.

4. **(CESPE/CEBRASPE – Advogado da União – AGU – 2015)** No que diz respeito à cooperação jurídica internacional e às competências da AGU nessa matéria, julgue o próximo item.
A AGU é a autoridade central federal que deve dar cumprimento às obrigações impostas pela Convenção Relativa à Proteção das Crianças e à Cooperação em Matéria de Adoção Internacional.
C) Certo
E) Errado

Gabarito: Errado.

5. **(CESPE/CEBRASPE – Promotor de Justiça Substituto – MPE-AP – 2021)** Considerando as hipóteses em que a aplicação da lei brasileira depende da cooperação de autoridades estrangeiras, e vice-versa, assinale a opção correta, no que tange à homologação da sentença penal estrangeira e às cartas rogatórias.
A) As cartas rogatórias passivas são encaminhadas diretamente ao presidente do Superior Tribunal de Justiça para a concessão do *exequatur*.
B) A parte interessada poderá impugnar a medida solicitada por carta rogatória oriunda de país estrangeiro, contrapondo-se, diretamente, ao mérito do pronunciamento da justiça rogante.
C) Não sendo impugnada a carta rogatória pela parte interessada, é dispensável a concessão de vista ao Ministério Público.
D) A carta rogatória ativa, quando expedida para a oitiva de testemunhas arroladas pelo réu, suspende a instrução criminal pelo prazo estipulado pelo juízo rogante.
E) A sentença penal estrangeira que julgar extinta a punibilidade do agente prescinde de decisão homologatória do Superior Tribunal de Justiça.

Gabarito: E.

6. **(CESPE/CEBRASPE – Delegado de Polícia Federal – Polícia Federal – 2021)** Tendo como referência a Convenção das Nações Unidas contra o Crime Organizado Transnacional e seu Protocolo Adicional Relativo à Prevenção, Repressão e Punição do Tráfico de Pessoas, em especial mulheres e crianças, julgue o item a seguir.

Conforme entendimento do Superior Tribunal de Justiça, não é possível a homologação de sentença penal estrangeira que determine o perdimento de imóvel situado no Brasil por considerar que o bem seja produto de infrações previstas na Convenção de Palermo, como, por exemplo, o crime de lavagem de dinheiro.

C) Certo

E) Errado

Gabarito: Errado.

7. **(TRF 2ª Região – Juiz Federal Substituto – TRF – 2018)** Em matéria de pedidos de alimentos por credor situado no Brasil e devedor em país diverso:

I- Aplica-se a Convenção de Nova Iorque sobre Prestação de Alimentos no Estrangeiro de 1956. II- Aplica-se a Convenção da Haia sobre a Cobrança Internacional de Alimentos para Crianças e Outros Membros da Família, de 2007. III- Aplica-se o Protocolo da Haia sobre Lei Aplicável às Obrigações de Prestar Alimentos, de 2007.

A) Somente a Convenção prevista na alternativa I está em vigor no Brasil.

B) Somente a Convenção prevista na alternativa II está em vigor no Brasil.

C) Somente a Convenção prevista na alternativa III está em vigor no Brasil.

D) Todas as Convenções estão em vigor no Brasil.

E) Somente as Convenções previstas nas alternativas I e II estão em vigor no Brasil.

Gabarito: D.

8. **(ESAF – Especialista em Regulação de Aviação Civil – ANAC – 2016)** Com relação ao objeto do Direito Internacional Privado, assinale a opção correta.

A) O Direito Internacional Privado é ramo do direito privado, por tratar de questões civis como casamento e herança.

B) O principal sujeito do Direito Internacional Privado é o Estado.

C) O Direito Internacional Privado é primordialmente estruturado por normas de sobredireito, que estabelecem regras de conexão para a escolha de uma entre as leis em conflito.

D) A disciplina da homologação de sentença estrangeira não se inclui no Direito Internacional Privado por ser norma processual.

E) O conceito de ordem pública não possui relevância para o Direito Internacional Privado.

Gabarito: C.

9. **(CESPE/CEBRASPE – Analista Judiciário - Judiciária – STJ – 2018)** Julgue o item a seguir, relativo à função jurisdicional.

O pedido passivo de cooperação jurídica internacional é aquele realizado por órgão estrangeiro.

C) Certo

E) Errado

Gabarito: Certo.

12.5. Jurisprudência

RECURSO ESPECIAL. DIREITO INTERNACIONAL PRIVADO. AÇÃO DE SONEGADOS PROMOVIDA PELOS NETOS DA AUTORA DA HERANÇA (E ALEGADAMENTE HERDEIROS POR REPRESENTAÇÃO DE SEU PAI, PRÉ-MORTO) EM FACE DA FILHA SOBREVIVENTE DA DE CUJUS, REPUTADA HERDEIRA ÚNICA POR

TESTAMENTO CERRADO E CONJUNTIVO FEITO EM 1943, EM MEIO A SEGUNDA GUERRA MUNDIAL, NA ALEMANHA, DESTINADA A SOBREPARTILHAR BEM IMÓVEL SITUADO NAQUELE PAÍS (OU O PRODUTO DE SUA VENDA). 1. LEI DO DOMICÍLIO DO AUTOR DA HERANÇA PARA REGULAR A CORRELATA SUCESSÃO. REGRA QUE COMPORTA EXCEÇÃO. EXISTÊNCIA DE BENS EM ESTADOS DIFERENTES. 2. JURISDIÇÃO BRASILEIRA. NÃO INSTAURAÇÃO. IMPOSSIBILIDADE DE DELIBERAR SOBRE BEM SITUADO NO EXTERIOR. ADOÇÃO DO PRINCÍPIO DA PLURALIDADE DOS JUÍZOS SUCESSÓRIOS. 3. EXISTÊNCIA DE IMÓVEL SITUADO NA ALEMANHA, BEM COMO REALIZAÇÃO DE TESTAMENTO NESSE PAÍS. CIRCUNSTÂNCIAS PREVALENTES A DEFINIR A *LEX REI SITAE* COMO A REGENTE DA SUCESSÃO RELATIVA AO ALUDIDO BEM. APLICAÇÃO. 4. PRETENSÃO DE SOBREPARTILHAR O IMÓVEL SITO NA ALEMANHA OU O PRODUTO DE SUA VENDA. INADMISSIBILIDADE. RECONHECIMENTO, PELA LEI E PELO PODER JUDICIÁRIO ALEMÃO, DA CONDIÇÃO DE HERDEIRA ÚNICA DO BEM. INCORPORAÇÃO AO SEU PATRIMÔNIO JURÍDICO POR DIREITO PRÓPRIO. LEI DO DOMICILIO DO DE CUJUS. INAPLICABILIDADE ANTES E DEPOIS DO ENCERRAMENTO DA SUCESSÃO RELACIONADA AO IMÓVEL SITUADO NO EXTERIOR. 5. IMPUTAÇÃO DE MÁ-FÉ DA INVENTARIANTE. INSUBSISTÊNCIA. 6. RECURSO ESPECIAL IMPROVIDO.

1. A lei de Introdução às Normas de Direito Brasileiro (LINDB) elegeu o domicílio como relevante regra de conexão para solver conflitos decorrentes de situações jurídicas relacionadas a mais de um sistema legal (conflitos de leis interespaciais), porquanto consistente na própria sede jurídica do indivíduo. Em que pese a prevalência da lei do domicílio do indivíduo para regular as suas relações jurídicas pessoais, conforme preceitua a LINDB, esta regra de conexão não é absoluta.

1.2 Especificamente à lei regente da sucessão, pode-se assentar, de igual modo, que o art. 10 da LINDB, ao estabelecer a lei do domicílio do autor da herança para regê-la, não assume caráter absoluto. A conformação do direito internacional privado exige a ponderação de outros elementos de conectividade que deverão, a depender da situação, prevalecer sobre a lei de domicílio do de cujus. Na espécie, destacam-se a situação da coisa e a própria vontade da autora da herança ao outorgar testamento, elegendo, quanto ao bem sito no exterior, reflexamente a lei de regência.

2. O art. 10, *caput*, da LINDB deve ser analisado e interpretado sistematicamente, em conjunto, portanto, com as demais normas internas que regulam o tema, em especial o art. 8º, *caput*, e § 1º do art. 12, ambos da LINDB e o art. 89 do CPC. E, o fazendo, verifica-se que, na hipótese de haver bens imóveis a inventariar situados, simultaneamente, aqui e no exterior, o Brasil adota o princípio da pluralidade dos juízos sucessórios.

2.1 Inserem-se, inarredavelmente, no espectro de relações afetas aos bens imóveis aquelas destinadas a sua transmissão/alienação, seja por ato entre vivos, seja causa mortis, cabendo, portanto, à lei do país em que situados regê-las (art. 8º, *caput*, da LINDB).

2.2 A Jurisdição brasileira, com exclusão de qualquer outra, deve conhecer e julgar as ações relativas aos imóveis situados no país, assim como proceder ao inventário e partilha de bens situados no Brasil, independente do domicílio ou da nacionalidade do autor da herança (art. 89 CPC e § 2º do art. 12 da LINDB)

3. A existência de imóvel situado na Alemanha, bem como a realização de testamento nesse país são circunstâncias prevalentes a definir a *lex rei sitae* como a regente da sucessão relativa ao aludido bem (e somente a ele, ressalta-se), afastando-se, assim, a lei brasileira, de domicílio da autora da herança. Será, portanto, herdeiro do aludido imóvel quem a lei alemã disser que o é. E, segundo a decisão exarada pela Justiça alemã, em que se reconheceu a validade e eficácia do

testamento efetuado pelo casal em 1943, durante a Segunda Guerra Mundial, a demandada é a única herdeira do imóvel situado naquele país (ante a verificação das circunstâncias ali referidas – morte dos testadores e de um dos filhos).

3.1 Esta decisão não tem qualquer repercussão na sucessão aberta – e concluída – no Brasil, relacionada ao patrimônio aqui situado. De igual modo, a jurisdição brasileira, porque também não instaurada, não pode proceder a qualquer deliberação quanto à extensão do que, na Alemanha, restou decidido sobre o imóvel lá situado.

4. O imóvel situado na Alemanha (ou posteriormente, o seu produto), de acordo com a lei de regência da correspondente sucessão, passou a integrar o patrimônio jurídico da única herdeira. A lei brasileira, de domicílio da autora da herança, não tem aplicação em relação à sucessão do referido bem, antes de sua consecução, e, muito menos, depois que o imóvel passou a compor a esfera jurídica da única herdeira. Assim, a providência judicial do juízo sucessório brasileiro de inventariar e sobrepartilhar o imóvel ou o produto de sua venda afigurar-se-ia inexistente, porquanto remanesceria não instaurada, de igual modo, a jurisdição nacional. E, por consectário, a pretensão de posterior compensação revela-se de todo descabida, porquanto significaria, em última análise, a aplicação indevida e indireta da própria lei brasileira.

5. O decreto expedido pelo Governo alemão, que viabilizara a restituição de bens confiscados aos proprietários que comprovassem a correspondente titularidade, é fato ocorrido muito tempo depois do encerramento da sucessão aberta no Brasil e que, por óbvio, refugiu, a toda evidência, da vontade e do domínio da inventariante. Desde 1983, a ré, em conjunto com os autores, envidou esforços para obter a restituição do bem. E, sendo direito próprio, já que o bem passou a integrar seu patrimônio jurídico, absolutamente descabido exigir qualquer iniciativa da ré em sobrepartilhar tal bem, ou o produto de sua venda. Do que ressai absolutamente infundada qualquer imputação de má-fé à pessoa da inventariante.

6. Recurso especial improvido.

(Resp nº 1362400/SP, Rel. Ministro Marco Aurélio Bellizze, 3ª T., julgado em 28-4-2015, *Dje* 5-6-2015)

INQUÉRITO. IMPUTAÇÃO DOS CRIMES PREVISTOS NO ART. 317, § 1º, C/C ART. 327, § 2º, DO CÓDIGO PENAL, ART. 1º, V, e § 4º, DA LEI Nº 9.613/1998, ART. 22, PARÁGRAFO ÚNICO, DA LEI Nº 7.492/1986 E ART. 350 DA LEI Nº 4.737/1965, NA FORMA DO ART. 69 DA LEI PENAL. CERCEAMENTO DE DEFESA. INOCORRÊNCIA. COOPERAÇÃO DE TRANSFERÊNCIA DE PROCEDIMENTO CRIMINAL DA SUÍÇA PARA O BRASIL. VIABILIDADE. INÉPCIA DA PEÇA ACUSATÓRIA POR AUSÊNCIA DE JUSTA CAUSA. AFASTAMENTO. DESCRIÇÃO SUFICIENTE DAS CONDUTAS ATRIBUÍDAS AO DENUNCIADO, ASSEGURANDO-LHE O EXERCÍCIO DA AMPLA DEFESA. ATENDIMENTO AOS REQUISITOS DO ART. 41 DO CPP. DEMONSTRAÇÃO INEQUÍVOCA DE INDÍCIOS DE AUTORIA E MATERIALIDADE. MAJORANTE DO ART. 327, § 2º, DO CP. EXCLUSÃO. DENÚNCIA PARCIALMENTE RECEBIDA. 1. Nos termos do art. 4º, § 13, da Lei nº 12.850/2013, não há indispensabilidade legal de que os depoimentos referentes a colaborações premiadas sejam registrados em meio magnético ou similar, mas somente uma recomendação para assegurar maior fidelidade das informações. Inexiste, portanto, nulidade ou prejuízo à defesa pela juntada apenas de termos escritos, sobretudo quando não foi realizada a gravação dos depoimentos. 2. A tradução para o vernáculo de documentos em idioma estrangeiro só deverá ser realizada se tal providência tornar-se absolutamente "necessária", nos termos do que dispõe o art. 236 do Código de Processo Penal. 3. A transferência de procedimento criminal, embora sem legislação específica produzida internamente, tem abrigo em convenções internacionais sobre cooperação jurídica, cujas normas, quando ratificadas, assumem status de lei federal. Exsurgindo do contexto investigado, mediante o material compartilhado pelo Estado estrangeiro, a suposta prática de várias condutas ilícitas, nada impede a utilização daquelas provas nas investigações produzidas no Brasil, principalmente quando a autoridade estrangeira não impôs qualquer limitação ao alcance das informações e os meios de prova compartilhados, como poderia tê-lo feito, se fosse o caso. É irrelevante, desse modo, qualquer questionamento sobre a dupla tipicidade ou o princípio da especialidade, próprios do instituto da extradição. 4. Tem-se como hábil a denúncia que descreve todas as condutas atribuídas ao acusado, correlacionando-as aos tipos penais declinados. Ademais, "não é lícito ao Juiz, no ato de recebimento da denúncia, quando faz apenas juízo de admissibilidade da acusação, conferir definição jurídica aos fatos narrados na peça acusatória. Poderá fazê-lo adequadamente no momento da prolação da sentença, ocasião em que poderá haver a *emendatio libelli* ou a *mutatio libelli*, se a instrução criminal assim o indicar" (HC nº 87324, Rel. Min. Cármen Lúcia, 1ª T., *DJe* de 18-5-2007). 5. É incabível a causa de aumento do art. 327, § 2º, do Código Penal pelo mero exercício do mandato parlamentar, sem prejuízo da causa de aumento contemplada no art. 317, § 1º (Inq 3.983, minha relatoria, Tribunal Pleno, *DJe* 12-5-2016). A jurisprudência desta Corte, conquanto revolvida nos últimos anos (Inq 2606, Relator(a): Min. LUIZ FUX, Tribunal Pleno, julgado em 11-11-2014, *Dje*-236, divulg. 1-12-2014, public. 2-12-2014), exige uma imposição hierárquica ou de direção (Inq 2191, Relator(a): Min. Carlos Britto, Tribunal Pleno, julgado em 8.5.2008, processo eletrônico *Dje*-084, divulg. 7-5-2009, public. 8-5-2009) que não se acha nem demonstrada nem descrita nos presentes autos. 6. Afigura-se suficiente ao recebimento da denúncia a existência de fartos indícios documentais que demonstram que o acusado teria ocultado e dissimulado a origem de valores supostamente ilícitos, mediante a utilização de meios para dificultar a identificação do destinatário final, por meio de depósitos em contas vinculadas a "*trusts*". 7. A existência de elementos indiciários que indicam a plena disponibilidade econômica sobre os ativos mantidos no exterior, ainda que em nome de *trusts* ou empresas *offshores*, torna imperativa a admissão da peça acusatória pela prática do crime de evasão de divisas. 8. É certo que o tipo penal do art. 350 do Código Eleitoral exige expressamente, para sua configuração, que a omissão de declaração que deva constar do documento público seja realizada com fins eleitorais. No caso, há indícios que esse comportamento deu-se em razão de o denunciado não ter como justificar a existência de valores no exterior, em soma incompatível com seu patrimônio. Ao lado disso, conforme firme orientação deste Supremo Tribunal Federal, a aferição do elemento subjetivo, em regra, é matéria que se situa no âmbito da instrução processual: INQ 3588-ED, Rel. Min. Marco Aurélio, 1ª T., *DJe* de 16-4-2015; INQ 3696, minha relatoria, 2ª T., *DJe* de 16-10-2014. 9. Denúncia parcialmente recebida, com exclusão somente da causa de aumento prevista no art. 327, § 2º, do Código Penal.

(Inq 4146, Relator(a): Min. Teori Zavascki, Tribunal Pleno, julgado em 22-6-2016, ACÓRDÃO ELETRÔNICO *DJe*-212 DIVULG 4-10-2016 PUBLIC 5-10-2016)

PENAL E PROCESSO PENAL. DECISÃO SURPRESA. ART. 10, DO CPC. INEXISTÊNCIA. COISA JULGADA. OFENSA. NÃO OCORRÊNCIA. CITAÇÃO POR ROGATÓRIA. SUSPENSÃO DA PRESCRIÇÃO. RETORNO DA

CONTAGEM. DATA DA EFETIVA CITAÇÃO. LAPSO TEMPORAL SUPERADO. PRESCRIÇÃO RETROATIVA. EXTINÇÃO DA PUNIBILIDADE. RECUSO ESPECIAL PROVIDO.

1. Não há que se falar em decisão surpresa, ou em ofensa ao art. 10, do CPC, quando o acórdão recorrido utilizou os fundamentos questionados para decidir embargos de declaração opostos pela própria defesa, os quais desejavam justamente ver todas as suas alegações apreciadas, tampouco havendo nulidade do julgado em face da ausência de prejuízo, diante da devolução da matéria na via do recurso especial.

2. O fato de o órgão acusatorial renunciar ao direito de recurso contra decreto condenatório não o impede de posteriormente impugnar decisão judicial superveniente que reconhece a prescrição retroativa, ainda que os marcos de início e fim da suspensão do prazo prescricional tivessem sido mencionados quando da anterior sentença não recorrida, seja porque na primeira oportunidade não havia interesse recursal, seja porque a coisa julgada não abrange os motivos da decisão, na forma do art. 504, I, do CPC.

3. O art. 368, do CPP, embora seja claro ao estabelecer a suspensão do prazo prescricional pela expedição de carta rogatória para citação do acusado no exterior, não é preciso quanto ao termo final da referida suspensão, devendo ser interpretado de forma sistemática, com o art. 798, § 5º, "a", do CPP, bem como com a Súmula 710, do STF, voltando a correr o lapso prescricional da data da efetivação da comunicação processual no estrangeiro, ainda que haja demora para a juntada da carta rogatória cumprida aos autos.

4. Prescrição retroativa. Extinção da punibilidade.

5. Recurso especial provido, restabelecendo a decisão de 1ª instância que declarou a extinção da punibilidade pelo reconhecimento da prescrição da retroativa.

(REsp nº 1882330/PR, Rel. Ministro Ribeiro Dantas, 5ª T., julgado em 6-4-2021, *DJe* 9-4-2021)

CAPÍTULO 13 OUTROS RAMOS DO DIREITO INTERNACIONAL

Há diversos outros ramos do **Direito Internacional**. Nesta obra, o foco, como dito desde o início, são os temas de maior incidência em concursos públicos. Aqui teceremos **breves comentários**, haja vista serem temas de competência das correspondentes disciplinas.

13.1. Direito Internacional dos Direitos Humanos

Após a 2ª Guerra Mundial, a defesa da **humanização do Direito Internacional**, isto é, a **dignidade humana** como fundamento da República brasileira; na verdade, tal princípio consiste no ponto de partida e de chegada da hermenêutica constitucional contemporânea, consagrando-se como verdadeiro superprincípio, a orientar tanto o direito internacional como o direito interno.[1]

Especialmente para provas subjetivas, é importante que o candidato a concurso público possua conhecimento sobre a **historicidade dos direitos humanos.**

13.1.1. A evolução histórica dos Direitos Humanos

Afirmando a tese da historicidade dos direitos humanos, Norberto BOBBIO assinala que o seu início deu-se a partir de John LOCKE, segundo o qual os direitos fundamentais do ser humano "eram colocados sob a forma de uma proposição filosófica, resultado da inversão do ponto de vista predominante na Ciência Política, da visão do soberano para a visão do súdito".[2]

A semente libertária plantada pela **Magna Carta de 1215** desdobrou-se, séculos depois, no mesmo solo inglês, em pelo menos três grandes marcos históricos: a ***Petition of Rights***; o ***Habeas Corpus Act***; e a ***Bill of Rights***, no sentido de afirmação histórica dos direitos civis e políticos.[3]

Importante para Concursos:

uma forma de memorizar as gerações (ou dimensões de direitos humanos) é lembrar da principal frase da Revolução Francesa: **liberdade, igualdade e fraternidade.**

1 PIOVESAN, Flávia. *Direitos Humanos e o Direito Constitucional Internacional*. 7ª ed, p. 219.
2 BOBBIO, Norberto. *A Era dos Direitos*, 1996, p. 115-116 *apud* MIRANDA, João Irineu Resende. *O Tribunal Penal frente o princípio da soberania*, 2002, p. 218.
3 FERREIRA JÚNIOR, Lies Pires, Direito Internacional e seus Tribunais. *In: Corte Criminal Internacional:* contribuição à exegese dos direitos humanos, São Paulo: Saraiva, 2000, p. 218.

a) direitos de liberdade

O momento de consagração da **Primeira Geração dos Direitos Humanos** ocorreu na Revolução Francesa[4], de modo que neste marco histórico legitimaram-se os **direitos de liberdade**[5] da propriedade, da segurança, da resistência à opressão e da liberdade de associação política, bem como o respeito ao princípio da legalidade, da presunção de inocência, da reserva legal e da anterioridade em matéria penal, além da liberdade religiosa e da livre manifestação do pensamento.

Já com as Declarações de Direitos americana e francesa, assumiu-se o compromisso de positivação dos direitos. Honrou-se o pacto mediante a elaboração das Constituições nacionais, "onde o Estado conferia aos cidadãos seus direitos e os resguardava".[6]

b) Direitos econômicos e sociais

A Segunda Geração (ou dimensão) de Direitos Humanos, por sua vez, diz respeito aos **direitos de igualdade**.

Trata-se dos **direitos econômicos e sociais**.

O desenvolvimento motivado pelas ideias do liberalismo econômico, da livre iniciativa em um mercado concorrencial, com o Estado abstencionista – e regras decorrentes das revoluções liberais – provocou um acréscimo súbito de riqueza, que atingiu níveis jamais vistos.[7]

Como marco da Segunda Geração de Direitos Humanos, destaca-se a **Constituição Mexicana de 1917**.

A **Constituição alemã de 1919**, também chamada de **Constituição de Weimar**, ao tratar da vida econômica do cidadão alemão, estabeleceu, por sua vez, um novo modelo.[8] Com efeito, além de ter influenciado uma vasta gama de países da Europa, a Constituição de Weimar chegou ao direito positivo brasileiro com a Constituição Federal de 1934. De fato, esta é a primeira Carta Magna brasileira a dedicar um título à Ordem Econômica e Social.[9]

c) Direitos de solidariedade

No que concerne à **Terceira Geração (ou dimensão) de Direitos Humanos**, os chamados **direitos de solidariedade / fraternidade**, tiveram seu berço e desenvolvimento no plano internacional.

---

4 Ibidem, p. 218.

5 Importa observar, nas palavras de Manuel Gonçalves FERREIRA FILHO, que uma das formas de liberdade é a econômica, que, "na época, importou na extinção das corporações de ofício que impediam a livre concorrência". Há, outrossim, nas palavras deste mesmo autor, "a liberdade de locomoção, a liberdade de opinião", além da "liberdade de resistir à opressão". *Direitos Humanos Fundamentais*, 8. Ed. – São Paulo: Saraiva, 2006, p. 23.

6 BOBBIO, Norberto. *A Era dos Direitos*, 1996, p. 28-30 *apud* MIRANDA, João Irineu Resende. *O Tribunal Penal frente o princípio da soberania*, 2002, p. 21.

7 BOBBIO, Norberto. *A Era dos Direitos*, 1996, p. 115-116 *apud* MIRANDA, João Irineu Resende. *O Tribunal Penal frente o princípio da soberania*, p. 42.

8 BOBBIO, Norberto. *A Era dos Direitos*, 1996, p. 115-116 *apud* MIRANDA, João Irineu Resende. *O Tribunal Penal frente o princípio da soberania*, p. 51.

9 BOBBIO, Norberto. *A Era dos Direitos*, 1996, p. 115-116 *apud* MIRANDA, João Irineu Resende. *O Tribunal Penal frente o princípio da soberania*, p. 49.

Por esta geração, garantem-se os direitos: à paz; o direito ao desenvolvimento; o direito ao meio ambiente e o direito ao patrimônio comum da humanidade.[10]

d) A proteção dos direitos humanos decorrentes da Bioética e da Cibernética

Os direitos de **Quarta Geração**, por sua vez, são aqueles surgidos em virtude do **avançado desenvolvimento científico e tecnológico.**[11]

Segundo Paulo BONAVIDES, "os direitos de Quarta Geração compendiam o futuro da cidadania e o porvir da liberdade de todos os povos. Tão-somente com eles será legítima e possível a globalização política".[12]

Além disso, pode-se dizer que uma das dimensões mais expressivas dessa nova geração de direitos concerne aos avanços das **técnicas de manipulação da vida.** "A utilização do homem como objeto de pesquisas genéticas enseja, no presente, a produção de um arcabouço jurídico apto a tutelar o ser humano em seu aspecto psíquico e físico. Nesse sentido, papel destacada cabe à Bioética como conjunto de pesquisas e práticas multidisciplinares cujo propósito é indicar nortes seguros para as novas realidades oriundas do **avanço da biomedicina e outras técnicas de manipulação genética**".[13]

e) Crítica à teoria das gerações dos direitos humanos

Segundo CANÇADO TRINDADE, "essa conceituação de que primeiro vieram os direitos individuais e, nesta ordem, os direitos econômico-sociais e o direito de coletividade correspondem à evolução do direito constitucional".

CANÇADO TRINDADE crê que "o próprio direito fundamental à vida é de primeira, segunda, terceira e de todas as gerações. É civil, político, econômico-social e cultural". E acrescenta o autor: "creio que o futuro, na proteção internacional dos direitos humanos passa pela indivisibilidade e pela inter-relação de todos os direitos".[14]

Outrossim, nas palavras de Flávia PIOVESAN, "todos os direitos humanos são universais, indivisíveis, interdependentes e inter-relacionados. A comunidade internacional deve tratar os direitos humanos globalmente, de modo justo e equitativo, com o mesmo fundamento e a mesma ênfase".[15]

10 BOBBIO, Norberto. *A Era dos Direitos*, 1996, p. 115-116 *apud* MIRANDA, João Irineu Resende. *O Tribunal Penal frente o princípio da soberania*, p. 58.

11 FERREIRA JÚNIOR, Lies Pires, Direito Internacional e seus Tribunais. *In: Corte Criminal Internacional:* contribuição à exegese dos direitos humanos, São Paulo: Saraiva, 2000, p. 219.

12 BONAVIDES, Paulo, *Direito Constitucional Positivo*, p. 72 *apud* FERREIRA JÚNIOR, Lies Pires, *Direito Internacional e seus Tribunais*, 2000, p. 221.

13 FERREIRA JÚNIOR, Lies Pires, *Direito Internacional e seus Tribunais*, 2000, p. 220.

14 Ibidem. Acesso em: 16-9-2008.

15 Proclamação solene realizada na Conferência Mundial de Direitos Humanos, ocorrida em Viena em 1993. Disponível em <http://www.dhnet.org.br/direitos/anthist/viena/viena.html>.

13.1.2. Temas de alta incidência da disciplina de Direito Internacional de Direitos Humanos

A título de **orientação** nos estudos para concurso, cumpre destacar os principais tratados e declarações sobre direitos humanos (com maior incidência em provas de **concursos**) no **sistema global**:

a) Declaração Universal de Direitos Humanos (1948);

b) Carta da ONU;

c) Pacto de Direitos Sociais, Econômicos e Culturais;

d) Pacto dos Direitos Civis e Políticos;

e) Convenção sobre os Direitos da Criança;

f) Convenção Internacional sobre a Eliminação de todas as formas de Discriminação Racial;

g) Convenção contra a Tortura;

h) Convenção Internacional contra a Discriminação contra as Mulheres;

i) Convenção Internacional sobre os Direitos das Pessoas com Deficiência e Protocolo Facultativo;

j) Estatuto da Corte Internacional de Justiça;

k) Convenção 169 da OIT;

Tratados com **maior incidência em provas de concursos** no âmbito do **sistema interamericano de direitos humanos**:

a) Convenção Americana de Direitos Humanos (Pacto de São José da Costa Rica);

b) Protocolo de São Salvador.

Importante para Concursos:

grande parte das questões de concursos são extraídos da **literalidade dos tratados**. Assim, recomenda-se a **leitura integral** das convenções que possuem alta incidência em provas de concursos, bem como a **resolução de questões** para fixação do conteúdo.

13.2. Direito Humanitário

O **Direito Internacional Humanitário** (ou Direito de Genebra) é o ramo do Direito Internacional que confere proteção às pessoas vítimas das guerras.

Em outros termos, o objetivo do Direito Humanitário é "reduzir a violência inerente aos conflitos armados, limitando o impacto das hostilidades"[16].

16 PORTELA, Paulo Henrique Gonçalves. *Direito Internacional Público e Privado*: Incluindo Noções de Direitos Humanos e Direito Comparado – 11ª ed., rev., atual. e ampl. – Salvador: JusPODIVM, 2020, p. 1.145.

Um exemplo de materialização deste ramo do Direitos Internacional é o "Movimento Internacional Cruz Vermelha e do Crescente Vermelho" ou, simplesmente, **Cruz Vermelha**, que criou entidades como o **Comitê Internacional da Cruz Vermelha**, com sede em Genebra. Interessante que **não se trata de uma organização internacional**, e sim **entidade privada sem fins lucrativos** fundada à luz do Direito suíço, porém, possui independência de qualquer Estado, inclusive da Suíça[17].

Atenção:

não se deve confundir o Direito Humanitário (Direito de Genebra) com o Direito de Guerra (Direito de Haia). Este último é voltado às operações militares, estabelecendo normas aos combatentes.

O **Direito Humanitário** está diretamente relacionado com o **Direito Internacional dos Refugiados**[18]. Os atos normativos mais importantes, para fins de concursos públicos, sobre Direito Humanitário são justamente os que abordam o tema do refúgio. São eles:

a) Lei nº 9.474/1997;

b) Convenção relativa ao Estatuto dos Refugiados.

13.3. Direito Internacional do Meio Ambiente

O **Direito Internacional Ambiental** possui extrema relevância em razão, "pois os danos ambientais oriundos das ações humanas poluidoras têm a potencialidade de atingir todas as partes fronteiras"[19]. Em outras palavras, **o meio ambiente não conhece fronteiras políticas.**

O objetivo, portanto, do Direito Internacional Ambiental é a **cooperação entre as nações** para o equilíbrio ambiental mundial para as presentes e futuras gerações – **princípio da solidariedade intergeracional**.

Historicamente, este ramo do Direito Internacional teve início com a **Conferência de Estocolmo de 1972**, realizada pela ONU.

O cerne da questão é a discussão do **desenvolvimento sustentável**. Isto é, "uma ponderação entre o desenvolvimento econômico e a preservação ambiental"[20].

A **Declaração do Rio** merece especial destaque. Ela foi fruto da **Conferência das Nações Unidas sobre o Meio Ambiente e Desenvolvimento (Eco/1992)**. Diante da sua relevância, é importantíssimo que seja feita a leitura atenta de seus **27 princípios ambientais**:

17 PORTELA, Paulo Henrique Gonçalves. *Direito Internacional Público e Privado*: Incluindo Noções de Direitos Humanos e Direito Comparado – 11ª ed., rev., atual. e ampl. – Salvador: JusPODIVM, 2020, p. 1.152.

18 Analisamos o refúgio no capítulo referente à situação jurídica do migrante.

19 AMADO, Frederico. *Direito Ambiental esquematizado*. 7ª ed., rev. e atual. Rio de Janeiro: Forense ; São Paulo : MÉTODO, 2016, p. 841.

20 AMADO, Frederico. *Direito Ambiental esquematizado*. 7ª ed., rev. e atual. Rio de Janeiro: Forense ; São Paulo : MÉTODO, 2016, p. 841.

"Princípio 1

Os seres humanos estão no centro das preocupações com o desenvolvimento sustentável. Têm direito a uma vida saudável e produtiva, em harmonia com a natureza.

Princípio 2

Os Estados, de conformidade com a Carta das Nações Unidas e com os Princípios de Direito Internacional, têm o direito soberano de explorar seus próprios recursos segundo suas próprias políticas de meio ambiente e desenvolvimento, e a responsabilidade de assegurar que atividades sob sua jurisdição ou controle não causem danos ao meio ambiente de outros Estados ou de áreas além dos limites da jurisdição nacional.

Princípio 3

O direito ao desenvolvimento deve ser exercido de modo a permitir que sejam atendidas equitativamente as necessidades ambientais e de desenvolvimento de gerações presentes e futuras[21].

Princípio 4

Para alcançar o desenvolvimento sustentável, a proteção ambiental deve constituir parte integrante do processo de desenvolvimento, e não pode ser considerada isoladamente deste[22].

Princípio 5

Todos os Estados e todos os indivíduos, como requisito indispensável para o desenvolvimento sustentável, devem cooperar na tarefa essencial de erradicar a pobreza de forma a reduzir as disparidades nos padrões de vida e melhor atender às necessidades da maioria da população do mundo.

Princípio 6

A situação e necessidades especiais dos países em desenvolvimento, em particular dos países menos desenvolvidos relativo e daqueles ambientalmente mais vulneráveis, devem receber prioridade especial. Ações internacionais no campo do meio ambiente e do desenvolvimento devem, também, atender aos interesses e necessidades de todos os países.

Princípio 7

Os Estados devem cooperar, em um espírito de parceria global, para a conservação, proteção e restauração da saúde e da integridade do ecossistema terrestre. Considerando as distintas contribuições para a degradação ambiental global, os Estados

21 O princípio 3 trata do **princípio da solidariedade intergeracional.**

22 Trata-se de princípio do **desenvolvimento sustentável.**

tem responsabilidades comuns, porém diferenciadas. Os países desenvolvidos reconhecem a responsabilidade que tem na busca internacional do desenvolvimento sustentável, cm vista das pressões exercidas por suas sociedades sobre o meio ambiente global e das tecnologias e recursos financeiros que controlam.

Princípio 8

Para atingir o desenvolvimento sustentável e mais alta qualidade de vida para todos, os Estados devem reduzir e eliminar padrões insustentáveis de produção e consumo e promover políticas demográficas adequadas.

Princípio 9

Os Estados devem cooperar com vistas ao fortalecimento da capacitação endógena para o desenvolvimento sustentável, pelo aprimoramento da compreensão científica por meio do intercâmbio de conhecimento científico e tecnológico, e pela intensificação do desenvolvimento, adaptação, difusão, e transferência de tecnologias, inclusive tecnologias novas e inovadoras.

Princípio 10

A melhor maneira de tratar questões ambientais e assegurar a participação, no nível apropriado, de todos os cidadãos interessados. No nível nacional, cada indivíduo deve ter acesso adequado a informações relativas ao meio ambiente de que disponham as autoridades públicas, inclusive informações sobre materiais e atividades perigosas em suas comunidades, bem como a oportunidade de participar de processos de tomada de decisões. Os Estados devem facilitar e estimular a conscientização e a participação pública, colocando a informação à disposição de todos.

Deve ser propiciado acesso efetivo a procedimentos judiciais e administrativos, inclusive no que diz respeito à compensação e reparação de danos.

Princípio 11

Os Estados devem adotar legislação ambiental eficaz. Padrões ambientais e objetivos c prioridades em matéria de ordenação do meio ambiente devem refletir o contexto ambiental e de desenvolvimento a que se aplicam. Padrões utilizados por alguns países podem resultar inadequados para outros, em especial países em desenvolvimento, acarretando custos sociais e econômicos injustificados.

Princípio 12

Os Estados devem cooperar para o estabelecimento de um sistema econômico internacional aberto e favorável, propício ao crescimento econômico e ao desenvolvimento sustentável em todos os países, de modo a possibilitar o tratamento mais adequado dos problemas da degradação ambiental. Medidas de política comercial para propósitos ambientais não devem constituir-se em meios para a imposição de discriminações arbitrárias ou injustificáveis ou em barreiras disfarçadas ao comércio internacional. Devem ser evitadas ações unilaterais para o tratamento de questões ambientais fora da jurisdição do país importador. Medidas destinadas a tratar de problemas ambientais transfronteiriços ou globais devem, na medida do possível, basear-se em um consenso internacional.

Princípio 13

Os Estados devem desenvolver legislação nacional relativa à responsabilidade e indenização das vítimas de poluição e outros danos ambientais. Os Estados devem, ainda, cooperar de forma expedita e determinada para o desenvolvimento de normas de direito internacional ambiental relativas à responsabilidade e indenização por efeitos adversos de danos ambientais causados, em áreas fora de sua jurisdição, por atividades dentro de sua jurisdição ou sob seu controle.

Princípio 14

Os Estados devem cooperar de modo efetivo para desestimular ou prevenir a mudança ou transferência para outros Estados de quaisquer atividades ou substâncias que causem degradação ambiental grave ou que sejam prejudiciais à saúde humana.

Princípio 15

De modo a proteger o meio ambiente, o princípio da precaução deve ser amplamente observado pelos Estados, de acordo com as suas capacidades. Quando houver ameaça de danos sérios ou irreversíveis, a ausência de absoluta certeza científica não deve ser utilizada como razão para postergar medidas eficazes e economicamente viáveis para prevenir a degradação ambiental.

Princípio 16

Tendo em vista que o poluidor deve, em princípio, arcar com o custo decorrente da poluição, as autoridades nacionais devem promover a internalização dos custos ambientais e o uso de instrumentos econômicos, levando na devida conta o interesse público, sem distorcer o comércio e os investimentos internacionais.

Princípio 17

A avaliação do impacto ambiental, como instrumento nacional, deve ser empreendida para atividades planejadas que possam vir a ter impacto negativo considerável sobre o meio ambiente, e que dependam de uma decisão de autoridade nacional competente.

Princípio 18

Os Estados devem notificar imediatamente outros Estados de quaisquer desastres naturais ou outras emergências que possam gerar efeitos nocivos súbitos sobre o meio ambiente destes últimos. Todos os esforços devem ser empreendidos pela comunidade internacional para auxiliar os Estados afetados.

Princípio 19

Os Estados devem prover oportunamente, a Estados que possam ser afetados, notificação prévia e informações relevantes sobre atividades potencialmente causadoras de considerável impacto transfronteiriço negativo sobre o meio ambiente, e devem consultar-se com estes tão logo quanto possível e de boa fé.

Princípio 20

As mulheres desempenham papel fundamental na gestão do meio ambiente e no desenvolvimento. Sua participação plena e, portanto, essencial para a promoção do desenvolvimento sustentável.

Princípio 21

A criatividade, os ideais e a coragem dos jovens do mundo devem ser mobilizados para forjar uma parceria global com vistas a alcançar o desenvolvimento sustentável e assegurar um futuro melhor para todos.

Princípio 22

As populações indígenas e suas comunidades, bem como outras comunidades locais, têm papel fundamental na gestão do meio ambiente e no desenvolvimento, em virtude de seus conhecimentos e práticas tradicionais. Os Estados devem reconhecer c apoiar de forma apropriada a identidade, cultura e interesses dessas populações e comunidades, bem como habilitá-las a participar efetivamente da promoção do desenvolvimento sustentável.

Princípio 23

O meio ambiente e os recursos naturais dos povos submetidos à opressão, dominação e ocupação devem ser protegidos.

Princípio 24

A guerra é, por sua natureza, contrária ao desenvolvimento sustentável. Os Estados devem, por conseguinte, respeitar o direito internacional aplicável à proteção do meio ambiente em tempos de conflito armado, e cooperar para seu desenvolvimento progressivo, quando necessário.

Princípio 25

A paz, o desenvolvimento e a proteção ambiental são interdependentes indivisíveis.

Princípio 26

Os Estados devem solucionar todas as suas controvérsias ambientais de forma pacífica, utilizando-se dos meios apropriados, de conformidade com a Carta das Nações Unidas.

Princípio 27

Os Estados e os povos devem cooperar de boa fé e imbuídos de um espírito de parceria para a realização dos princípios consubstanciados nesta Declaração, e para o desenvolvimento progressivo; do direito internacional no campo do desenvolvimento sustentável".

Importante para Concursos:

Foi considerada CORRETA a assertiva na prova de Juiz de Direito do TJRJ (VUNESP - 2019 - adaptada): "No âmbito do Direito Internacional do Meio Ambiente, a preocupação universal sobre o uso saudável e sustentável do planeta e de seus recursos motivou a ONU a convocar, em 1972, a Conferência das Nações Unidas sobre o Ambiente Humano e adotou a 'Declaração das Nações Unidas sobre o Meio Ambiente', que apresenta 26 princípios referentes à proteção do meio ambiente".

Obs.: o Examinador menciona 26 princípios, porém, o correto são 27 princípios. Questão passiva de ser anulada em nosso sentir.

A título de **orientação** nos estudos para concurso, cumpre destacar os principais tratados e declarações relacionados ao **Direito Internacional Ambiental** (com maior incidência em provas de **concursos**):

a) A Declaração do Rio;

b) A Agenda 21;

c) A declaração de princípios para o desenvolvimento sustentável das florestas (Cartas das Florestas);

d) A Convenção sobre Diversidade Biológica (Convenção da Biodiversidade);

e) Convenção-quadro das Nações Unidas sobre mudança do clima;

f) Protocolo de Kyoto à Convenção-Quadro das Nações Unidas sobre mudança do clima;

g) Acordo de Copenhague;

h) Acordo de Paris.

13.4. Direito Internacional do Trabalho

O **Direito Internacional do Trabalho** é o ramo do Direito Internacional que visa estabelecer **padrões internacionais mínimos nas relações trabalhistas.** Em outros termos, com fulcro na **dignidade humana**, busca promover maior bem-estar da humanidade e justiça social[23].

A consolidação do Direito Internacional do Trabalhou ocorreu com a criação da **Organização Internacional do Trabalho (OIT)**, em 1919, ou seja, após a I-Guerra Mundial.

23 PORTELA, Paulo Henrique Gonçalves. *Direito Internacional Público e Privado*: Incluindo Noções de Direitos Humanos e Direito Comparado - 11ª ed., rev., atual. e ampl. - Salvador: JusPODIVM, 2020, p. 541.

Importante para Concursos:

Para o estudo do Direito Internacional do Trabalho, recomenda-se, estrategicamente, os estudos das normas relacionadas à OIT, pois trata-se de tema de **alta incidência** em provas de concursos.

Termo relevante para o **Direito Internacional do Trabalho** é o ***dumping* social,** que consiste em uma "grave violação de direitos sociais, em especial pelo pagamento de baixíssimos salários por parte de alguns Estados como arma de redução de custos e consequente aumento da demanda no mercado"[24].

Outro conceito importantíssimo é a **cláusula social**, que consiste no compromisso de respeito, no âmbito de tratados de natureza comercial, de **padrões mínimos trabalhistas**. Nesta vereda, cumpre enfatizar os **direitos fundamentais do trabalho** previstos na **Declaração da OIT**, quais sejam:

a) a liberdade sindical e o reconhecimento efetivo do direito de negociação coletiva;
b) a eliminação de todas as formas de trabalho forçado ou obrigatório;
c) a abolição efetiva do trabalho infantil;
d) e a eliminação da discriminação em matéria de emprego e ocupação.

A título de **orientação** nos estudos para concurso, cumpre destacar os principais tratados e declarações relacionados ao **Direito Internacional do Trabalho** (com maior incidência em provas de **concursos**):

a) Constituição da OIT;
b) Convenções da ONU nos trechos que versam sobre abolição do trabalho infantil, como o Pacto de Direitos Econômicos Sociais e Culturais (art. 10, par. 2, d) e a Convenção das Nações Unidas sobre os Direitos da Criança (art. 32);
c) Convenção 87 sobre a Liberdade Sindical e a Proteção do Direito Sindical[25];
d) Convenção 182 sobre as Proibição das Piores Formas de Trabalho Infantil e a Ação Imediata para a sua Eliminação (Decreto nº 3.597/2000);
e) Declaração da Organização Internacional do Trabalho sobre Princípios e Direitos Fundamentais do Trabalho (1998);
f) Convenções 100 e 111, ambas da OIT (sobre a discriminação em matéria de emprego e profissão);
g) Convenção 138 da OIT (a idade mínima de admissão ao emprego).

24 BELTRAN, Ari Possidonio. *Os impactos da integração econômica no direito do trabalho*: globalização e direitos sociais, p. 87 *apud* PORTELA, p. 582.

25 A Convenção 87 ainda não foi ratificada pelo Brasil, porém, ainda assim, possui alta incidência em prova de concursos públicos em que é exigida a disciplina Direito Internacional do Trabalho.

13.5. Direto do Comércio Internacional

Trata-se de ramo de apontada complexidade pela doutrina especializada[26].

Portanto, é importante que aquele se prepare para concurso público, diante de matérias de alta complexidade, adote uma **postura estratégica**.

A recomendação inicial é verificar as **questões anteriores** do concurso almejado e, assim, adotar um **estudo dirigido**, focado nos itens de maior incidência escolhidos pela banca examinadora.

Por conseguinte, aqui teceremos breves comentários, haja vista serem assuntos de competência de disciplina de apurada especialização.

13.5.1. GATT

Segundo PORTELA[27], a história do **Direito do Comércio Internacional** está diretamente relacionada ao **GATT (*General Agreement on Trade and Tariffs*)**, assinado em 1947, e o Brasil foi um de seus signatários originais. Esse documento é conhecido pelo termo **GATT 1947**.

Entretanto, em razão do costume, o GATT é um termo que se refere:

a) "ao tratado voltado a regular o comércio internacional";

b) "bem como o organismo encarregado de velar pela aplicação de suas normas"[28].

O GATT 1947 foi substituído pela **Ata de Marraqueche** em 1994. Trata-se do *Entendimento Relativo às Normas e Procedimentos sobre Soluções de Controvérsias*. O **Anexo 2 da Ata Final de Rodada Uruguai de Negociações Comerciais Multilaterais do GATT** é conhecida pelo nome de **Ata de Marraqueche**). Trata-se do **GATT 1994** por meio do qual foi criada a **Organização Mundial do Comércio (OMC), que começou a funcionar em 1995.**

13.5.2. A Organização Mundial do Comércio (OMC)

A **Organização Mundial do Comércio (OMC)** é uma organização internacional criada pelo Acordo Constitutivo da Organização Mundial do Comércio. A OMC está prevista no **Anexo 2 da Ata Final de Rodada Uruguai de Negociações Comerciais Multilaterais do GATT (Ata de Marraqueche)**.

Atenção:

A OMC não é parte do sistema da ONU. Segundo PORTELA[29], pode ser classificada como "organização relacionada", justamente em razão do relacionamento que possui com as Nações Unidas.

---

26 Fernando AGUILLAR menciona as 30 mil páginas somente em acordo e compromissos relacionados à OMC. *Apud* PORTELA, p. 495.

27 P. 496.

28 PORTELA, Paulo Henrique Gonçalves. *Direito Internacional Público e Privado*: Incluindo Noções de Direitos Humanos e Direito Comparado – 11ª ed., rev., atual. e ampl. – Salvador: JusPODIVM, 2020, p. 496.

29 PORTELA, Paulo Henrique Gonçalves. *Direito Internacional Público e Privado*: Incluindo Noções de Direitos Humanos e Direito Comparado – 11ª ed., rev., atual. e ampl. – Salvador: JusPODIVM, 2020, p. 497.

Segundo MAZZUOLI, "o objetivo primordial da OMC consiste na supressão gradual das tarifas alfandegárias que tornam difíceis e discriminam as relações comerciais internacionais"[30]. Além disso, a OMC serve de "foro para negociações de novas regras ou temas relativos ao comércio"[31].

13.5.3. TRIPS

TRIPS (*Agreement on Trade-Related Aspects of Intellectual Property Rights*, em português: *Acordo sobre Aspectos dos Direitos de Propriedade Intelectual Relacionados ao Comércio*) foi assinado em 1994 (Decreto nº 1.355/1994).

A finalidade é "estabelecer um **padrão de tutela dos bens que compõem a propriedade intelectual**"[32]. Alguns exemplos de propriedade intelectual que recebem proteção do TRIPS:

a) Patentes de invenção;

b) Modelos de utilidade;

c) Marcas;

d) Direitos do autor;

e) Entre outros.

> **Importante para Concursos:**
>
> "O Brasil foi um dos principais patrocinadores da Declaração sobre o Acordo TRIPS e a Saúde Pública, adotada em 2001, que estabeleceu regras mais flexíveis para que países em desenvolvimento pudessem ter maior acesso a medicamentos". Esta assertiva foi considerada **CORRETA** na prova de **diplomata** (IADES / 2021).

13.5.4. Orientação de estudos

A título de **orientação** nos estudos para concurso, cumpre destacar os principais tratados e declarações relacionados ao **Direito do Comércio Internacional** (com maior incidência em provas de **concursos**):

a) GATT 1947;

b) Acordo Constitutivo da OMC de 1994 – Ata de Marraqueche[33] (Anexo 2 da Ata Final de Rodada Uruguai de Negociações Comerciais Multilaterais do GATT).

Por derradeiro, cumpre assinalar, para concursos fiscais, uma predileção de algumas Bancas Examinadoras (exemplo: CESPE / CEBRASPE) pela cobrança de temas doutrinários (encontrados na doutrina especializada), como:

30 MAZZUOLI, Valerio de Oliveira. *Curso de Direito Internacional*. 14ª ed., Rio de Janeiro: Forense, 2021, p. 574.

31 MAZZUOLI, Valerio de Oliveira. *Curso de Direito Internacional*. 14ª ed., Rio de Janeiro: Forense, 2021, p. 574.

32 MASSO, Fabiano Del. *Direito econômico esquematizado* – 2ª ed., rev. e atual. – Rio de Janeiro: Forense; São Paulo: MÉTODO, 2013, p. 307-308.

33 Atenção para não confundir com o Tratado de Marraqueche para Facilitar o Acesso a Obras Publicadas às Pessoas Cegas, com Deficiência Visual ou com Outras Dificuldades, firmado em Marraqueche, em 27 de junho de 2013.

a) Modelo ricardiano;

b) Teorema de Stolper-Samuelson;

c) Teoria de Heckscher-Ohlin.

Daí a importância de **estudar os assuntos tendo em vista a preferência da banca examinadora** (estudo focado).

13.6. Direito Internacional Econômico

13.6.1. Os Acordos de Bretton Woods

O **Direito Internacional Econômico**, ramo do Direito Internacional que busca regular a ordem econômica internacional, possui importante viés histórico.

Isso porque o **marco inicial** do **Direito Internacional** ocorreu ainda durante a **II Guerra Mundial**, no ano de 1944.

Trata-se dos **Acordos de *Bretton Woods***, cuja finalidade foi a **reformulação do sistema financeiro internacional**. Reconheceu-se, na ocasião, a "necessidade do espírito cooperativista entre os Estados"[34]. Naquela ocasião, narra PORTELA, "foram criadas duas das **mais importantes organizações internacionais em matéria econômica da atualidade"**[35]**:**

a) o Fundo Monetário Internacional (FMI);

b) e o Banco Internacional para a Reconstrução e o Desenvolvimento (BIRD), também chamado por "Banco Mundial".

13.6.2. A Nova Ordem Econômica Internacional (NOEI)

A **Nova Ordem Econômica Internacional (NOEI)** ocorreu em 1964 e teve por objetivo "maximizar as oportunidades de comércio, investimento e desenvolvimento para os países menos desenvolvidos"[36]. A NOEI valorizava a equidade e a soberania do Estado, o qual deveria dispor à sua maneira sobre o sistema econômico. Outra característica era a interdependência, especialmente por parte dos países subdesenvolvidos.

Cuidado, pois, para não confundir com a atual ordem econômica, que tem como princípios e premissas:

a) Desregulamentação;

b) Crescente participação dos entes privados (a "mão invisível de Adam Smith", segundo preceitua o liberalismo);

c) Livre comércio;

d) Livre mercado.

---

34 MASSO, Fabiano Del. *Direito econômico esquematizado* – 2ª ed., rev. e atual. – Rio de Janeiro: Forense; São Paulo: MÉTODO, 2013, p. 304.

35 P. 479.

36 PORTELA, Paulo Henrique Gonçalves. *Direito Internacional Público e Privado*: Incluindo Noções de Direitos Humanos e Direito Comparado – 11ª ed., rev., atual. e ampl. – Salvador: JusPODIVM, 2020, p. 481.

Importante para Concursos:

A CESPE, na prova de Procurador do Banco Central, considerou incorreta a assertiva: "A nova ordem econômica internacional, segundo os documentos aprovados pela ONU, em 1974, pautou-se na desregulamentação das atividades das corporações transnacionais, prática objeto de críticas nos debates financeiros contemporâneos." Isso porque a DESREGULAMENTAÇÃO e a crescente participação dos entes privados são características da ordem internacional ATUAL. A NOVA ORDEM surgiu em 1974, após Bretton Woods.

Nova Ordem Econômica Internacional (NOEI) (1964)	Atual Ordem Econômica Internacional
* Equidade; * Soberania do Estado, o qual deveria dispor à sua maneira sobre o sistema econômico; * interdependência, especialmente por parte dos países subdesenvolvidos.	* Desregulamentação; * Crescente participação dos entes privados (a "mão invisível de Adam Smith", segundo preceitua o liberalismo); * Livre comércio; * Livre mercado.

13.6.3. Organização para a Cooperação e Desenvolvimento Econômico (OCDE)

A **Organização para a Cooperação e Desenvolvimento Econômico (OCDE)** foi fundada em 1961 e possui como compromisso a **democracia** e a **economia de mercado**. Sua missão é estimular o **progresso econômico** a partir dos seguintes temas[37]:

a) Investimentos;

b) Educação econômica;

c) Inclusão;

d) Incentivo à concorrência;

e) Boas práticas de governo;

f) Práticas anticorrupção

g) Política Fiscal

h) Entre outros.

Atenção:

"Embora **não** seja membro da OCDE, o Brasil pode participar de Comitês da Organização e de inúmeras instâncias de trabalho. O País tem integrado as atividades da Organização e de seus órgãos técnicos, sobretudo comitês técnicos, reuniões de grupos de trabalho e seminários, com a presença de especialistas brasileiros"[38].

37 Disponível em: <https://www.oecd.org/latin-america/>. Acesso em 3-1-2022.

38 Disponível em: <https://www.gov.br/produtividade-e-comercio-exterior/pt-br/assuntos/assuntos-economicos-internacionais/cooperacao-internacional/ocde>. Acesso em 3-1-2022.

13.6.4. Fundo Monetário Internacional (FMI)

Criado na Conferência de *Bretton Woods*, o Fundo Monetário Internacional (FMI) tem por finalidade "a regulação da economia monetária internacional, **principalmente para promover o equilíbrio financeiro internacional, pois a desarmonia e não expansão às relações econômicas internacionais eram consequência da desorganização financeira mundial"**[39].

13.6.5. Banco Mundial (BIRD)

O Banco Internacional de Reconstrução e Desenvolvimento (BIRD) – ou Banco Mundial –, também criado na Conferência de *Bretton Woods*, consiste em um "Grupo" que:

a) "concede empréstimos e implementa projetos de desenvolvimento;

b) oferece financiamentos sem juros aos países mais pobres do mundo;

c) disponibiliza financiamentos ao setor privado;

d) fornece garantias a investidores contra riscos não comerciais;

e) soluciona conflitos envolvendo Estados e entes não estatais no tocante a investimentos por meio da arbitragem e da conciliação"[40].

13.6.6. Banco Interamericano de Desenvolvimento (BID)

Muita atenção para não confundir. Apesar da semelhança entre siglas, o **BID** atua nas **Américas** à semelhança do Banco Mundial.

O **Banco Interamericano de Desenvolvimento (BID)** foi criado em 1959, por meio do Convênio Constitutivo do Banco Interamericano de Desenvolvimento (Decreto nº 73.131/1971).

13.6.7. Banco Central Europeu (BCE)

Desde 1 de janeiro de 1999 que o BCE é responsável pela condução da política monetária na área do euro.

"A área do euro tornou-se uma realidade quando a responsabilidade pela política monetária foi transferida dos bancos centrais nacionais (BCN) de 11 Estados-Membros da União Europeia[41] (UE) para o BCE, em janeiro de 1999. A criação da área do euro e de uma nova instituição supranacional, o BCE, constituiu um marco histórico no longo e complexo processo da integração europeia."[42]

A principal função do Sistema Europeu de Bancos Centrais é a manutenção da estabilidade de preços na União Europeia.

39 MASSO, Fabiano Del. *Direito econômico esquematizado* – 2ª ed., rev. e atual. – Rio de Janeiro: Forense; São Paulo: MÉTODO, 2013, p. 302.

40 PORTELA, Paulo Henrique Gonçalves. *Direito Internacional Público e Privado*: Incluindo Noções de Direitos Humanos e Direito Comparado – 11ª ed., rev., atual. e ampl. – Salvador: JusPODIVM, 2020, p. 488.

41 Sobre o estudo da União Europeia ver Capítulo 9 sobre Blocos Regionais.

42 <https://www.ecb.europa.eu/ecb/orga/escb/html/index.pt.html>. Acesso em 3/-1-2021.

Importante para Concursos:

"O objetivo primordial do Sistema Europeu de Bancos Centrais, nos termos do Tratado de Maastrich, é a manutenção da estabilidade de preços na União Europeia". Esta assertiva foi considerada **correta** na prova de **Procurador do Banco Central (CESPE – 2009).**

13.6.8. *Dumping*

Dumping consiste na "conduta de agentes econômicos que vendem os seus produtos fora do país abaixo do custo de produção e também por preço inferior aos cobrados no país de origem"[43].

A Lei nº 9.019/1995 dispõe sobre a aplicação dos direitos previstos no Acordo *Anti-dumping* e no Acordo de Subsídios e Direitos Compensatórios. Há diversos dispositivos relevantes nesta lei, tais como:

"Art. 1º Os direitos antidumping e os direitos compensatórios, provisórios ou definitivos, de que tratam o Acordo Antidumping e o Acordo de Subsídios e Direitos Compensatórios, aprovados, respectivamente, pelos Decretos Legislativos nºs 20 e 22, de 5 de dezembro de 1986, e promulgados pelos Decretos nºs 93.941, de 16 de janeiro de 1987, e 93.962, de 22 de janeiro de 1987, decorrentes do Acordo Geral sobre Tarifas Aduaneiras e Comércio (GATT), adotado pela Lei nº 313, de 30 de julho de 1948, e ainda o Acordo sobre Implementação do Artigo VI do Acordo Geral sobre Tarifas e Comércio 1994 e o Acordo sobre Subsídios e Medidas Compensatórias, anexados ao Acordo Constitutivo da Organização Mundial de Comércio OMC, parte integrante da Ata Final que Incorpora os Resultados da Rodada Uruguai de Negociações Comerciais Multilaterais do GATT, assinada em Marraqueche, em 12 de abril de 1994, aprovada pelo Decreto Legislativo nº 30, de 15 de dezembro de 1994, promulgada pelo Decreto nº 1.355, de 30 de dezembro de 1994, serão aplicados mediante a cobrança de importância, em moeda corrente do País, que corresponderá a percentual da margem de dumping ou do montante de subsídios, apurados em processo administrativo, nos termos dos mencionados Acordos, das decisões PC/13, PC/14, PC/15 e PC/16 do Comitê Preparatório e das PARTES CONTRATANTES do GATT, datadas de 13 de dezembro de 1994, e desta Lei, suficientes para sanar dano ou ameaça de dano à indústria doméstica.

(...)

Art. 4º Poderá ser celebrado com o exportador ou o governo do país exportador compromisso que elimine os efeitos prejudiciais decorrentes da prática de dumping ou de subsídios.

(...)

Art. 8º Os direitos antidumping ou compensatórios, provisórios ou definitivos, somente serão aplicados sobre bens despachados para consumo a partir da data da publicação do ato que os estabelecer, excetuando-se os casos de retroatividade previstos nos Acordos Antidumping e nos Acordos de Subsídios e Direitos Compensatórios, mencionados no art. 1º.

43 MASSO, Fabiano Del. *Direito econômico esquematizado* – 2ª ed., rev. e atual. – Rio de Janeiro: Forense; São Paulo: MÉTODO, 2013, p. 314.

> (...)
>
> *Art. 10-A. As medidas antidumping e compensatórias poderão ser estendidas a terceiros países, bem como a partes, peças e componentes dos produtos objeto de medidas vigentes, caso seja constatada a existência de práticas elisivas que frustrem a sua aplicação.*

13.6.9. Medidas de salvaguarda

Em termos simples, as **medidas de salvaguarda** consistem em mecanismo utilizado quando há o aumento da importação de determinado produto.

O Decreto nº 1.488/1995 regulamenta os **procedimentos administrativos relativos à aplicação de medidas de salvaguarda**.

Nos termos do art. 1º do Decreto, "poderão ser aplicadas medidas de salvaguarda a um produto se de uma investigação resultar a constatação, de acordo com as disposições previstas neste regulamento, de que as importações desse produto aumentaram em tais quantidades e, em termos absolutos ou em relação à produção nacional, e em tais condições que causem ou ameacem causar prejuízo grave à indústria doméstica de bens similares ou diretamente concorrentes".

Além disso, compete ao Ministro da Indústria, do Comércio e do Turismo e ao Ministro da Fazenda, em ato conjunto, a aplicação de medidas de salvaguarda disciplinadas por este regulamento (art. 2º).

Atenção:

Não confundir as medidas de salvaguarda com as medidas antidumping. "As **medidas *antidumping***, um instrumento de defesa comercial, caracterizam-se como uma proteção da indústria doméstica, aplicadas quando um determinado país exporta seus produtos a um preço inferior aquele comercializado no seu mercado interno.[44]"

13.7. Quadro sinótico

Memorização e Revisão	
Outros ramos do Direito Internacional	Neste capítulo, procurou-se tecer **breves comentários**, haja vista serem temas de competência das correspondentes disciplinas.
Direito Internacional dos Direitos Humanos	Os direitos humanos se caracterizam pela sua **historicidade**. São 4 as suas principais dimensões: **a) Direitos de liberdade** **b) Direitos econômicos e sociais** **c) Direitos de solidariedade** **d) A proteção dos direitos humanos decorrentes da Bioética e da Cibernética**

44 Disponível em: <http://www.unesc.net/portal/blog/ver/656/49682>. Acesso em 3-1-2021.

Temas de alta incidência em provas no âmbito do Direito Internacional dos Direitos Humanos	No **sistema global**: a) Declaração Universal de Direitos Humanos (1948); b) Carta da ONU; c) Pacto de Direitos Sociais, Econômicos e Culturais; d) Pacto dos Direitos Civis e Políticos; e) Convenção sobre os Direitos da Criança; f) Convenção Internacional sobre a Eliminação de todas as formas de Discriminação Racial; g) Convenção contra a Tortura; h) Convenção Internacional contra a Discriminação contra as Mulheres; i) Convenção Internacional sobre os Direitos das Pessoas com Deficiência e Protocolo Facultativo; j) Estatuto da Corte Internacional de Justiça; k) Convenção 169 da OIT; No **sistema interamericano de direitos humanos**: a) Convenção Americana de Direitos Humanos (Pacto de São José da Costa Rica); b)Protocolo de São Salvador.
Direito Humanitário	É o ramo do Direito Internacional que confere **proteção às pessoas vítimas das guerras**. O objetivo do Direito Humanitário é "reduzir a violência inerente aos conflitos armados, limitando o impacto das hostilidades"[45]. Exemplo: "Movimento Internacional Cruz Vermelha e do Crescente Vermelho" ou, simplesmente, **Cruz Vermelha**, que criou entidades como o **Comitê Internacional da Cruz Vermelha**, com sede em Genebra. Obs.: o **Comitê Internacional da Cruz Vermelha não se trata de uma organização internacional**, e sim **entidade privada sem fins lucrativos** fundada à luz do Direito suíço, porém, possui independência de qualquer Estado, inclusive da Suíça[46].
Direito Internacional do Meio Ambiente	O objetivo do **Direito Internacional Ambiental** é a **cooperação entre as nações** para o equilíbrio ambiental mundial para as presentes e futuras gerações – **princípio da solidariedade intergeracional**. Teve início com a **Conferência de Estocolmo de 1972**, realizada pela ONU. A **Declaração do Rio** merece especial destaque. Ela foi fruto da **Conferência das Nações Unidas sobre o Meio Ambiente e Desenvolvimento (Eco/1992)**.
Temas de alta incidência no Direito Internacional do Meio Ambiente	a) A Declaração do Rio; b) A Agenda 21; c) A declaração de princípios para o desenvolvimento sustentável das florestas (Cartas das Florestas); d) A Convenção sobre Diversidade Biológica (Convenção da Biodiversidade); e) Convenção-quadro das Nações Unidas sobre mudança do clima; f) Protocolo de Kyoto à Convenção-Quadro das Nações Unidas sobre mudança do clima; g) Acordo de Copenhague; h) Acordo de Paris.
Direito Internacional do Trabalho	Visa estabelecer **padrões internacionais mínimos nas relações trabalhistas.** Em outros termos, com fulcro na **dignidade humana**, busca promover maior bem-estar da humanidade e justiça social[47]. **Marco:** criação da **Organização Internacional do Trabalho (OIT)**, em 1919.

45 PORTELA, p. 1.145.
46 PORTELA, p. 1.152.
47 PORTELA, Paulo Henrique Gonçalves. *Direito Internacional Público e Privado*: Incluindo Noções de Direitos Humanos e Direito Comparado – 11ª ed., rev., atual. e ampl. – Salvador: JusPODIVM, 2020, p. 541.

	Para o estudo do Direito Internacional do Trabalho, recomenda-se, estrategicamente, os estudos das normas relacionadas à OIT, pois trata-se de tema de **alta incidência** em provas de concursos. ***Dumping* social:** consiste em uma "grave violação de direitos sociais, em especial pelo pagamento de baixíssimos salários por parte de alguns Estados como arma de redução de custos e consequente aumento da demanda no mercado"[48]
Direitos fundamentais previstos na Declaração da OIT	a) a liberdade sindical e o reconhecimento efetivo do direito de negociação coletiva; b) a eliminação de todas as formas de trabalho forçado ou obrigatório; c) a abolição efetiva do trabalho infantil; d) e a eliminação da discriminação em matéria de emprego e ocupação
Temas de alta incidência no Direito Internacional do Trabalho	a) Constituição da OIT; b) Convenções da ONU nos trechos que versam sobre abolição do trabalho infantil, como o Pacto de Direitos Econômicos Sociais e Culturais (art. 10, § 2º, *d*) e a Convenção das Nações Unidas sobre os Direitos da Criança (art. 32); c) Convenção 87 sobre a Liberdade Sindical e a Proteção do Direito Sindical[49]; d) Convenções e recomendações da Organização Internacional do Trabalho - OIT ratificadas pela República Federativa do Brasil. (Decreto nº 10.088, de 2019); e) Declaração da Organização Internacional do Trabalho sobre Princípios e Direitos Fundamentais do Trabalho (1998); f) Convenções nºs 100 e 111, ambas da OIT (sobre a discriminação em matéria de emprego e profissão); g) Convenção nº 138 da OIT (a idade mínima de admissão ao emprego).
Direto do Comércio Internacional	**GATT (*General Agreement on Trade and Tariffs*)**, assinado em 1947, e o Brasil foi um de seus signatários originais. Esse documento é conhecido pelo termo **GATT 1947.** O **GATT 1947** foi substituído pela **Ata de Marraqueche** em 1994. Trata-se do *Entendimento Relativo às Normas e Procedimentos sobre Soluções de Controvérsias.* O **Anexo 2 da Ata Final de Rodada Uruguai de Negociações Comerciais Multilaterais do GATT** é conhecida pelo nome de **Ata de Marraqueche**). Trata-se do **GATT 1994** por meio do qual foi criada a **Organização Mundial do Comércio (OMC), que começou a funcionar em 1995.** A **Organização Mundial do Comércio (OMC)** é uma organização internacional criada pelo **Acordo Constitutivo da Organização Mundial do Comércio.** A OMC está prevista no **Anexo 2 da Ata Final de Rodada Uruguai de Negociações Comerciais Multilaterais do GATT (Ata de Marraqueche)**. TRIPS (*Agreement on Trade-Related Aspects of Intellectual Property Rights*, em português: *Acordo sobre Aspectos dos Direitos de Propriedade Intelectual Relacionados ao Comércio*) foi assinado em 1994 (Decreto nº 1.355/1994). A finalidade é "estabelecer um **padrão de tutela dos bens que compõem a propriedade intelectual**"[50]. Alguns exemplos de propriedade intelectual que recebem proteção do TRIPS: a) Patentes de invenção; b) Modelos de utilidade; c) Marcas; d) Direitos do autor; e) Entre outros.

48 BELTRAN, Ari Possidonio. *Os impactos da integração econômica no direito do trabalho*: globalização e direitos sociais, p. 87 *apud* PORTELA, p. 582.

49 A Convenção 87 ainda não foi ratificada pelo Brasil, porém, ainda assim, possui alta incidência em prova de concursos públicos em que é exigida a disciplina Direito Internacional do Trabalho.

50 MASSO, Fabiano Del. *Direito econômico esquematizado* – 2ª ed., rev. e atual. – Rio de Janeiro: Forense; São Paulo: MÉTODO, 2013, p. 307-308.

Direito Internacional Econômico	Os Acordos de Bretton Woods: buscou a **reformulação do sistema financeiro internacional**. Reconheceu-se, na ocasião, a "necessidade do espírito cooperativista entre os Estados"[51]. Naquela ocasião, narra PORTELA, "foram criadas duas das **mais importantes organizações internacionais em matéria econômica da atualidade"**[52]**:** a) o Fundo Monetário Internacional (FMI); b) e o Banco Internacional para a Reconstrução e o Desenvolvimento (BIRD), também chamado por "Banco Mundial". A **Nova Ordem Econômica Internacional (NOEI)** ocorreu em 1964 e teve por objetivo "maximizar as oportunidades de comércio, investimento e desenvolvimento para os países menos desenvolvidos"[53]. A **NOEI** valorizava a **equidade** e a **soberania** do Estado, o qual deveria dispor à sua maneira sobre o sistema econômico. Outra característica era a **interdependência**, especialmente por parte dos **países subdesenvolvidos.** Cuidado, pois, para **não confundir** com a **atual ordem econômica**, que tem como princípios e premissas: a) Desregulamentação; b) Crescente participação dos entes privados (a "mão invisível de Adam Smith", segundo preceitua o liberalismo); c) Livre comércio; d) Livre mercado. A **Organização para a Cooperação e Desenvolvimento Econômico (OCDE)** foi fundada em 1961 e possui como compromisso a **democracia** e a **economia de mercado**. Sua missão é estimular o **progresso econômico** a partir dos seguintes temas[54]: a) Investimentos; b) Educação econômica; c) Inclusão; d) Incentivo à concorrência; e) Boas práticas de governo; f) Práticas anticorrupção g) Política Fiscal h) Entre outros. Fundo Monetário Internacional (FMI) tem por finalidade "a regulação da economia monetária internacional, **principalmente para promover o equilíbrio financeiro internacional, pois a desarmonia e não expansão às relações econômicas internacionais eram consequência da desorganização financeira mundial"**[55]**.** Banco Internacional de Reconstrução e Desenvolvimento (BIRD) – ou Banco Mundial –, também criado na Conferência de *Bretton Woods,* consiste em um "Grupo" que: a) "concede empréstimos e implementa projetos de desenvolvimento; b) oferece financiamentos sem juros aos países mais pobres do mundo; c) disponibiliza financiamentos ao setor privado; d) fornece garantias a investidores contra riscos não comerciais;

51 MASSO, Fabiano Del. *Direito econômico esquematizado* – 2ª ed., rev. e atual. – Rio de Janeiro: Forense; São Paulo: MÉTODO, 2013, p. 304.

52 P. 479.

53 PORTELA, p. 481.

54 Disponível em: <https://www.oecd.org/latin-america/>. Acesso em 3-1-2022.

55 MASSO, Fabiano Del. *Direito econômico esquematizado* – 2ª ed., rev. e atual. – Rio de Janeiro: Forense; São Paulo: MÉTODO, 2013, p. 302.

e) soluciona conflitos envolvendo Estados e entes não estatais no tocante a investimentos por meio da arbitragem e da conciliação"[56].

Muita atenção para não confundir. Apesar da semelhança entre siglas, o **BID** atua nas **Américas** à semelhança do Banco Mundial.

O **Banco Interamericano de Desenvolvimento (BID)** foi criado em 1959, por meio do **Convênio Constitutivo do Banco Interamericano de Desenvolvimento** (Decreto nº 73.131/1971).

13.8. Questões

1. **(INSTITUTO RIO BRANCO - Diplomata - IADES - 2021)** Em 2020, a Organização Mundial de Comércio (OMC) completou 25 anos de existência. Criada pelo Acordo de Marraqueche, a partir da bem-sucedida conclusão da Rodada Uruguai do antigo GATT (General Agreement on Tariffs and Trade), a OMC atua no monitoramento das práticas comerciais de seus Estados-membros, como foro permanente de negociações comerciais e como instância para a solução de controvérsias. Mais de duas décadas desde a sua criação, a OMC enfrenta críticas por não ter sido capaz de propiciar desfecho favorável para negociações comerciais de grande envergadura, como a Rodada Doha, lançada em 2001. Ademais, seu Órgão de Solução de Controvérsias (OSC) passa por crise e tem apresentado seu funcionamento prejudicado pela falta de consenso para a aprovação de novos juízes para o seu órgão de apelação.

   De acordo com a OMC e com a atuação do Brasil na organização, julgue (C ou E) o item a seguir.

   O Brasil foi um dos principais patrocinadores da Declaração sobre o Acordo TRIPS e a Saúde Pública, adotada em 2001, que estabeleceu regras mais flexíveis para que países em desenvolvimento pudessem ter maior acesso a medicamentos.

   C) Certo

   E) Errado

Gabarito: certo.

2. **(TJ-SP - Juiz Substituto - VUNESP - 2019)** No âmbito do Direito Internacional do Meio Ambiente, a preocupação universal sobre o uso saudável e sustentável do planeta e de seus recursos motivou a ONU a convocar, em 1972, a Conferência das Nações Unidas sobre o Ambiente Humano.

   A respeito da referida Conferência, assinale a alternativa correta.

   A) Adotou a "Agenda 21", um diagrama para a proteção do nosso planeta e seu desenvolvimento sustentável.

   B) adotou a "Declaração das Nações Unidas sobre o Meio Ambiente", que apresenta 26 princípios referentes à proteção do meio ambiente.

   C) Adotou os Objetivos para Desenvolvimento do Milênio (ODM).

   D) Gerou a Convenção da ONU sobre a Diversidade Biológica.

   E) Gerou o relatório "Nosso Futuro Comum", que traz o conceito de desenvolvimento sustentável para o discurso público.

Gabarito: B.

56 PORTELA, Paulo Henrique Gonçalves. *Direito Internacional Público e Privado*: Incluindo Noções de Direitos Humanos e Direito Comparado - 11ª ed., rev., atual. e ampl. - Salvador: JusPODIVM, 2020, p. 488.

3. **(TRT – 23ª REGIÃO – Juiz do Trabalho Substituto – 2015)** O primeiro relatório do Grupo de Peritos da Subcomissão de Direitos Humanos da Organização das Nações Unidas - ONU de 15 de junho de 2000, conhecido como o "Nightmare Report", qualificou a Organização Mundial do Comércio - OMC como o "pesadelo" dos Direitos Humanos. Uma solução proposta perante a violação dos Direitos Humanos como medida antidumping social, sob pena de imposição de barreiras não tarifárias, é a cláusula

A) social, que estabeleceria um padrão mínimo de condições de trabalho a ser observado pelos Estados, como a abolição efetiva do trabalho infantil, conforme previsto na Declaração dos Princípios e Direitos Fundamentais dos Trabalhadores da Organização Internacional do Trabalho – OIT.

B) Mandela, que estabeleceria a livre circulação de trabalhadores nos países membros de um mesmo bloco econômico, conforme previsto no Pacto dos Direitos Econômicos, Sociais e Culturais, da Organização das Nações Unidas – ONU.

C) Mandela, que estabeleceria a eliminação da discriminação em matéria de emprego e ocupação, conforme previsto na Declaração dos Princípios e Direitos Fundamentais dos Trabalhadores da Organização Internacional do Trabalho – OIT.

D) social, que estabeleceria um padrão máximo de condições de trabalho a ser observado pelos Estados, como o teto do salário respectivo para cada função, conforme previsto na Declaração dos Princípios e Direitos Fundamentais dos Trabalhadores da Organização Internacional do Trabalho – OIT.

E) social, que estabeleceria um padrão mínimo de condições de trabalho a ser observado pelos Estados, como a permissão do trabalho infantil apenas nos países que o autorizam, conforme previsto no Pacto dos Direitos Econômicos, Sociais e Culturais, da Organização das Nações Unidas – ONU.

Gabarito: A.

4. **(BACEN – Procurador do Banco Central –CESPE 2009)** Acerca das regras do direito econômico internacional e regional, assinale a opção correta.

A) No âmbito das normas que orientam o Mercado Comum do Sul (MERCOSUL), embora não haja, expressamente, a previsão de uma tarifa externa comum, adotou-se a regra da coordenação de posições em foros econômico-comerciais regionais e internacionais.

B) A nova ordem econômica internacional, segundo os documentos aprovados pela ONU, em 1974, pautou-se na desregulamentação das atividades das corporações transnacionais, prática objeto de críticas nos debates financeiros contemporâneos.

C) O objetivo primordial do Sistema Europeu de Bancos Centrais, nos termos do Tratado de Maastrich, é a manutenção da estabilidade de preços na União Europeia.

D) O *Bank for International Settlements* (BIS) é organização internacional que tem por finalidade fiscalizar os bancos centrais associados e facilitar as operações internacionais, na busca da estabilidade monetária e financeira das economias.

E) Um dos cinco pilares do Novo Acordo de Capital, assinado em 2004 pelo Comitê de Basileia, é a redução da assimetria de informação (transparência) e o favorecimento da disciplina nos mercados financeiros.

Gabarito: C.

CAPÍTULO 14
QUADRO DOS PROCESSOS MNEMÔNICOS NO DIREITO INTERNACIONAL PÚBLICO

INSTITUTO	PROCESSO MNEMÔNICO	SIGNIFICADO
Fontes estatutárias do Direito Internacional (art. 38 do ECIJ):	**Convém Acostumar com o Principal e Geral!**	**Convenções internacionais costumes internacionais e Princípios gerais do direito (cuidado, pois princípios do direito internacional não são fontes previstas no art. 38 do ECIJ).**
Fontes auxiliares do Direito Internacional (previstas no art. 38 do ECIJ):	**Juiz e doutrina, faz favor, auxilia!**	**Decisões judiciárias e doutrina são fontes auxiliares do Direito Internacional**
MERCOSUL	**P.A.B.U!**	Signatários originais do Mercosul: **P**araguai **A**rgentina **B**rasil **U**ruguai
MERCOSUL	**No MERCOSUL, Óleo de OLIVA é a Solução.**	O Protocolo de Olivos versa sobre os Mecanismos de Solução de Conflitos no MERCOSUL
Direitos Humanos	**Liberdade, igualdade e fraternidade!**	São as 3 palavras-chaves da Revolução Francesa e ajudam a memorizar as 3 gerações (dimensões) de direitos humanos

REFERÊNCIAS

ACCIOLY, Hildebrando; CASELLA, Paulo Borba; SILVA, G.E. do Nascimento e. *Manual de Direito Internacional Público*, 22ª ed. – São Paulo: Saraiva, 2016.

AMADO, Frederico. Direito Ambiental esquematizado. 7ª ed., rev. e atual. Rio de Janeiro: Forense; São Paulo : MÉTODO, 2016.

ARENDT, Hannah. *As Origens do Totalitarismo*. São Paulo: Companhia das Letras, 1989.

BRASIL. *Constituição (1988)*. Constituição da República Federativa do Brasil, de 5 de outubro de 1988, 2021.

BOBBIO, Norberto. *A Era dos Direitos*, São Paulo: Campus, 1996.

CASSESE, Antonio. Existe um conflito insuperável entre soberania dos Estados e justiça penal internacional? *Crimes internacionais e Jurisdições internacionais*, 2007.

COMPARATO, Fábio Konder. *A afirmação histórica dos Direitos Humanos*. São Paulo: Saraiva, 2007.

FERREIRA JÚNIOR, Lies Pires, Direito Internacional e seus Tribunais. *In: Corte Criminal Internacional:* contribuição à exegese dos direitos humanos, São Paulo: Saraiva, 2000

MASSO, Fabiano Del. *Direito econômico esquematizado* – 2ª ed., rev. e atual. – Rio de Janeiro: Forense; São Paulo: Método, 2013.

MAZZUOLI, Valerio de Oliveira. *Curso de Direito Internacional*. 14ª ed., Rio de Janeiro: Forense, 2021.

MENEZES, Wagner. *Tribunais Internacionais*: jurisdição e competência, Editora Saraiva, 2013, p. 217

MOISÉS, Cláudia Perrone. A Relação entre Tribunais Nacionais e Tribunais Penais Internacionais. In: *Boletim IBCCrim*, Ano 8, nº 91, jun. 2000, p. 13-14.

PAIVA, Caio. HEEMANN, Thimotie Aragon. *Jurisprudência Internacional de Direitos Humanos*. 3ª ed. Belo Horizonte. CEI, 2020.

PIOVESAN, Flávia. *Direitos Humanos e o Direito Constitucional Internacional*. 7ª ed.

PIOVESAN, Flávia (coord. Geral). *Código de Direito Internacional de Direitos Humanos Anotado*. São Paulo: Dpj, 2008.

PIOVESAN, Flávia; VIEIRA, Renato Stanziona. A força normativa dos princípios constitucionais fundamentais: a dignidade da pessoa humana. In: *Temas de direitos humanos*, p. 382-383.

PORTELA, Paulo Henrique Gonçalves. *Direito Internacional Público e Privado*: Incluindo Noções de Direitos Humanos e Direito Comparado – 11ª ed., rev., atual. e ampl. – Salvador: JusPODIVM, 2020.

RAMOS, André de Carvalho. *Curso de Direitos Humanos*. 3ª ed. – São Paulo: Saraiva, 2016.

RAMOS, André de Carvalho. *Teoria Geral dos Direitos Humanos na Ordem Internacional*. 5ª ed., 2014.

REZEK, José Francisco. *Direito Internacional Público*: curso elementar, 11ª ed. São Paulo: Saraiva, 2008.

SCALQUETTE, Rodrigo Arnoni. *Elementos de Soberania e o Tribunal Penal Internacional*. São Paulo: LCTE Editora, 2007.

SEITENFUS, Ricardo. *Manual das organizações internacionais*. Porto Alegre: Livraria do Advogado, 1997.

STEINER, Sylvia Helena. *O Tribunal Penal Internacional, a pena de prisão perpétua e a Constituição Brasileira*, pp. 34-41.

Sites Consultados

<www.dizerodireito.com.br>

<https://brasil.un.org/pt-br/91220-carta-das-nacoes-unidas>

<https://portal.stf.jus.br/>

<https://concordia.itamaraty.gov.br> (disponibiliza quais tratados internacionais estão em vigor no Brasil)

<https://peacepalacelibrary.nl/>

<https://www.icrc.org/pt/doc/resources/documents/misc/5tndf7.htm>

<https://www.icj-cij.org/> (site da Corte Internacional de Justiça)

<https://www.un.org/ecosoc/en/home>

<https://www.icc-cpi.int/> (site do Tribunal Penal Internacional)